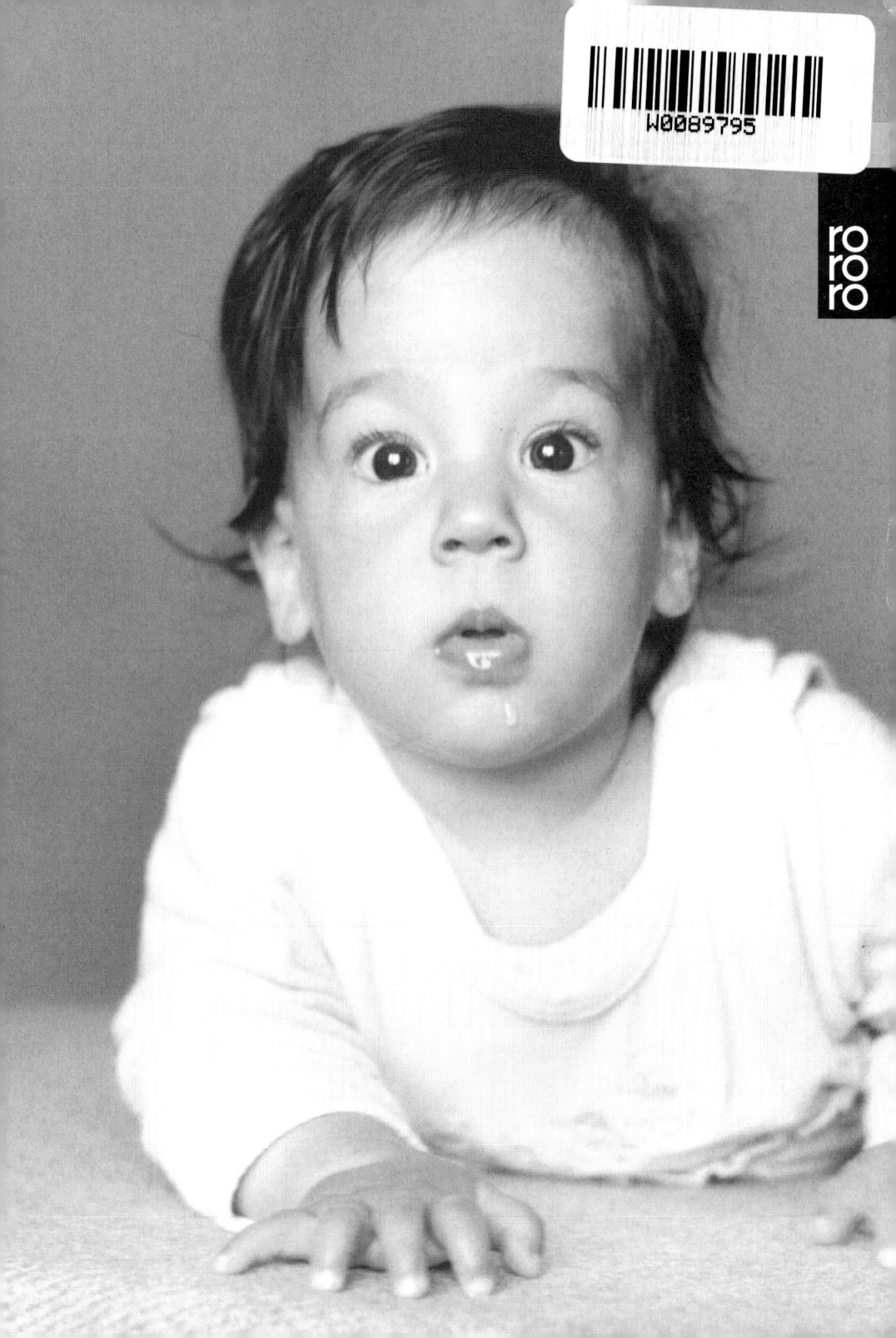

ro
ro
ro

## rororo Mit Kindern leben

**Zu diesem Buch**

Mit den Elternbüchern von Ulrich Diekmeyer, Standardwerke der Ratgeberliteratur, finden Eltern leicht durch den alltäglichen Erziehungsdschungel. Wissenschaftlich fundiert, dabei leicht verständlich, geben die Bücher Auskunft über alles, was Eltern wissen sollten, damit das Familienleben liebevoll und zur Zufriedenheit aller funktioniert. Sie helfen den Eltern, Sicherheit im Umgang mit den Kleinen zu entwickeln, und sorgen dafür, dass der Nachwuchs einen guten Weg ins Leben findet.

**Aus dem Inhalt**

Geburt: Vorbereitung und neues Leben
Körperliche Entwicklung: Zähne, ärztliche Untersuchungen, Krankheiten
Ernährung: Stillen, Beikost, Babyküche
Lebensraum: Kleidung, Bett, Kinderzimmer
Mitwelt: Vater, Mutter, Verwandte
Psychische Entwicklung: Sprechen, Spielen, Bezugspersonen
Wichtige Adressen

Mit praktischem Programm zur Entwicklungsförderung

Ulrich Diekmeyer

# Das Elternbuch 1

## Unser Kind im ersten Lebensjahr

Ärztliche Beratung: Dr. med. Brigitte Mertin

Rowohlt Taschenbuch Verlag

# Herausgegeben von Bernd Gottwald

Redaktion Barbara Wirt

4. Auflage Mai 2004

Aktualisierte Auflage Februar 2002
Veröffentlicht im Rowohlt Taschenbuch Verlag,
Reinbek bei Hamburg, März 2000
Copyright © 1973/1992/2000 by Ulrich Diekmeyer/
Rowohlt Taschenbuch Verlag GmbH, Reinbek bei Hamburg
Umschlaggestaltung Büro Hamburg, Susanne Reizlein
(Foto: Heidi Velten, Kunterbunt)
Satz Minion und Syntax PostScript, QuarkXPress 4.0
Gesamtherstellung Clausen & Bosse, Leck
Printed in Germany
ISBN 3 499 60851 0

# Inhalt

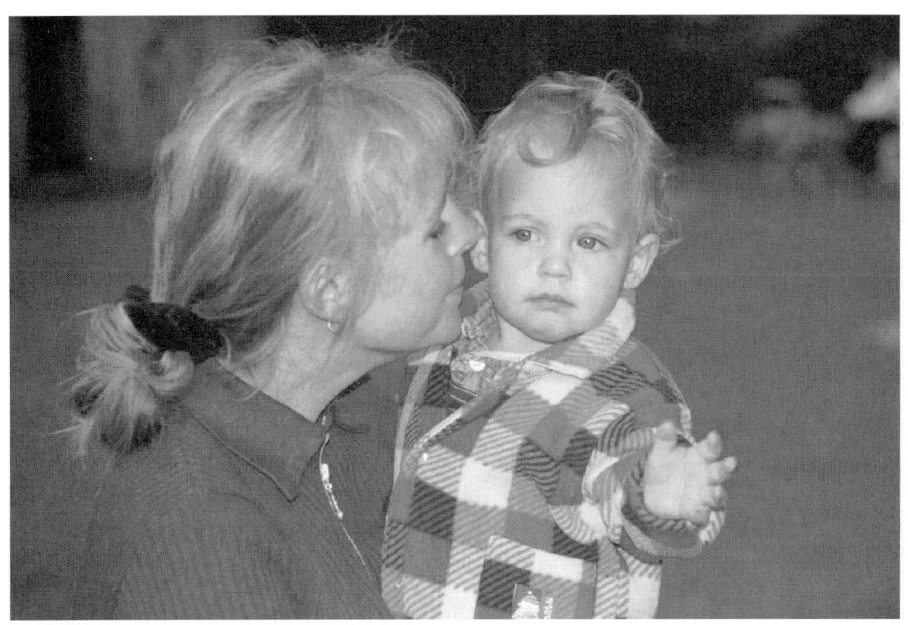

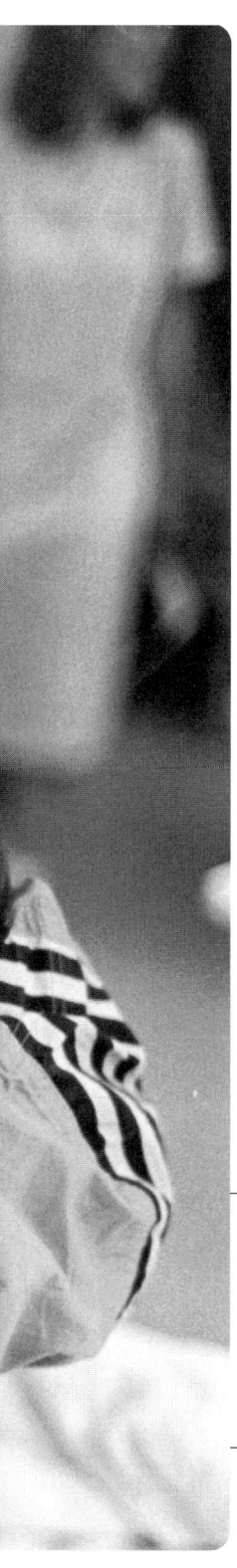

# Einführung

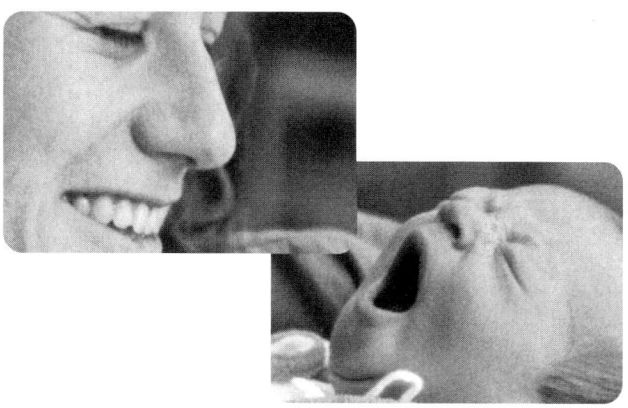

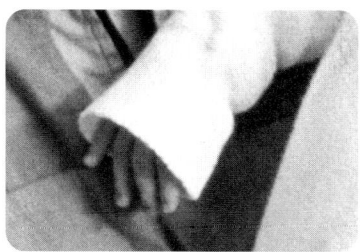

Bei seiner glücklichen Mutter löst das Neugeborene überwältigende Gefühle von Freude, Stolz und Staunen aus. Liebe, aktive Zuwendung, gesunde Ernährung, Ansprache, Knuddeln und vieles mehr braucht ein Kind, um erwachsen zu werden. Gleichwertiger Mensch ist es schon jetzt.

# Ihr Kind –
## Persönlichkeit und Partner

Zunächst möchte ich Ihnen zu Ihrem Kind, das Sie jetzt erwarten oder vielleicht schon bekommen haben, herzlich gratulieren. Es liegt nun weitgehend in Ihrer Hand, wie Sie die Entwicklungsbedingungen für Ihr Kind gestalten, wie Sie es erziehen und wie Sie schädliche Einflüsse von ihm fern halten.

Allerdings gibt es Bedingungen, auf die Sie nur begrenzt Einfluss haben und die den Lebensraum, in dem Ihr Kind aufwächst, wesentlich prägen: Einflüsse der Natur etwa, des Nahrungsmittelangebots, des gesellschaftlichen Umfeldes, der familiären Lebensbedingungen usw. Darüber hinaus können die Möglichkeiten, die Ihnen für die Entwicklung und Erziehung Ihres Kindes zur Verfügung stehen, eingeschränkt sein, z. B. wenn Ihr Kind gesundheitliche Probleme hat, die auch durch ärztliche und medizinische Hilfeleistungen nicht behoben werden können.

Dennoch: Es liegt weitgehend bei Ihnen, ob Ihr Kind eine glückliche Kindheit haben wird, denn Liebe und Zuwendung zu Ihrem Kind sind dafür die wichtigsten Voraussetzungen. Sich voll und ganz für Ihr Kind einzusetzen, ist keine leichte Aufgabe. Je älter Ihr Kind wird, desto häufiger gibt es Situationen, in denen Sie nicht eindeutig wissen, wie Sie sich ihm gegenüber verhalten sollen. Auch im Elternbuch 1 können Sie nicht immer Ratschläge, Hinweise oder Tipps für Ihre konkrete Lebenssituation bekommen.

Halten Sie sich dann bitte an den Grundgedanken, der sich wie ein roter Faden durch das ganze Buch zieht: den Gedanken, dass ein Kind vom ersten Lebenstag an eine eigenständige Persönlichkeit und Ihr Partner ist. Es hat von Anfang an ausgeprägte Wünsche und stellt deutliche Anforderungen an seine Umgebung. Anfangs kann es sich nur wenige Wünsche selbst erfüllen – es ist zwar eigenständig, aber nicht selbständig. Ihr Kind ist abhängig von seinen Eltern, aber als Partner völlig gleichwertig.

Wenn Sie Ihr Kind in dieser Weise als Partner und Persönlichkeit sehen, werden Sie bemüht sein, auf seine Bedürfnisse und auch weitgehend auf seine Wünsche einzugehen. In vielen Fällen werden Sie feinfühlig erraten und spüren, was es gerade braucht. Sie werden von Ihrem Kind nur Verhaltensweisen erwarten, die ihm möglich sind, und Sie werden versuchen, seine und Ihre Interessen miteinander in Einklang zu bringen.

Ihr Kind ist jedenfalls zunächst der schwächere Partner und kann sich gegen mögliche Fehlentscheidungen kaum wehren. Machen Sie sich deshalb nur umso deutlicher bewusst, dass alle Entscheidungen, die Ihr Kind angehen, unter der Voraussetzung «Partner und Persönlichkeit» getroffen werden sollten. Einfacher zu arrangieren als die Erziehung ist das, was Sie für das körperliche Wohlbefinden Ihres Kindes, für seine Ernährung, Pflege und medizinische Betreuung tun sollten. In dieser Hinsicht haben Sie es weitaus leichter als noch vergangene Generationen.

In Fachkreisen werden die Aufgaben, die Eltern im Hinblick auf ihr Kind haben, häufig mit den folgenden drei Aktivitäten umschrieben: Wichtig ist, ein Kind zu bilden, zu erziehen und zu betreuen. Die Unterscheidung der drei Begriffe ist nur dem Schwerpunkt nach möglich – bilden ist z. B. ohne zu erziehen nicht möglich.

Vordergründig ist dabei sicher das Betreuen der wichtigste Aspekt, also für die Lebensgrundlagen zu sorgen, Sicherheit zu bieten, für das Kind da zu sein.

Aber ist es nicht ebenso wichtig, das Kind so zu erziehen, dass es eine gute Basis für seine eigene Zukunft hat, dass es sich mit anderen Menschen gut versteht?

Mit der Bildung des Kindes schließlich ist nicht etwa humanistische Bildung im engeren Sinn gemeint, auch nicht nur allgemeine Schulbildung. Bildung heißt hier, alle Fähigkeiten und Fertigkeiten des Kindes anzusprechen, ihm geistige Nahrung zu bieten, damit es sich entwickeln kann: die Voraussetzungen für intensives Wahrnehmen zu vermitteln, die Sprechfähigkeit und das Sprachempfinden anzuregen, das Denken und die Kreativität des Kindes zu fördern, es bei der Entfaltung und Differenzierung seiner sozialen Verhaltensweisen anzuleiten, auch die Bewegungsfähigkeit und das Körpergefühl des Kindes zu stimulieren.

In jedem Entwicklungsabschnitt stellt Ihr Kind an Sie bestimmte Ansprüche, auf die Sie durch Betreuung, Erziehung und Bildung reagieren sollen. Teils werden Sie diese Aufgaben selbst erfüllen, teils werden Sie auch andere Menschen Ihrer engeren Umgebung damit betrauen, z. B. die Großeltern, ältere Geschwister oder andere Verwandte und Freunde, später Erzieherinnen und Lehrerinnen.

Der Standpunkt der «Antipädagogik» aus den sechziger Jahren scheint heute etwas überzogen – die Ablehnung von Erziehung, von bewusster Einflussnahme und nur auf die Eigenkräfte des Kindes zu setzen. Voll zu bejahen ist an dieser pädagogischen Konzeption, dass sie sich dafür einsetzt, das Kind als eigenständige Persönlichkeit zu sehen, seine Rechte zu vertreten und den übermächtigen Erwachsenen in seinem Einfluss zu mäßigen. Es geht darum, dem Kind den Freiraum für seine Entwicklung zu schaffen, den es benötigt. Mit jeglicher Begrenzung und Gestaltung dieses Freiraums bleibt Ihnen – auch wenn Ihr Kind nach neuerer Theorie in großem Umfang seine Entwicklung selbst steuert – die Aufgabe des Bildens, Erziehens und Betreuens. Schon der von den Eltern gestaltete unmittelbare Lebensraum, die Ausstattung des Wohnbereichs, wirkt erzieherisch, ebenso wie die Eltern selbst natürlich als Vorbilder und Teil der Umwelt auf das Kind wirken. Wie Sie arbeiten, wie Sie lernen oder wie Sie Ihre Freizeit verbringen, diese Beobachtungen Ihres Kindes sind außerordentlich einflussreich.

Eine Bitte: Denken Sie daran, dass Ihr Kind später gern einmal in die Vergangenheit zurückblickt. Führen Sie deshalb ein Tagebuch mit Fotos für Ihr Kind. Versuchen Sie, wenigstens jedes Vierteljahr einmal die Entwicklungsschritte Ihres Kindes festzuhalten: seine neuen Fähigkeiten und Fertigkeiten, Körper, Größe und Gewicht ebenso wie besondere Erlebnisse, die besten Freunde und Freundinnen, die bevorzugten Spiele usw.
Gute Bilder zur Illustration zu machen, ist nicht schwierig. Und falls Ihnen gerade keine besonderen Bildideen einfallen, können Sie immer noch nachsehen, was die Fotografen für Band 1 eingefangen haben.

# Praktische Hinweise

**Thematischer Überblick**

Die Themen und Fragestellungen, die in diesem Band behandelt werden, betreffen das Kind in seinem ersten Lebensjahr:

Das Elternbuch 1 beginnt nach diesem einführenden Kapitel mit den Tagen vor der Geburt und den letzten, nötigen Vorbereitungen. Ist eine Hausgeburt oder eine Geburt in der Klinik sinnvoll? Es folgen Informationen über die Geburt selbst und die ersten Tage danach, über die völlig veränderte Lebenssituation, die Ihr Kind unmittelbar nach der Geburt erwartet, die aber auch Sie selbst vor neue Fragen stellt.

Im nächsten Teil steht der Körper des Kindes im Vordergrund. Sie erfahren alles über seine normale Entwicklung, auch über das Wachstum der Zähne, über Körperpflege, Hygiene, gesunde Lebensführung und den Tagesrhythmus. Zu Fragen der Gesundheitsvorsorge erhalten Sie Informationen über die Früherkennungs-Untersuchungen, über Impfungen und Maßnahmen zur Unfallverhütung innerhalb der Wohnung sowie zur ersten Hilfe (der Besuch eines entsprechenden Kurses ist immer empfehlenswert!). Außerdem geben wir Ihnen Hinweise für den Besuch beim Kinderarzt und sprechen die häufigsten Kinderkrankheiten an.

Im Kapitel zur Ernährung finden Sie alles über das für die körperliche und seelische Entwicklung des Kindes so wichtige Stillen, die Zubereitung der Flaschenkost und Breikost, über Nahrungsmengen und Hygiene sowie über die Verdauung.

Im nächsten Teil lesen Sie, was zur Wäsche- und Kleidungsausstattung gehört und wie das Bett (oder die Wiege) aussehen sollte. Außerdem finden Sie Tipps für die zweckmäßige Einrichtung des Kinderzimmers mit Anregungen, wenn Sie nur eine kleine Wohnung haben. Weitere Abschnitte beschäftigen sich

mit den notwendigen Anforderungen, die an einen guten Kinder- und Sportwagen gestellt werden, und mit der Frage, wie Sie mit Ihrem Kind sicher reisen können.

Unter dem Titel «Mitwelt» geht es um die Menschen in der unmittelbaren Umgebung des Kindes, also um die Mutter, den Vater und um die Geschwister. Daran schließen sich Abschnitte über die besondere Situation von Eltern mit Zwillingen an, über Fragen zum Babysitter und über Besucher am Kinderbett. Der folgende, längere Abschnitt beschreibt im Einzelnen, wie sich die seelische Entwicklung des Kindes vollzieht, wie Fehlhaltungen entstehen, welche Verhaltensweisen der Eltern und welche Umweltbedingungen eine besonders günstige Wirkung haben. Außerdem gehen wir auf das Spielen ein, das schon im ersten Lebensjahr einer der wichtigsten Entwicklungsimpulse ist.

Der Teil «Entwicklungsanregungen» ist besonders umfangreich und stellt damit bewusst einen Schwerpunkt dar: Viele fundierte wissenschaftliche Untersuchungen und Langzeitstudien kamen übereinstimmend zu folgendem Ergebnis: Die gezielte Förderung des Kindes in allen Lebensbereichen regt die Intelligenz, das Denken und die Lernfreude an und hilft dem Kind, Selbstsicherheit und Selbstvertrauen zu entwickeln.

Allerdings wirken nicht nur gezielte Anregungen. Ihr Kind lernt ständig von Ihrem Vorbild, dem anderer Erwachsener und auch schon im ersten Lebensjahr von anderen Kindern. Es besitzt dann mit diesen Beobachtungen die Startbedingungen zur Bewältigung der Anforderungen, die das Leben später stellt. Die Lernfähigkeit eines Kindes spielt ja nicht nur in der Schule eine große Rolle – sie ist eine der wichtigsten Fähigkeiten überhaupt. Wenn sie nicht durch gezielte Anregungen in den ersten sechs Lebensjahren geweckt und gefördert wird, führt das zu Beeinträchtigungen, die sich später nie mehr ganz ausgleichen lassen. Auch die seelische Entwicklung des Kindes wird ohne Anregungen ungünstig beeinflusst, weil es weniger positive Rückmeldung durch seine Mitwelt bekommt, als es benötigt.

Es ist also wichtig, dass jedes Kind schon sehr früh in kindgemäßer Weise mit den wichtigsten Fähigkeiten und Fertigkeiten bekannt und vertraut gemacht wird. Kindgemäß heißt hier: spielerisch, abwechslungsreich, mit Anerkennung und viel Spaß. Die Entwicklungsanregungen bieten Ihnen und Ihrem Kind vielseitige Spiele und Beschäftigungen, mit denen Sie frühzeitig beginnen sollten, damit Ihr Kind Lernschwierigkeiten später gar nicht erst kennen lernt.

Einige der Anregungen sind übrigens gar nicht neu, sondern waren auch schon bei Ihren Großmüttern und Großvätern beliebt: herumtragen, viel erzählen, Dinge anschauen und berühren, Reime und Verse vorsagen, zu denen oft rhythmische Bewegungen gemacht werden. Aber manches ist auch neu hinzugekommen durch die Erkenntnisse der modernen Medizin und Psychologie, z. B. gezielte Bewegungs- und Gymnastikübungen für Säuglinge, die die natürliche Entwicklung fördern. Damit Sie sich leicht zurechtfinden, sind die Anregungen in einzelne Lernbereiche gegliedert.

Für die vorgeschlagenen Aktivitäten brauchen Sie nicht so viel Zeit, wie Sie vielleicht zunächst vermuten. An der Reaktion Ihres Kindes werden Sie bald ablesen können, ob und wie viel Spaß ihm die Übungen machen. Dies wird Sie wahrscheinlich veranlassen, möglichst selten mit Ihren Anregungen auszusetzen; Voraussetzung ist allerdings immer, dass Ihr Kind Bereitschaft und Interesse zeigt.

Am Schluss enthält das Elternbuch 1 noch einige Übersichten, eine Liste wichtiger Krankheitssymptome, Adressen für den Notfall, ein Literaturverzeichnis und ein Register zum schnellen Nachschlagen.

## Was Sie noch wissen sollten

Einige sprachliche Besonderheiten seien hier noch kurz erwähnt: In der Regel spreche ich Sie ganz persönlich an. Mit diesem «Sie» meine ich (meistens) beide Eltern, Vater und Mutter. Fast alle Aufgaben, Spielanregungen und Beschäftigungen können ja von beiden Elternteilen übernommen werden. Gelegentlich wird in diesem Buch von «Partnern» gesprochen. Damit betone ich, dass Sie nicht nur als Eltern für das Kind eine bestimmte Rolle spielen, sondern dass Sie sich immer auch als Partner verstehen sollten.

Und wie spricht man am besten von der Hauptperson in einem Buch? Vom Baby? Von dem oder der Kleinen? Bei diesen Ausdrücken bedenkt man nicht, dass es bereits von Anfang an ein vollwertiger Mensch ist, eine Persönlichkeit. Auch der Ausdruck «Ihr Kind» kann nicht ganz befriedigen, obwohl er im Folgenden meistens verwendet wird. Das Wort «Ihr» darf nicht etwa Besitzansprüche zum Ausdruck bringen oder begründen, sondern heißt nur, dass das Kind durch Sie, seine beiden Eltern, ent-

standen und Ihnen jetzt anvertraut ist, bis es im Laufe der Jahre immer mehr auf eigenen Füßen steht.

Für die sprachlich-logisch nicht konsequente, aber vielleicht ausgewogene Entscheidung, nicht immer nur die weibliche Form bei Berufsgruppen zu verwenden, sondern auch die kürzere männliche, bitte ich um Verständnis. Der Einfachheit halber schreibe ich in der Regel von Erzieherinnen und Lehrerinnen einerseits und von Ärzten und Kindertherapeuten andererseits.

Das Elternbuch 1 ist der erste Band einer für Eltern, Erzieherinnen und Pädagogen gedachten Buchreihe über die ersten sechs Lebensjahre des Kindes. In jedem der sechs Bände werden die wichtigsten Informationen und Tipps zur Erziehung und Entwicklung des Kindes für ein Lebensjahr zusammengestellt. Das führt natürlich auch zu einigen Überschneidungen und Wiederholungen, und Sie finden im Buch daher hin und wieder Verweise auf andere Textstellen. Gezielt finden Sie Informationen über das Register am Ende des Buches.

Die erste Fassung der Elternbuch-Reihe wurde bereits in den siebziger Jahren entwickelt, eine grundlegende Neubearbeitung erfolgte in den Jahren 1990 bis 1992. Von vielen Kindern und Erwachsenen habe ich Anregungen aufgreifen können, und ich danke allen sehr herzlich dafür! An der Ihnen jetzt vorliegenden Überarbeitung hat wiederum Frau Dr. Mertin mitgewirkt, die den Autor mit Geduld ärztlich beriet, Frau Wirt hat umsichtig und genau die redaktionelle Bearbeitung geleistet. Besonders ist auch den Kindern und Eltern zu danken, die sich für Fotoaufnahmen zur Verfügung gestellt haben!

Die Überarbeitungen, die natürlich auch dem Verlag immer wieder Arbeit gemacht haben – besten Dank dafür –, wurden notwendig wegen des stetigen Wandels unserer Gesellschaft, teilweise auch wegen neuer wissenschaftlicher Erkenntnisse. Vor allem der rasche Wandel in den Familien in den vergangenen 30 Jahren ist auffällig, und die Vorbereitung auf die künftige Gesellschaft stellt hohe Ansprüche an Eltern. Die drängende Frage lautet: Wie kann vorweggenommen werden, was Kinder künftig brauchen? Wie können Kinder am besten für eine Welt vorbereitet werden, deren Wandel sich immer noch weiter beschleunigt?

Eine große Aufgabe bleibt Ihnen als Leserinnen und Leser: So viele differenzierte Hinweise und Informationen in diesem Buch auch enthalten sein mögen – die Anpassung und Übertragung auf die besondere Lebenssituation Ihres Kindes und Ihrer Familie ist eine Aufgabe, die Ihnen niemand abnehmen kann. Neben den regionalen Unterschieden zwischen Flensburg und Garmisch-Partenkirchen, zwischen Saarbrücken und Leipzig, Görlitz und Aachen (Kultur, Gesellschaft, Landschaft) sind es die Gegebenheiten je nach der besonderen Familiensituation und schließlich ganz besonders auch die individuelle Persönlichkeit Ihres Kindes und sein Entwicklungsstand, die bei allen Ihren Handlungen berücksichtigt werden müssen.

Wenn Sie eine wichtige Anregung zur Berücksichtigung bei einer Neuauflage beisteuern möchten, schreiben Sie bitte an den Verlag – schon jetzt dafür herzlichen Dank!

Ein Kind gut zu erziehen heißt mitzufühlen, mitzudenken und beim Handeln von den Bedürfnissen und Möglichkeiten des Kindes auszugehen: Wenn das Elternbuch dazu beiträgt, hat es sein Ziel erreicht!

# Rund um
# die Geburt

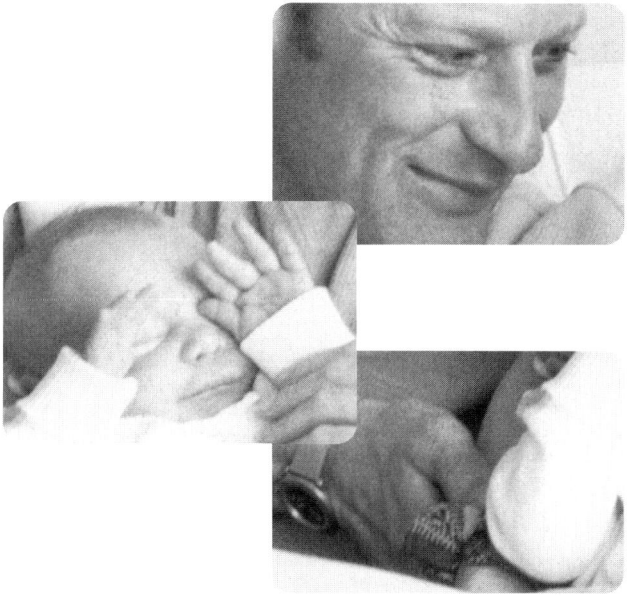

*Dank der Entwicklung der Medizin ist das Risiko für Mutter und Kind bei der Geburt wesentlich geringer als früher. Entwicklungsfähig ist jedoch noch die Atmosphäre an den Tagen rund um die Geburt: Eine freundliche, räumliche Situation, weniger Routinebetrieb, Zuversicht in alle Helfer und damit auch Entspannung und Wohlbefinden für die Mutter sollten noch selbstverständlicher werden.*

# Letzte Vorbereitungen
## vor der Geburt

Während der Schwangerschaft, besonders in den letzten Wochen vor der Geburt, ist eine Reihe von Vorbereitungen erforderlich.

### Arzttermine, Kurse, Mutterpass und Hebamme

Ab den ersten Zeichen einer möglichen Schwangerschaft haben Sie vermutlich regelmäßig Ihren Arzt aufgesucht, damit etwaige Komplikationen rechtzeitig erkannt und vorbeugende Maßnahmen getroffen werden können. Er hat Ihnen einen Mutterpass ausgestellt, worin alle Ergebnisse der durchgeführten Untersuchungen dokumentiert sind. In den letzten Wochen vor der Entbindung können Schwangere zur Sicherheit ihres Kindes und ihrer eigenen Person den Arzt häufiger konsultieren, die entstehenden Kosten werden von den Krankenkassen übernommen.

Orientierung und Sicherheit bieten Ihnen neben den Arztbesuchen regional angebotene Geburtsvorbereitungskurse und die dort geübten Atem- und Entspannungstechniken, ein Säuglingskurs, vielleicht auch Gespräche mit Frauen, die bereits ein Kind geboren haben, sowie schriftliche Informationen aus Büchern, Zeitschriften oder Broschüren, wie sie in Familienberatungsstellen oder auch in den Räumen, in denen die Schwangerschaftsgymnastik stattfindet, auslagen. Fragen Sie besonders auch nach Kursen in Ihrer Wohnumgebung, die teilweise im Schwimmbad durchgeführt werden: Das entspannt besonders intensiv und bietet Entlastung für den strapazierten Körper. Auskünfte erhalten Sie bei Familienbildungsstätten, oder fragen Sie Ihren Arzt nach den örtlichen Angeboten.

Planen Sie eine Hausgeburt oder eine ambulante Geburt – Sie bleiben dann mehr oder weniger nur zur Geburt in der Klinik –, so sollten Sie spätestens zwei bis drei Wochen vor dem berechneten Geburtstermin Kontakt zu der Hebamme aufnehmen, die Ihnen bei (bzw. nach) der Geburt behilflich sein soll. Bei einer normalen Klinikentbindung werden Sie von der jeweils Dienst habenden Hebamme versorgt.

## Was Sie in der Klinik brauchen

Auch wenn Sie eine Hausgeburt planen, sollten Sie vom siebten Monat an für den Notfall eine Reisetasche oder einen kleinen Koffer gepackt haben, der folgende Utensilien enthält:

### Für Ihr Kind

- erste Garnitur (siehe dazu «Die erste Garderobe», S. 135 f; Sie benötigen für die Klinik allerdings nur einen Teil davon),
- evtl. Windeln und Nabelbinden (wird meistens von den Kliniken bereitgestellt),
- warme Kleidung für die Heimfahrt je nach Jahreszeit (Mützchen und Jäckchen, Strampler, Decke).

### Für Sie selbst

- 3 bis 6 Nachthemden, die sich vorn bis zur Taille öffnen lassen (zum Stillen erforderlich),
- eine Bettjacke oder Ähnliches,
- einen Bademantel oder Morgenrock,
- 8 bis 10 kochfeste Slips oder Wegwerfhöschen sowie Binden als Einlage,
- 2 Stillbüstenhalter und Stilleinlagen,
- (warme) Socken oder Strümpfe,
- Hausschuhe,
- einige (Frottier-)Handtücher,
- 2 Gesichts- und 2 Körperwaschlappen (oder Einmal-Waschlappen),
- Ihre üblichen Körperpflegeutensilien,
- etwas zum Lesen, z. B. dieses Buch, vielleicht ein Kofferradio, ein Kassettengerät, einen CD-Player bzw. einen Walkman,
- Geld (auch Münzen oder Karte zum Telefonieren, Telefonnummern nicht vergessen!),
- Kleidung für die Heimfahrt.

### Urkunden und andere Papiere

- Mutterpass und Versicherungskarte (Chipkarte) Ihrer Krankenkasse (Klären Sie die Übernahme besonderer Kosten mit Ihrer Krankenkasse, bezogen z. B. auf die von Ihnen gewählte Klinik oder Geburtspraxis!),

- Personalausweis oder Pass,
- Ihre Geburtsurkunde,
- Familienstammbuch mit der Heiratsurkunde (ggf.),
- Telefonnummern Ihres Arztes, der Hebamme, der Kranken- kasse.

Wenn Sie mit dem Auto abgeholt werden, sollte für die Heimfahrt be- reits ein Sicherheitssitz für den Transport der Babytragevorrich- tung zur Verfügung stehen.

## Vorbereitungen für die Zeit nach der Geburt

Wenn Sie mit Ihrem Kind nach der Geburt zu Hause ankommen, kön- nen Ihnen und Ihrem Partner, der im Idealfall Urlaub nehmen konnte, in den ersten Tagen vielleicht eine der beiden frisch gebackenen Groß- mütter oder z. B. auch eine sehr gute Freundin eine zuverlässige Hilfe sein.

Die für das Baby notwendigen Dinge im Haushalt haben Sie sicher schon vorbereitet und sich auf Ihre neuen Aufgaben eingestellt:
- Alles, was für die Pflege und Hy- giene nötig ist.
- Schaffen Sie möglichst schon alle Artikel an, die Sie in den ersten 14 Tagen brauchen werden, und legen Sie sie bereit.
- Versuchen Sie evtl. Kunden- dienste und Bankgeschäfte etc. noch vor dem Geburtstermin zu erledigen.

Wenn Sie mehrere Kinder haben, fragen Sie bei Ihrer Krankenkasse nach, ob Sie eine Haushaltshilfe finanziert bekommen.

# Haus- oder Klinikgeburt?

## Was für die Klinik spricht

In den letzten Jahren wurde die Diskussion um die Vor- und Nachteile der Entbindung zu Hause oder in der Klinik neu belebt. Die wenig persönliche Gestaltung der Klinikräume, die Anwesenheit vieler fremder Personen, auch anderer Mütter – dies können Gründe sein, die eine Geburt zu Hause verlockend erscheinen lassen. Die Besichtigung der Klinik (auch mehrerer Kliniken) kann eine Entscheidungshilfe für Sie sein – und die Vorteile der Entbindung in der Klinik liegen auf der Hand: Hebamme und Arzt kennen sich bestens aus, alle benötigten Dinge, auch für Komplikationen, sind sofort zur Hand, Sie selbst müssen sich um nichts kümmern.

Statistisch verlaufen ca. 80 Prozent der Geburten komplikationsfrei, könnten also auch daheim stattfinden. Aber immerhin bei jeder fünften Geburt kommt es zu Komplikationen – ob Sie zu dieser Minderheit gehören, können Sie vorher nicht zweifelsfrei wissen. Entscheiden Sie, wie es Ihnen nach dem Abwägen der verschiedenen Gesichtspunkte sinnvoll zu sein scheint.

## Was für die Hausentbindung spricht

Der Vorteil einer Hausgeburt liegt darin, dass Sie sich in vertrauter Umgebung befinden, was Ihnen helfen kann, sich besser zu entspannen. Möglicherweise verläuft die Geburt dann leichter. Außerdem wird das Kind ganz selbstverständlich vom ersten Moment an in die Familie aufgenommen. Für die ersten Tage und Wochen danach brauchen Sie allerdings Helfer, die sich um Sie, um das Kind und um den Haushalt kümmern. Wenn Sie sich wohl fühlen, wird sich das auch auf Ihr Kind übertragen. In der intimen Atmosphäre zu Hause werden evtl.

auftretende Anfangsschwierigkeiten (beim Stillen, in der Mutter-Kind-Beziehung) eher vermieden oder leichter überwunden.

Zu einer Hausentbindung – ca. ein Prozent aller Kinder werden in der Bundesrepublik Deutschland daheim geboren – sollten Sie sich allerdings nur entschließen, wenn folgende Voraussetzungen gegeben sind:

▸ Ihr Arzt muss aufgrund der Vorsorgeuntersuchungen ganz sicher sein, dass nicht von vornherein Komplikationen zu erwarten sind, und er muss in den kritischen Tagen zuverlässig erreichbar sein (ggf. Notarzt – vorher erkundigen!).

▸ Sie sollten eine warme Wohnung und helles Licht haben.

▸ Das Bad sollte nicht weit vom Schlafzimmer entfernt sein.

▸ Ihr Bett muss bei der Geburt ringsum begehbar sein.

▸ Sie müssen eine Vertrauensperson haben (z. B. Hebamme), die Sie nach der Entbindung versorgt (auch unter medizinischer Perspektive), die aber auch Ihr Kind sorgfältig beobachtet.

Weitere Einzelheiten wird Ihnen die Hebamme, mit der Sie vorher genau über alles sprechen sollten, erläutern.

## Rooming-in

Eine Kompromisslösung, die von vielen Kliniken mittlerweile angeboten wird, ist das Rooming-in. Ihr Kind bleibt Tag und Nacht oder wahlweise nur tagsüber bei Ihnen, in seinem eigenen Bettchen. Auf diese Weise können Sie vom ersten Tag an eine wesentlich engere Beziehung zu Ihrem Kind aufbauen. Sie versorgen es, soweit es Ihnen möglich ist, von Anfang an selbst, haben aber den fachlichen Beistand der Klinikfachleute.

## Die ambulante Geburt

Auch das ist möglich und wird immer mehr genutzt: die Entbindung in der sicheren Klinik oder in einer dazu geeigneten Geburtspraxis zu haben und sobald wie möglich wieder nach Hause zu gehen. Das kann bereits einige Stunden nach der Geburt sein oder auch am ersten oder zweiten Tag danach. Sie sollten Ihre Entscheidung davon abhängig machen, wie es Ihrem Kind und Ihnen selbst geht. Sie können die Leistungen einer Hebamme bis zu zehn Tagen nach der Geburt beanspruchen, die Kosten dafür werden von den Krankenkassen übernommen.

# Ihr Kind erblickt das Licht der Welt

## Der Geburtstermin

Den wahrscheinlichen Geburtstermin können Sie selbst berechnen, wenn Sie einen 28-tägigen Zyklus hatten. Vom ersten Tag Ihrer letzten Menstruation gehen Sie drei Kalendermonate zurück und fügen ein Jahr und sieben Tage dazu (z. B. erster Tag = 9. Dezember; drei Monate zurück = 9. September; ein Jahr und sieben Tage dazu = 16. September = Geburtstermin). Wenn Ihr Zyklus kürzer war, müssen Sie entsprechend viele Tage dazurechnen.

Etwa zwei Drittel aller Kinder werden bis zu zehn Tagen vor oder nach dem errechneten Termin geboren. Planen Sie dementsprechend also nicht zu genau. Eine Tabelle zum Geburtstermin können Sie auch in der Arztpraxis einsehen.

## Wie sich die Geburt ankündigt

Wenn Sie die Geburt Ihres ersten Kindes vor sich haben, warten Sie wahrscheinlich halb ungeduldig, halb ängstlich auf das große Ereignis. Und weil man den Geburtstermin nicht auf den Tag genau voraussagen kann, vergrößert sich Ihre Spannung noch. So können Sie sich durch Vorwehen täuschen lassen, auch die Erwartungsspannung kann dazu beitragen. Vielleicht fahren Sie deshalb schon zu früh in die Klinik, wo man Sie dann beruhigt und erst einmal wieder nach Hause schickt.

Die folgenden Anzeichen, die allerdings jede Frau anders erlebt, sprechen dafür, dass es nun endlich so weit ist, dass die Geburtsphase beginnt:

▸ Rhythmische Wehen mit einander ähnelndem Verlauf setzen ein, wobei die Abstände zwischen den Wehen kürzer werden, zugleich aber die Dauer und Stärke der einzelnen Wehe zunimmt.

▸ Blutiger Schleim, der den Muttermund propfartig verschlossen hat, löst sich und geht ab.

▸ Die Fruchtblase platzt, das Fruchtwasser läuft langsam oder schwallartig aus der Scheide.

Den Beginn der Wehen erkennen Sie an zunächst meist nur leichten Kreuzschmerzen und einem Ziehen in der Gebärmutter, wie Sie es vielleicht auch bei Ihrer normalen Periode schon gespürt haben. Legen Sie sich dann am besten hin und schauen Sie auf die Uhr, ob sich der Schmerz in regelmäßigen Abständen wiederholt. Ähnliche Schmerzen treten manchmal schon einige Wochen vor der Geburt auf, verschwinden dann aber wieder völlig. Dieses Phänomen – die so genannten falschen oder wilden Wehen – sind Übungsphasen der Gebärmutter. Trotzdem müssen Sie auch in diesem Fall Ihren Arzt verständigen, denn es könnte sein, dass sich damit eine Frühgeburt ankündigt.

Wenn Sie eine Stunde lang im Abstand von etwa zehn bis fünfzehn Minuten immer wieder Wehen verspüren, ist dies ein sicheres Anzeichen für die bevorstehende Entbindung. Die schmerzfreien Phasen werden im Laufe der nächsten

Stunden immer kürzer. Der Schleimpfropf löst sich, das Fruchtwasser geht ab. Springt die Fruchtblase schon vor dem Einsetzen der Wehen und tritt das Fruchtwasser schwallartig aus, müssen Sie sich sofort hinlegen und den Arzt oder Ihre Klinik verständigen: Es besteht die Gefahr eines Nabelschnurvorfalls, d. h., die Nabelschnur könnte zwischen dem Kopf des Kindes und Ihrem Becken eingeklemmt werden.

## Lage des Kindes

Durch Tasten oder mit Hilfe des Ultraschallgeräts kann man die Lage des Kindes während der Schwangerschaft und vor der Geburt genau feststellen. Die richtige Geburtslage stellt sich bei den meisten Kindern von alleine ein, in anderen Fällen kann mitunter eine geschickte Drehung des Babys in der Gebärmutter durch Geburtshelfer vorgenommen werden. Auch Hebammen kennen verschiedene Methoden, die die erwünschte Drehung des Kindes auslösen können.

### Normale Lage
Der Kopf des Kindes ist unten, der Po mit den angezogenen Beinen oben; der Rücken des Kindes zeigt aus der Perspektive der Mutter entweder nach rechts oder links. Nur

ca. vier von 100 Kindern liegen nicht in dieser Geburtsposition.

### Steißlage

Das Kind sitzt gewissermaßen in der Gebärmutter, Kopf oben, Po unten. Es wird voraussichtlich ein Kaiserschnitt durchgeführt. Das Kind kommt bei der Spontangeburt mit dem Po voran auf die Welt und könnte dabei in Atemnot geraten. In Steißlage befinden sich ca. drei von 100 Kindern.

### Querlage

Das Kind liegt quer in der Gebärmutter. Es wird voraussichtlich ein Kaiserschnitt nötig sein. Die Querlage ist sehr selten (ca. eines von 300 Kindern).

### Falsche Kopflage

Hinterhauptlage, Vorderhauptlage, Stirnlage, Gesichtslage sind mögliche falsche Kopflagen. Die Geburt dauert in diesen Fällen länger – mitunter ist eine operative Geburtshilfe erforderlich.

## Soll der Vater bei der Geburt dabei sein?

Wahrscheinlich haben Sie sich gemeinsam überlegt, dass der Vater während der Geburt dabei sein sollte, zumal die meisten Kliniken mittlerweile darauf eingerichtet sind. Elternzeitschriften, Bücher, (Video-)Filme und Kurse für Eltern geben dem Mann die Möglichkeit, sich auf seine Rolle bei der Geburt vorzubereiten. Ob er nur dabei ist und ihre Hand hält oder ob er sie massiert, mit ihr atmet, ihren Rücken stützt: die meisten Frauen empfinden die Anwesenheit des Mannes als große Hilfe; und für die Männer ist die Geburt oft ein großartiges, unvergessliches Erlebnis, das sich laut Statistik (ELTERN, 1998) ca. 80 % der Väter nicht entgehen lassen und schon mit dieser Entscheidung den ersten Schritt zur aktiven Vaterrolle vollziehen.

## Verlauf der Geburt

Nach dem Beginn der ersten Wehen, die bei vielen Frauen zwischen 22 Uhr und Mitternacht einsetzen, dauert es in der Regel noch viele Stunden, bis das Kind geboren wird (in seltenen Fällen weniger als zwei Stunden oder mehr als 40 Stunden). Die Eröffnungsphase, in der sich der Muttermund öffnet, dauert bei Erstgebärenden in der Regel zwischen acht und 18 Stunden, bei Frauen, die schon ein Kind geboren haben, zwischen sechs und neun Stunden.

Spätestens am Ende der Eröffnungsphase platzt die Fruchtblase. Nun beginnt die Austreibungsphase mit den Presswehen. Jetzt soll die Gebärende mitpressen, wenn sich eine Wehe ankündigt. Ihr Körper und die Hebamme geben Ihnen in den verschiedenen Phasen die notwendigen Hinweise, wie Sie sich verhalten sollen. Schließlich wird der Kopf des Kindes am Scheidenausgang sichtbar. Wenn er den Geburtskanal passiert hat und am Scheidenausgang durchtritt, haben Sie den schwierigsten Teil der Geburt überstanden; das Durchtreten des Körpers ist weniger schmerzhaft.

Auf die verschiedenen alternativen Haltungen, in denen Sie Ihr Kind zur Welt bringen können, kann hier nicht eingegangen werden. Gegenwärtig wird eine mehr oder weniger aufrechte Haltung empfohlen, weil das Kind dabei mit seinem Körpergewicht kontinuierlich mitarbeitet; auch die Geburt während eines Wannenbades, mindestens die Entspannung davor im Wasser, hat sich bewährt und den Einsatz von Medikamenten deutlich verringert.

Innerhalb weniger Jahre können neu (oder wieder) entwickelte Methoden und Überlegungen zu erheblichen Veränderungen in der Geburtspraxis führen und auch regionale Unterschiede offenbaren, je nachdem, ob sie an dem Ort, an dem Sie leben, schon praktiziert werden oder dort noch nicht geläufig sind. Vor dem wissenschaftlichen Hintergrund ist die Erfahrung der Geburtshelfer jedoch immer noch ein wesentlicher Faktor für eine möglichst reibungslose Geburt. Ihr Vertrauen zu den Helferinnen und Helfern und zu den von ihnen angewandten Methoden erleichtert die Geburt.

Unmittelbar nach der Geburt befreit die Hebamme die Atemwege des Kindes von Schleim und Blut, und Ihr Kind wird Ihnen in der Regel bis zu einer Stunde Dauer auf den Bauch gelegt – nun können Sie mit Ihrem Mann das Wunderwesen ansehen, betasten, streicheln, kennen lernen.

Nach der Durchtrennung der Nabelschnur wird das Kind gesäubert, untersucht, gemessen und gewogen, und es bekommt ein Namensschild um sein Handgelenk, um eine Verwechslung auszuschließen. Die Nachgeburt erfolgt etwa eine halbe Stunde nach der Geburt. Dabei werden die Plazenta und die Eihäute unter kleineren Wehen (den so genannten Nachgeburtswehen) nach außen gepresst.

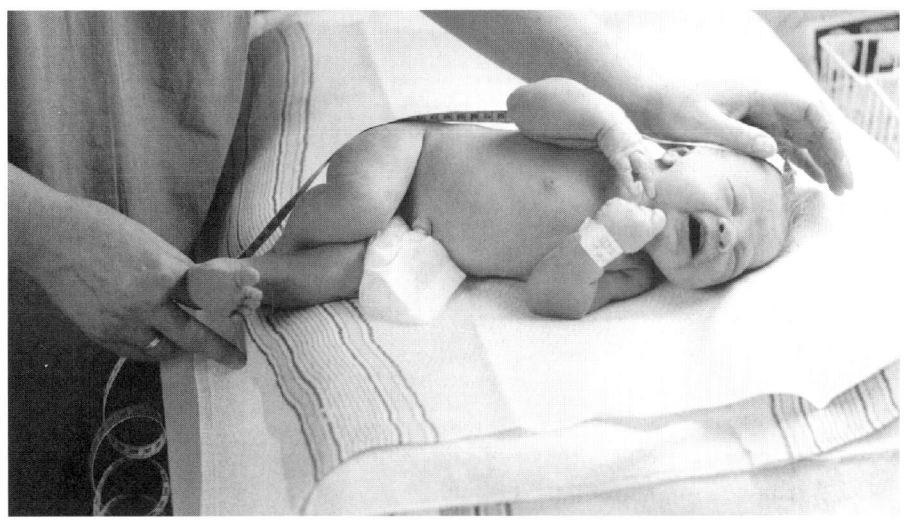

Das Risiko einer Schädigung des Kindes während der Geburt ist heute ziemlich gering. Auch am Fruchtwasser kann der Arzt erkennen, ob ein Kind gefährdet ist und ob die Geburt rasch eingeleitet werden muss (z. B. schlecht riechendes, grünliches, fleckiges Fruchtwasser).

Während der Geburt überwacht ein Herztonschreiber den Pulsschlag des Kindes. Eine Veränderung der Herztöne und der -frequenz bedeutet eine Bedrohung des Kindes. In diesem Fall wird die Geburt möglichst bald beendet, u. U. auch durch Kaiserschnitt (Häufigkeit: ca. vier bis fünf Prozent). Eine Gefahr für das Kind kann z. B. durch die Lage der Plazenta entstehen, wenn sie vor dem Muttermund gelegen ist oder sich zu früh löst (Blutungen). Erfahrene Geburtshelfer werden Ihnen auch die eventuell notwendigen schmerzlindernden Mittel geben. Die Auswirkungen auf das Kind sind im Allgemeinen gering, außerdem werden vermehrt Mittel der Naturheilkunde mit Erfolg eingesetzt, von homöopathischen Medikamenten über Akupunktur bis hin zu Bach-Blüten.

Wenn Sie während der Schwangerschaft regelmäßig zu den Untersuchungen gehen und sich eine gute Klinik für die Entbindung aussuchen, haben Sie die Gewähr, dass eventuelle Unregelmäßigkeiten rechtzeitig festgestellt werden. Nutzen Sie deshalb die im Mutterpass empfohlenen Untersuchungen!

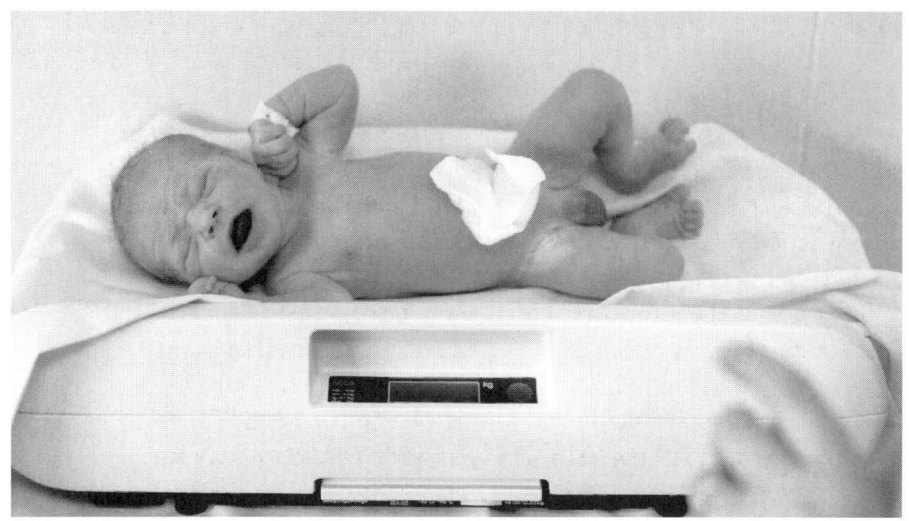

### Das Kind nach der Geburt

#### Erste Pflege
Nach der Abnabelung wird das Kind gesäubert: Mund, Nase und Ohren werden von Schleim und Blut befreit. Der Nabelschnurrest wird mit einer Nabelbinde geschützt. Die sog. Käseschmiere, ein schützender Fettbelag, zieht nach einigen Tagen wieder in die Haut des Kindes ein – sie wird deshalb in der Klinik nicht entfernt.

#### Erste Nahrung
Nur bei dringlichem Bedarf bekommen Kinder eine Traubenzuckerlösung als erste Nahrung – Stillen durch die Mutter hat absoluten Vorrang. Dabei geht es psychisch um den möglichst intensiven Kontakt, physiologisch um den Aufbau der Immunabwehr (vgl. Stillen).

#### Neugeborenengelbsucht
Am zweiten oder dritten Tag erkranken viele Kinder an einer leichten Gelbsucht. Die Leber kann den Gallenfarbstoff noch nicht schnell genug abbauen. Ist die Gelbsucht stärker, wird sie mittels Fototherapie behandelt, d. h., das Kind wird ein oder zwei Nächte unter eine spezielle Lampe gelegt. Bemerken Sie zu Hause nach einigen Tagen Anzeichen für eine verstärkte Gelbsucht, das heißt, wenn auch das Augenweiß des Kindes sich gelb färbt, wenn Ihr Kind schlecht trinkt und auffällig matt erscheint, müssen Sie einen Kinderarzt aufsuchen.

# Die Mutter nach der Geburt

## Dammschnitt

Rund sieben Tage benötigt der Körper zur Heilung eines Dammschnitts. Noch vor einigen Jahren wurde der Dammschnitt sehr häufig vorbeugend zur Geburtserleichterung angewandt. Heute wird dieser operative Eingriff nur durchgeführt, wenn er sich während der Geburt als notwendig erweist. Die Geburtsvorbereitungsübungen sorgen dafür, dass die Gewebe weich und flexibel werden, deshalb kann der Schnitt oft vermieden werden.

## Wochenfluss und Gebärmutterrückbildung

Zwei bis sechs Wochen dauert der Wochenfluss. Anfangs ist er blutig, später bräunlich und weißlich. Innerhalb von rund sechs Wochen – je nach unterstützender Gymnastik auch früher – bildet sich die Gebärmutter wieder zurück. Die körperliche Umstellung bedeutet eine große Belastung für den Organismus, daher brauchen Sie in den ersten Tagen nach der Geburt viel Ruhe.

## Nachuntersuchung

Sechs bis acht Wochen nach der Geburt sollte eine gynäkologische Nachuntersuchung erfolgen. Fragen Sie dabei Ihren Arzt oder Ihre Ärztin, ob etwas gegen Geschlechtsverkehr spricht. Der Zeitpunkt für die Wiederaufnahme des Imtimverkehrs sollte von Ihnen und Ihrem Partner gemeinsam gewählt werden – hören Sie dazu auf Ihre «innere Stimme».

## Infektionsgefahr

Eine Wöchnerin ist anfälliger für Krankheiten, vermeiden Sie deshalb möglichst jede nur denkbare Infektionsgefahr. Auch im Wochenfluss befinden sich viele Bakterien, deshalb ist Hygiene besonders wichtig. Das gilt auch für die Brustpflege: Tun Sie alles, um eine Brustentzündung zu vermeiden.

## Ernährungsfehler

Sie werden bald wieder das gleiche Gewicht haben wie vor der Schwangerschaft, wenn Sie in den neun Monaten nicht zu üppig gegessen haben. Für den Bauch gibt es eine spezielle Gymnastik, die Sie von den Mütterkursen kennen oder die man Ihnen in der Klinik zeigt. Hungern Sie sich die überflüssigen Pfunde nicht ab, solange Sie noch stillen, sonst könnte Ihr Kind vermehrt die im Fettgewebe eingelagerten Schadstoffe mit der Muttermilch aufnehmen!

Auf Alkohol, Zigaretten und (viel) Kaffee sollten Sie weiterhin verzichten, weil das Kind sonst die schäd-

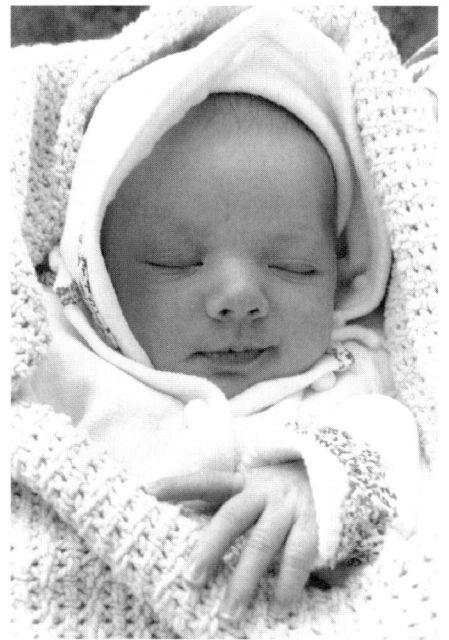
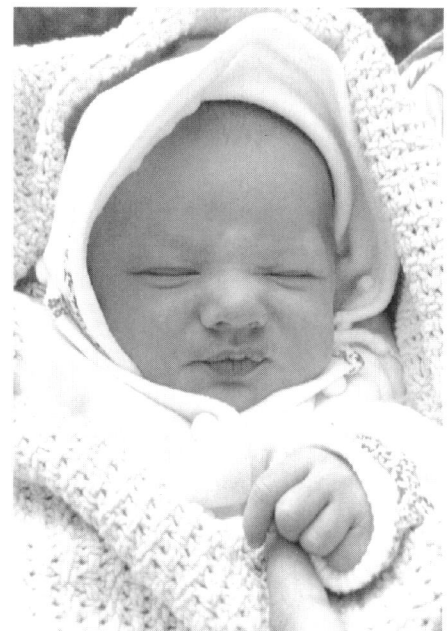

lichen Stoffe mit der Milch aufnimmt.

## Früh- und Spätgeburt

Eine Frühgeburt ist nach den Festlegungen der Weltgesundheitsorganisation (WHO) gegeben, wenn ein Kind unter 37 Schwangerschaftswochen reif ist, eine Spätgeburt (das Kind ist «übertragen»), wenn die Schwangerschaft länger als 42 Wochen dauert. Ein zwischen der 37. und der 42. Woche geborenes Kind gilt als reif geboren.

Frühgeborene Kinder wiegen oft unter 2500 g, sie sind heute bereits ab der 23. bis 25. Schwangerschaftswoche lebensfähig, wenn die Versorgung in einem neonatologischen Zentrum (Zentrum für Neugeborene) erfolgt. Höhere Gefährdung ist vor allem bei Erkrankungen der Mutter während der Schwangerschaft gegeben, bei Anomalien der Geschlechtsorgane, bei Mehrlingsschwangerschaften, starkem Stress oder hohem Zigarettenkonsum. Ungefähr sieben Prozent aller Geburten sind Frühgeburten (vor allem in Großstädten). Die zu früh geborenen Kinder werden zuerst im

Brutkasten versorgt (u. a. mit künstlicher Beatmung, Infusionen, kontinuierlicher Überwachung der Herzfrequenz).

Um die Beziehung zwischen Mutter und Kind zu festigen, legen Mütter ihr frühgeborenes Kind zeitweise zwischen ihre nackten Brüste. So kann die Entwicklung des Kindes positiv beeinflusst werden (Känguruh-Methode). Meistens können die Entwicklungsrückstände bis zum Schuleintritt aufgeholt werden.

Eine erhöhte Wahrscheinlichkeit für eine Frühgeburt ist gegeben, wenn:
– äußerer, fortdauernder Stress der Mutter, z. B. erhebliche körperliche Belastung, vorliegt;
– eine werdende Mutter Alkohol, Nikotin oder Drogen konsumiert, die Immunabwehr geschwächt ist;
– eine Infektion in der Scheide vorliegt;
– die Schwangere besonders jung oder alt ist;
– die Schwangere bereits eine Frühgeburt hatte;
– Mehrlinge erwartet werden.

Psychischer Stress, z. B. auch wegen Ängsten vor der Geburt oder wegen des befürchteten Verlusts einer guten Figur, kann behandelt werden (durch einen Arzt oder Gesprächstherapeuten; Methoden: psychosoziale Betreuung oder Behandlung durch Gespräche, Entspannung, ggf. Massagen). Selbstverständlich ist auch eine gesunde Lebensweise geeignet, die Wahrscheinlichkeit einer Frühgeburt zu reduzieren.

Nach 42 Schwangerschaftswochen gilt ein Kind als übertragen. Manche Kinder genießen lieber etwas länger als andere das Leben in der Geborgenheit des mütterlichen Körpers. Wenn der errechnete Geburtstermin einige Tage überschritten ist, lassen Sie sich von Ihrem Arzt regelmäßig untersuchen und beraten. Er prüft die Herztöne des Babys, untersucht das Fruchtwasser und überwacht diese Phase per Ultraschall. Ist der Termin zwei Wochen überschritten, so wird die Geburt im Allgemeinen künstlich eingeleitet.

# Das erste Kind
## verändert Ihr Leben

### Die Situation des ersten Kindes

Was spricht – aus der Sicht Ihres Kindes – eigentlich dafür, freiwillig den schützenden Schoß der Mutter zu verlassen, um in eine sehr ungewisse Zukunft und eine fremde Umwelt einzutreten? Könnte es die neue Situation überblicken, würde es gewiss ein wenig davor zurückschrecken. Was erwartet es denn hier draußen? – Eltern, die wenig oder gar keine Erfahrung mit einem Baby haben, eine ganz andere Ernährung als bisher, die Schwierigkeiten der Umstellung nach der Geburt überhaupt und andere, nicht immer erfreuliche Dinge mehr. Sie Ihrerseits haben sich jedoch auf Ihr Kind vorbereitet (soweit das vor der Geburt möglich ist) und wollen sich die allergrößte Mühe geben. Ihre ganze Liebe und Fürsorge konzentriert sich auf Ihr Kind.

Erstgeborene genießen also einerseits besondere Aufmerksamkeit, haben andererseits allerdings mit der Unsicherheit ihrer Eltern zu tun, die vielleicht noch nicht wissen, wann sie etwas durchgehen lassen dürfen, wann Geduld angebracht ist, wann sie ein bestimmtes Verhalten beim Kind erwarten können usw. Da sie unsicher sind, ist ihr Verhalten mitunter inkonsequent, und damit verunsichern Sie auch oft das Kind.

Viele dieser Unstimmigkeiten können Sie vermeiden, wenn Sie sich mit Ihrem Partner viel über Ihre Beobachtungen unterhalten oder sich über das Stichwortverzeichnis im Anhang dieses Buches zusätzliche Informationen einholen. Wenn es Probleme gibt, sollten Sie immer daran denken, dass Sie während der ersten Lebensjahre Ihres Kindes immer zugleich auch die Instanz in Rechtsfragen, sein «Anwalt», sein müssen.

In Diskussionen über das Thema Einzelkind – und das Erstgeborene ist ja zunächst einmal Einzelkind – wird oft der Einwand gebracht, dass solche Kinder zu sehr im Mittelpunkt stünden, was sich für ihre Entwicklung schädlich auswirke. Aber: Stehen Kinder wirklich im Mittelpunkt der Familie? Ist es nicht vielmehr so, dass sich die Kinder – Einzelkinder und andere – überwiegend nach den Bedürfnissen der Erwachsenen richten müssen?

Das zeigt sich z. B. am Grundriss der meisten Wohnungen. Das Kinderzimmer ist in der Regel viel kleiner als Wohn- oder Schlafzimmer der Eltern. Oft haben die Kinder nicht einmal einen eigenen Raum, sondern nur eine Spielecke. Sie müssen auf kostbare Bodenvasen Rücksicht nehmen, dürfen nicht an den interessanten Knöpfen des Fernsehapparates herumspielen, wegen der Nachbarn nicht in der Wohnung herumtoben usw.

Manche Eltern sehen, was sie ihren Kindern erlauben, als Entgegenkommen an und nicht als das selbstverständliche Recht ihres Kindes auf Entwicklung und Entfaltung. Hinter der Befürchtung, ein Kind könne zu sehr im Mittelpunkt stehen, steckt oft die Sorge, dass man eigene Vorteile einbüßen, dass man selbst im Leben zu kurz kommen könnte. Etwas salopp formuliert: Ihr Kind braucht nicht dauernd Schokolade im Mund – es braucht vielmehr Ihre Zuwendung, Ihr Interesse, die Berücksichtigung seiner Wünsche und Bedürfnisse.

## Junge Familie – was ist jetzt anders?

Mit dem ersten Kind verändert sich ungemein viel. Aus der Partnerschaft wird nunmehr eine Familie mit drei Personen und neuen Rollen. Die Partnerbeziehung tritt zumindest zeitweise in den Hintergrund, stattdessen ist die Partnerin nun zugleich eine Mutter und der Partner ein Vater. Die Eltern des jungen Paares werden zu Großeltern und haben vielleicht ebenfalls mit ihren neuen Rollen Gestaltungs- und Anpassungsprobleme. Engagieren sich beide frisch gebackenen Eltern für das Neugeborene, so entsteht für keinen ein Vakuum – die neu übernommenen Aufgaben lenken davon ab, dass man nicht mehr so viel Zeit füreinander hat.

Dennoch werden Ungleichgewichte entstehen, und beide Partner sollten bewusst darauf achten, dass die Pflege der Partnerbeziehung weiterhin Aufmerksamkeit, Interesse, In-

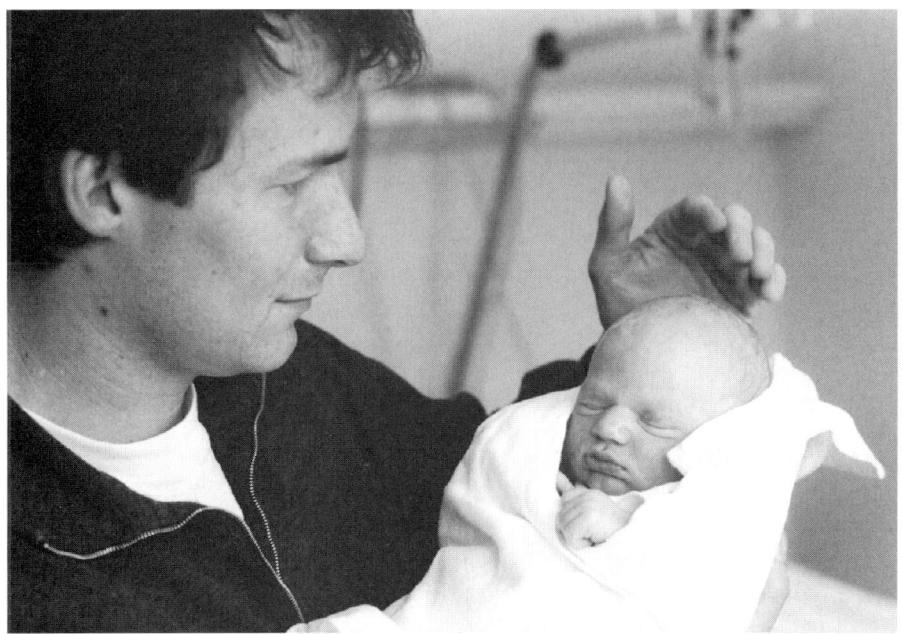

tensität, Zuneigung, Liebe, Rücksichtnahme und vieles mehr erfordert, auch im Interesse des Neugeborenen – in der Partnerschaft glückliche Eltern können sich besser für Ihr Kind einsetzen.

Laut Statistik (Bundesrepublik Deutschland: ehelich geborene Kinder) sind Mütter bei der Geburt ihres ersten Kindes durchschnittlich ca. 28–29 Jahre alt, Väter ca. 31–32 Jahre. Damit existieren bei beiden Partnern schon eine Vielzahl von Lebensgewohnheiten, die mit der Geburt eines Kindes geändert werden müssen: keine ganz einfache Aufgabe. Auch ein erwünschtes

Kind ist damit gelegentlich eine Quelle für Unmut und Frustration. Dann nämlich, wenn Eltern wegen des Kindes auf bestimmte Vergnügungen verzichten müssen (Partys, Discobesuche, Ausflüge, Reisen usw.).

Wenn Sie noch keine Erfahrung im Umgang mit Säuglingen haben, bereitet Ihnen die Pflege Ihres Kindes in den ersten Tagen und Wochen nach der Geburt sicher einiges Kopfzerbrechen. Vielleicht sind Sie auch verunsichert durch die Vorschriften und gut gemeinten Ratschläge, die von allen Seiten auf Sie einstürmen. Aber nur Mut: Wenn

Sie neugierig und offen auf Ihr Kind zugehen, werden Sie sicher bald auch gut mit ihm umgehen können. Nicht zuletzt wird Ihnen auch Ihr Instinkt helfen.

Zusätzlich können Sie sich mit Hilfe der Medien informieren (Bücher, Zeitschriften, Fernsehen, Rundfunk). Sie können sich aber auch an Elterngruppen wenden oder an Seminaren für junge Eltern teilnehmen, die, auf privater Basis oder von öffentlichen und kirchlichen Trägern angeboten, es Müttern und Vätern ermöglichen, Erfahrungen auszutauschen, Informationen einzuholen und, nicht zuletzt, eine soziale Isolierung verhindern. Oft entwickeln sich aus solchen Kontakten auch weiter bestehende Baby- oder Elterngruppen oder andere Organisationsformen, die den Mangel an Krippenplätzen ausgleichen.

## Besondere Familienformen und -situationen

Während Politiker oft nur pauschal von «der Familie» reden, findet sich die klassische Form mit Vater, Mutter und ein bis drei Kindern deutlich seltener als früher. Die hinzugekommenen Familienkonstellationen und besonderen Lebenssituationen von Eltern, Elternteilen und Kindern sind zu berücksichtigen, und manche Aussagen (auch dieses Buches) müssen erst auf die besondere Situation übertragen werden.

### Alleinerziehende
Einige der Alleinerziehenden verzichten aus Überzeugung auf das Zusammenleben mit dem anderen Elternteil, andere gerieten in diese Situation aus von ihnen nicht selbst zu verantwortenden Gründen, oft haben unvereinbare Gegensätze die Eltern entzweit. In jedem Fall ruhen damit die Sorge, Verantwortung und (Über-)Belastung primär auf einem Elternteil. Die Beziehung zum Kind droht dabei zu eng zu werden, und eine Lockerung ist notwendig durch den Aufbau und die Intensivierung von Kontakten zu anderen Erwachsenen, zu Geschwistern, Großeltern, Bekannten, Freunden, insbesondere aber auch durch den Zusammenschluss mit Müttern oder Vätern in ähnlicher Situation (Interessengruppen), wobei der Kontakt über die gemeinsame Teilnahme an typischen Angeboten (Krabbelgruppe, Müttergymnastik, Kindergarten etc.) zustande kommen oder auch über ein Inserat oder das Internet gefunden werden kann.
Weiterführende Informationen erhalten Alleinerziehende mit der

Broschüre «Alleinerziehend – Tipps und Informationen», die über den Verband allein erziehender Mütter und Väter e.V. (VAMV), Beethovenallee 7, 53173 Bonn, Tel. 02 28 – 35 29 95, gegen eine Schutzgebühr erhältlich ist.

### Berufstätige Eltern

Die Berufstätigkeit von Vätern gilt in unserer Gesellschaft als selbstverständlich. Hingegen wird die in den letzten Jahren deutlich zunehmende Berufstätigkeit von Müttern immer noch als Handlung gegen das Kind diskriminiert.

Die Bundesrepublik Deutschland ist einer der Staaten in Europa, in denen mütterliche Erwerbstätigkeit bisher eher selten war (abgesehen von den fünf neuen Bundesländern).

Auch aus diesem Grund fehlen bei uns Institutionen für Kleinkinderziehung, die es einer Frau ermöglichen würden, Beruf und Familie miteinander zu vereinbaren. Kinderkrippen existieren für ca. 2,5 Prozent der Kinder unter drei Jahren (örtlich sehr unterschiedlich), Tagespflegestellen, «anerkannte» Tagesmütter usw. gibt es für ca. dieselbe Anzahl von Kindern. Viele Frauen helfen sich deshalb mit der zeitweisen Übertragung der Aufsicht und Pflege auf die Großeltern oder durch andere Privatinitiativen.

### Eltern und Kinder, die integriert werden müssen

Bei uns leben viele Menschen aus anderen Ländern, aus anderen Kulturkreisen oder Gesellschaften, die aufgrund ihrer Biographie besondere Hilfe benötigen, die Anschluss an diejenigen brauchen, die gesichert in unserer Gesellschaft leben. Wesentlich ist hier der Staat gefordert, der diese Familien vorübergehend oder auf Dauer aufgenommen hat.

Ebenso wichtig wie finanzielle Unterstützung ist für die einzelne betroffene Familie der Kontakt und das Einbezogenwerden durch Menschen. Zu oft wird vergessen, dass wir von denjenigen, die über die Grenzen zu uns gekommen sind, viel im Sinne einer interkulturellen, toleranten Gesellschaft lernen können.

### Arbeitslosigkeit eines oder beider Elternteile

Arbeitslosigkeit bringt nicht nur finanzielle Not für die Betroffenen mit sich, sondern führt auch zu einer oft drastischen Veränderung und Einschränkung der sozialen Kontakte. Beispielsweise bedeutet Besuche zu machen und Besuche zu empfangen immer einen gewissen finanziellen Aufwand. Damit verbunden ist jedoch auch, sich über die eigene Situation artikulieren zu müssen. Aus diesen Gründen fällt es Familien mit einem arbeitslosen Elternteil oft schwer, Kontakte aufzunehmen und aufrechtzuerhalten. Innerhalb des verbleibenden, eingeschränkten Personenkreises entfallen auch Möglichkeiten, sich auszusprechen, Anregungen und Anerkennung von anderen zu bekommen, sodass das Selbstwertgefühl zusätzlich untergraben wird. Rückzug auch innerhalb der eigenen Familie oder Aggressionen sind häufig die Folgen – eine weitere Belastung für die Familie. Die entscheidende Hilfe, die Außenstehende leisten können, ist in aller Regel nur die Vermittlung von Arbeit!

## Langwierige Krankheit oder Behinderung eines Kindes

Die Eltern eines behinderten oder von Behinderung bedrohten Kindes benötigen Hilfe und Unterstützung. Pflege, Erziehung und ergänzende Fördermaßnahmen können nicht von der Familie allein getragen werden. Beratungsstellen, an die Sie sich in diesem Fall wenden können, sind in der Broschüre «Frühförderung. Einrichtungen und Stellen der Frühförderung in der Bundesrepublik Deutschland» aufgeführt (Bundesministerium für Arbeit und Sozialordnung, kostenlos beziehbar, Tel. 02 28 – 5 27-11 14). In dieser Informationsschrift sind bei den Adressen einschließlich Telefonnummern jeweils die Träger der Einrichtung, das besondere Ziel, der Einzugsbereich, der therapeutische Schwerpunkt und die Qualifikation der Mitarbeiter aufgelistet.

Medizinisch-therapeutische, psychologische, pädagogische und soziale Hilfen werden von sozialpädiatrischen Zentren und ambulanten Frühförderstellen geleistet, ergänzt durch die mobile Hausfrühförderung und durch Eltern-Selbsthilfegruppen (Lebenshilfe e.V.). Immer mehr geht es dabei auch um die Integration behinderter und nichtbehinderter Kinder, um die Ausgrenzung der betroffenen Kinder und Eltern aus der Gesellschaft möglichst zu beenden.
Weitergehende Informationen sind vor allem über Jugend- und Sozialämter, Krankenkassen und die Finanzämter zu erhalten.

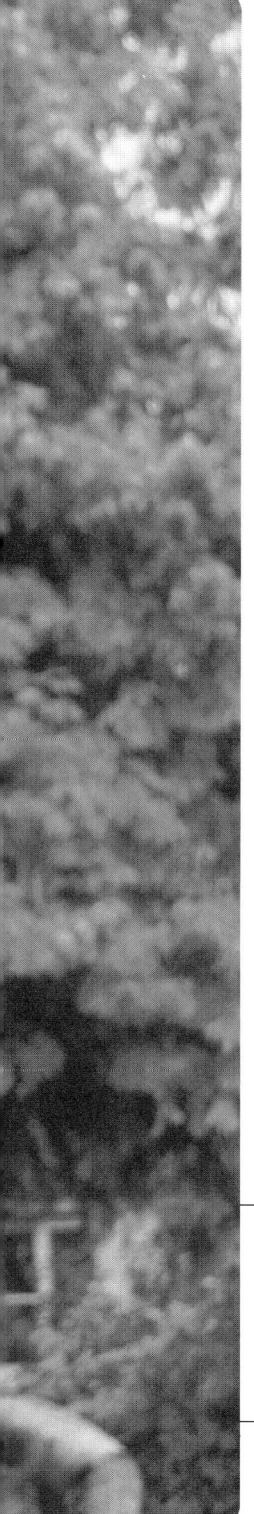

# Der Körper
## des Kindes

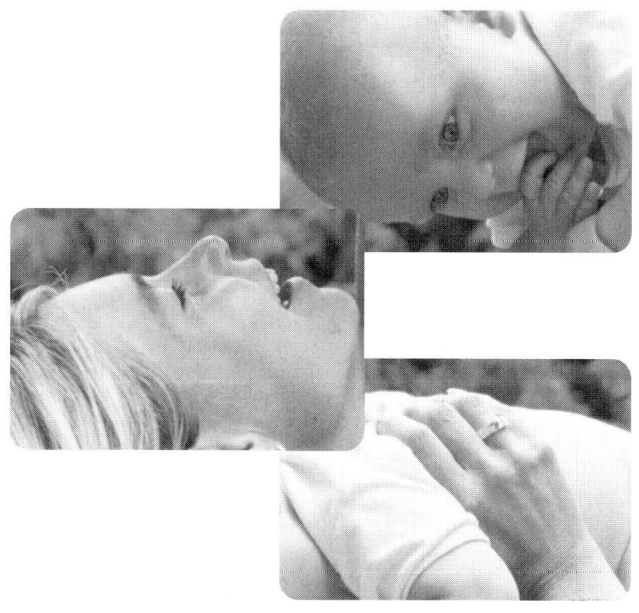

*Der Körper eines Babys ist immer wieder ein unergründliches Wunder der Natur mit sehr praktischen Anlagen: braucht wenig Platz, ist extrem beweglich, kann sich selbst weiterentwickeln, Bedürfnisse wahrnehmen und signalisieren!*

# So verändert sich der Körper
## Ihres Kindes im ersten Lebensjahr

### Die Geburt als größte Umstellung

Mit der Geburt ändern sich die Lebensbedingungen für den kindlichen Organismus grundlegend. Später im Leben wird der Körper nie wieder eine so große Umstellung bewältigen müssen. Der kindliche Kreislauf ist nicht länger an den Plazentakreislauf angeschlossen, sondern muss selbst funktionieren. Viele Organe übernehmen ihre volle Funktion überhaupt erst jetzt, wie etwa die Lungen oder der Verdauungskanal.

Der Körper des Kindes muss sich von etwas über 36 Grad im Mutterleib auf eine recht stark schwankende Außentemperatur einstellen; da er aber seinen Wärmehaushalt selbst noch nicht gut regulieren kann, packen wir das Neugeborene sofort nach der Geburt warm ein. Vorsicht jedoch: Eine Überhitzung wäre genauso schädlich wie eine Unterkühlung, da das Kind noch nicht mit Schwitzen reagieren kann.

### Skelett

Das Skelett besteht beim Embryo zunächst aus weichem Knorpel, der erst allmählich durch Knochensubstanz ersetzt wird. Diese Verknöcherung, die im dritten Embryonalmonat beginnt und die ganze Kindheit hindurch andauert, ist erst kurz vor der Pubertät abgeschlossen.

Je jünger das Kind ist, desto elastischer ist demnach sein Skelett, desto weniger ist dieses auch mechanischen Belastungen gewachsen. Sorgen sind überflüssig, wenn Ihr Kind O-Beine hat – die haben nämlich fast alle Säuglinge. Im Kleinkindalter bekommen die Beine dann eine leichte X-Stellung. Wenn Sie meinen, dass die O-Beine besonders ausgeprägt sind oder zu lange nicht gerade wachsen, fragen Sie Ihren Arzt um Rat, z. B. bei der nächsten Früherkennungs-Untersuchung.

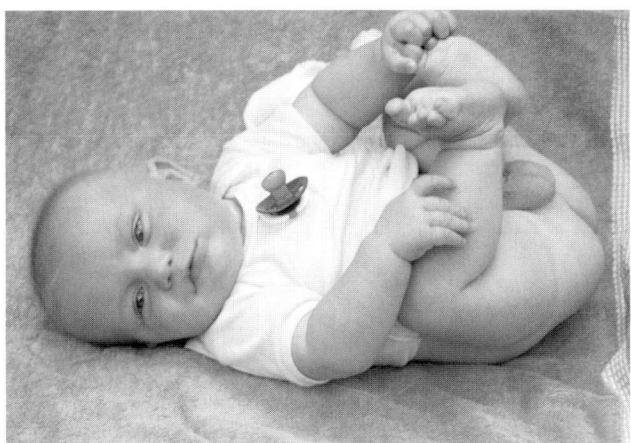

Für die gute Knochenentwicklung sind Vitamin-D-Gaben zu empfehlen (am besten in Verbindung mit fluorhaltigen Tabletten für harten Zahnschmelz).

### Muskulatur

Ein Säugling hat in den ersten Lebensmonaten eine nur sehr schwach ausgebildete Muskulatur. Sie wird gekräftigt, wenn sich das Kind viel bewegt, wenn es strampelt, durch die Wohnung robbt oder herumkrabbelt. Sie können zusätzlich etwas für seine Muskulatur tun, wenn Sie regelmäßig Bewegungsspiele und Gymnastik mit ihm treiben.

### Fettgewebe

In den letzten Monaten vor der Geburt bildet der kindliche Körper sehr viel Fettgewebe. Anders als beim Erwachsenen handelt es sich dabei hauptsächlich um Fettgewebe in der Unterhaut. Es dient als Kalorienreserve und zur Wärmeisolierung. Nach der Geburt hängt die Fettspeicherung von der Veranlagung, von der Ernährung und der Beweglichkeit des Babys ab.

### Brustdrüsen

Kurz vor der Geburt schwellen bei manchen Mädchen und Jungen die Brustdrüsen mehr oder weniger stark an, weil Geschlechtshormone (Östrogene) von der Mutter ins Kind übergehen. Am dritten und vierten Tag nach der Geburt sondern sie sogar Milch ab, die so genannte Hexenmilch. Sie darf wegen der großen Entzündungsgefahr keinesfalls abgedrückt werden. Nach einigen Wochen geht die harmlose Schwellung von selbst zurück.

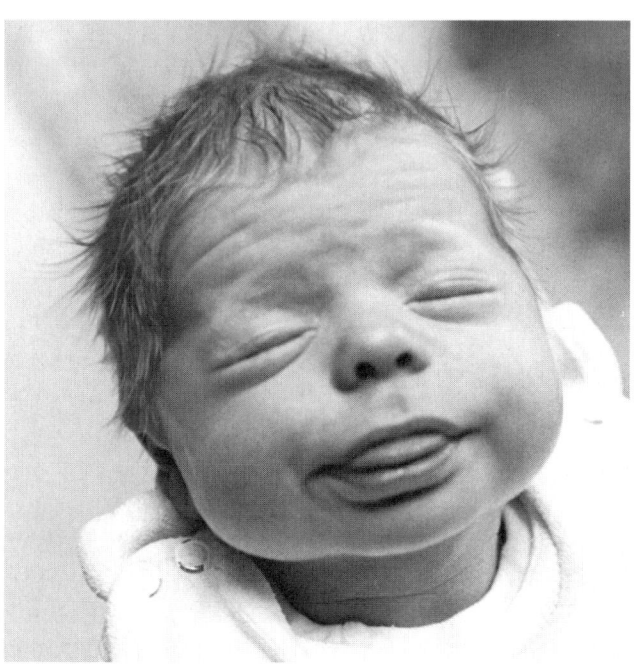

### Haut

Bei allen Neugeborenen löst sich die oberste Hautschicht in kleinen Schuppen oder größeren Partien ab. Manche Kinder haben auch flächenhafte, klar abgegrenzte Rötungen im Nacken oder im Gesicht, hauptsächlich auf den Augenlidern und auf der Stirn. Es handelt sich um Erweiterungen kleiner Blutgefäße, den so genannten «Storchenbiss». Diese Flecken sind fast immer völlig harmlos. Manchmal haben Neugeborene auch winzige weiße Punkte auf der Nase, der Stirn oder den Wangen. Das sind Mitesser, die durch Hormone der Mutter entstanden sind.

Alle diese Erscheinungen verschwinden bald wieder von selbst. Im Allgemeinen ist die Haut eines Säuglings frisch, rosig und sehr elastisch. Aber sie ist auch sehr empfindlich und kann durch Stuhl oder Urin am Gesäß und an den Beinen schnell wund werden.

## Entwicklung des Schädels

### Geburtsgeschwulst

Am Hinterkopf entsteht bei der Geburt manchmal eine Schwellung, die Geburtsgeschwulst. Bei Steißgeburten befindet sie sich am Gesäß.

Sie geht innerhalb der ersten Lebenstage von selbst zurück.

### Fontanellen

Ein Neugeborenes hat Nahtstellen zwischen den Schädelknochen, die erst im Laufe der ersten beiden Lebensjahre zusammenwachsen: vor allem die große Fontanelle (sie schließt sich bis zum Ende des ersten Lebensjahres auf Pfenniggröße) und die kleine Fontanelle am hinteren Ende des Schädeldachs. Eine feste Hautschicht schützt den Kopf an diesen Stellen. Das Gehirn des Kindes kann auf diese Weise wachsen; es verdoppelt sich in den beiden ersten Lebensjahren! Wenn das Kind erregt ist, kann man über der großen Fontanelle den Puls fühlen, das Pulsieren manchmal auch sehen.

### Kopf-Körper-Proportionen

Der Kopf eines Neugeborenen ist – im Verhältnis zur Körpergröße – viel größer als der eines Erwachsenen. Er beträgt ein Viertel der Gesamtkörperlänge (beim Erwachsenen nur ein Achtel).

## Atmung

Ein gesundes Kind im ersten Lebensjahr atmet in seinen Wachphasen im Allgemeinen regelmäßig, bei Aufregung oder Anstrengung etwas beschleunigt. In den Schlafphasen kann es unregelmäßig atmen, auch kleine Atempausen machen. Beim Träumen atmet es u. U. sehr unregelmäßig und oberflächlich: Alles jedoch kein Grund zur Beunruhigung für Sie.

Übrigens: Säuglinge niesen häufig. Das hat nichts mit einer Erkältung zu tun, sondern Babys reinigen auf diese Weise ihre Nase von Schleim.

## Herz und Kreislauf

Wie schon erwähnt, werden die Hauptfunktionen der Plazenta nach der Geburt von den eigenen Organen des Neugeborenen übernommen, der Kreislauf des Kindes muss nun selbständig arbeiten. Im Verhältnis zu seinem Körpergewicht ist das Herz eines Säuglings ziemlich groß. Kurz nach der Geburt schlägt es bis zu 140-mal in der Minute, bei Erregung kann man sogar 200 Pulsschläge pro Minute zählen.

Während der weiteren Monate pendelt sich der Herzkreislauf dann auf 110 bis 120 Pulsschläge pro Minute ein (zum Vergleich: das Herz eines Erwachsenen schlägt ca. 70-mal in der Minute). Erst wenn die Herz- und Gefäßfunktionen voll entwickelt sind, stabilisiert sich der Pulsschlag.

## Verdauungsorgane

Bis zur Geburt sind die Verdauungsorgane so weit entwickelt, dass der Säugling seine neue Nahrung, die Muttermilch, gut verdauen kann. Magen und Darm stellen sich im Verlauf der nächsten Lebensmonate ein auf die steigenden Bedürfnisse des Körpers, was Ernährung und Stoffwechsel betrifft. Die Magenschleimhaut sondert dann vermehrt Magensäfte ab, sodass das Kind auch Vollmilch und Breikost verträgt.

## Nieren

Die Nieren des Neugeborenen sind im Verhältnis fast doppelt so groß wie die eines Erwachsenen. Das liegt daran, dass der Körper des Säuglings einen sehr großen Wasserumsatz hat. Bei dem relativ hohen Stoffwechsel entstehen Substanzen, die durch die Nieren ausgeschieden werden müssen. So erklärt es sich auch, dass ein Säugling täglich 15- bis 20-mal seine Blase entleert.

## Sexuelle Entwicklung

### Geschlechtsorgane

Bei Jungen befinden sich die männlichen Keimdrüsen (Hoden) nach der Geburt in den meisten Fällen (90 Prozent) schon im Hodensack, andernfalls sollten sie während der nächsten zwölf Monate dorthin wandern. Der Hodensack ist anfangs schlaff und relativ groß. Ihr Kinderarzt wird bei der ersten Untersuchung auch die Geschlechtsorgane Ihres Neugeborenen begutachten, um eventuelle Störungen möglichst frühzeitig zu erkennen und zu beheben. Bei Mädchen liegen die kleinen Schamlippen verborgen unter den großen. In Ausnahmefällen können die großen Schamlippen verkleben. Die weiblichen Keimdrüsen (Eierstöcke) sind in der Bauchhöhle eingelagert.

### Sexualität

Im Säuglingsalter schon von Sexualität zu sprechen, ist keinesfalls verfrüht, auch wenn ihr Auftreten nicht mit dem sexuellen Verhalten der Erwachsenen vergleichbar ist. Gesunde Säuglinge empfinden ihren Körper, besonders die Ausscheidungsvorgänge, das Gestilltwerden, das Baden, Abtrocknen und Abreiben, als lustvoll. Bei kleinen Jungen treten Gliedversteifungen gar nicht so selten auf, kleine Mädchen reiben gerne ihre Oberschenkel aneinander. Reagieren Sie darauf nicht «moralisch» oder mit Strenge. Diese sexuellen Empfindungen sind völlig natürliche Lebensäußerungen. Es besteht kein Grund zur Sorge. Hindern Sie Ihr Kind nicht bei Aktivitäten, bei denen es seine sexuellen Empfindungen entdeckt. Bestenfalls übergehen Sie derartige Spiele einfach, sie schaden Ihrem Kind nicht.

## Ungesteuerte und gesteuerte Reaktionen

In den ersten Lebensmonaten rufen Reize fast in der gesamten Körpermuskulatur sehr allgemeine, diffuse oder ungezielte Reaktionen hervor. Erst in den späteren Monaten reagiert der Körper dann mit ganz bestimmten kontrollierten Einzelreaktionen. Diese Entwicklung von allgemeinen hin zu gezielten Reaktionen zeigt, wie die Zentren des Gehirns, die für komplexere Aufgaben zuständig sind, allmählich tätig werden. Am deutlichsten sieht man das an den einzelnen Phasen, in denen ein Kind im Laufe des ersten Lebensjahres – oder etwas später – lernt, sich selbständig fortzubewegen.

## Sauberkeitserziehung

Früher begannen die meisten Mütter mit der Sauberkeitserziehung bereits dann, wenn das Kind allein sitzen konnte, also lange vor Ende des ersten Lebensjahres. Heute raten Wissenschaftler jedoch aus den verschiedensten Gründen davon ab:

▸ Ihr Kind kann erst mit 24 bis 32 Monaten seine Aftermuskulatur beherrschen. Jeder Erfolg auf dem Töpfchen vor diesem Alter

---

### Können Babys schwimmen?

Über die Fähigkeiten von Babys zu schwimmen wurde schon viel spekuliert. Der englische Forscher D. Morris (1994) sagt dazu: In den ersten Wochen können Babys tatsächlich schwimmen. Wenn sie in Bauchlage langsam in hinreichend warmes, chlorfreies Wasser gesetzt werden, bis auch ihr Kopf ins Wasser taucht, setzen sie die Atmung aus und beginnen mit reflexartigen Schwimmbewegungen, sie kommen dabei auch ganz allein voran. Nach einigen Wochen verlieren sie diese naturgegebene, instinktive Fähigkeit und reagieren ängstlich auf weitere Versuche. Erst mit vier Jahren lernen Kinder dann das Schwimmen bewusst, wenn sie genügend üben können.

ist Zufall oder beruht auf Dressur, Rückfälle (also volle Hosen) sind häufig.

▶ Ihr Kind reagiert unter Umständen mit Trotz und wehrt sich mit allen Mitteln gegen den Zwang und die starre Regelmäßigkeit, mit der es auf das Töpfchen gesetzt wird. Nicht selten führt solche Dressur zu späteren Verhaltensstörungen oder gar Neurosen.

▶ Außerdem besteht die Gefahr von Spätfolgen rigider Sauberkeitserziehung in Form von Rückfällen, mit denen sich Ihr Kind später für den frühen Zwang «rächt».

Sie ersparen sich und Ihrem Kind viel Ärger und Enttäuschungen, wenn Sie es nicht zu früh zur Sauberkeit zu zwingen versuchen. Wir gehen deshalb auch erst in Elternbuch 2 und 3 näher auf dieses Thema ein.

# Die Zähne

## Milchzähne

Im ersten halben Jahr verkalken die Milchzahnkeime: ungefähr zwischen dem fünften und neunten Monat bereiten die ersten Zähne ihren großen Durchbruch vor. Zuerst zeigen sich die zwei unteren Schneidezähne. Dann folgen die vier oberen Schneidezähne, wobei jeweils die mittleren vor den äußeren erscheinen. Wenn Ihr Kind sein erstes Lebensjahr vollendet hat, zeigt es Ihnen sicherlich die ersten Zähnchen, die weit weniger hart und stabil sind als die bleibenden Zähne und daher wohl ein wenig abschätzig nur Milchzähne genannt werden.

Vollständig ist dieses leuchtend weiße Milchgebiss aber erst im dritten Lebensjahr mit insgesamt 20 Zähnen. Manchmal erscheinen die Milchzähne in anderer Reihenfolge, hin und wieder kommt es auch zu Verzögerungen. Machen Sie sich deswegen keine Sorgen. Auch eine Entwicklung in Schüben und unter Umständen mit starken Verzögerungen liegt im Normalbereich.

## Schmerzen beim Zahnen

Es gibt Kinder, die überhaupt nichts zu spüren scheinen, wenn die Zähne wachsen, bei anderen geht es weniger harmlos zu. Kein Wunder, wenn Ihr Kind dann gelegentlich quengelt oder unruhig schläft. Kommt es zum «Zahnfieber», sollten Sie kein Kinderzäpfchen geben, da das Fieber kaum etwas mit dem Zahnen zu tun hat, sondern eine Erkrankung zugrunde liegt. Gehen Sie in einem solchen Fall lieber zum Arzt und lassen Sie Ihr Kind untersuchen, weil es sich wahrscheinlich um eine Erkältungs- oder Infektionskrankheit handelt.

## Das erleichtert den Zahndurchbruch

Kinder stecken bekanntlich alles in den Mund, was sie erreichen können. Beißringe oder große Brotrinden, an denen sich Ihr Kind nicht verschlucken kann, geben den kleinen Kieferknochen Arbeit. Das Beißen festigt das Zahnfleisch und

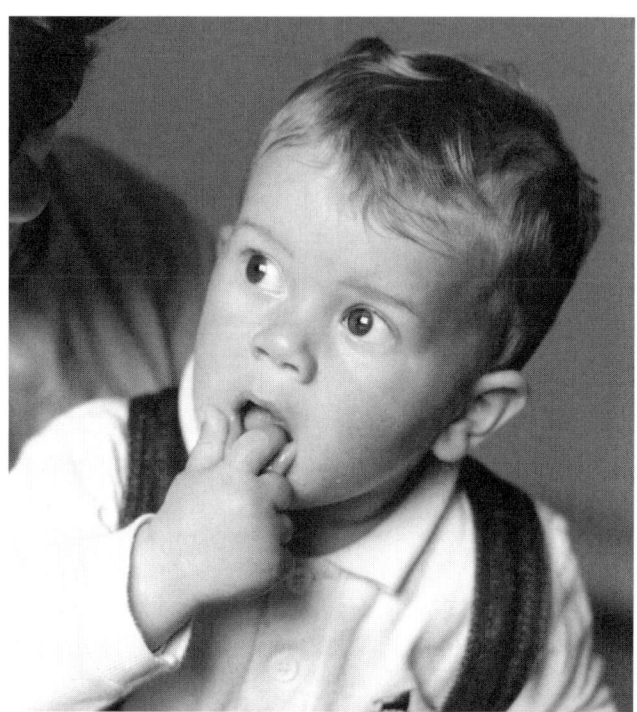

erleichtert den Zahndurchbruch. Sie sollten den Beißring von Zeit zu Zeit sorgfältig auskochen.

## Zahnpflege

Auch die Milchzähne brauchen Pflege; mit Watte, einem Läppchen, aber auch schon mit einer Zahnbürste können Sie die Zähne säubern. Sie sollten dabei darauf achten, dass keine Fleisch- oder Gemüsereste zwischen den Zähnen hängen bleiben. Die beste Prophylaxe gegen Karies ist in dieser Phase die Ernährung: Geben Sie Ihrem Kind möglichst wenig Zucker mit den Speisen. Wenn das Kind im Anschluss an das Essen ungesüßten Tee trinkt, reinigt es damit auch seine Zähne: Das ist deutlich besser als Säfte oder Fertigtees, die Zucker (Süßstoff) enthalten.

Kinderärzte und Zahnärzte empfehlen auch die tägliche Einnahme von Vitamin-D-Tabletten, teilweise kombiniert mit Fluor, um die Entwicklung eines harten, glatten Zahnschmelzes zu begünstigen – fragen Sie dazu Ihren Arzt, der Ihr Kind gut kennt.

# So bleibt Ihr Kind
## gesund und vergnügt

## Schlaf

### Schlafpositionen

Achten Sie darauf, dass Ihr Kind nicht immer nur auf dem Rücken und in Seitenlage, sondern gelegentlich auch auf dem Bauch schläft, das ist gut für die Wirbelsäule. In dieser Lage kann es normalerweise besser atmen. Ärzte warnen allerdings davor, Kinder unbeaufsichtigt in Bauchlage schlafen zu lassen: Erhöhte Lebensgefahr, bekannt unter dem Stichwort plötzlicher Kindstod, besteht besonders bei Kindern im zweiten bis neunten Monat bei Bauchlage in der kalten Jahreszeit, wenn zugleich weitere ungünstige situative Gegebenheiten vorliegen (siehe S. 95: Plötzlicher Kindstod).

Sie brauchen nicht zu befürchten, dass Ihr Kind Mund und Nase in die Unterlage bohrt und ersticken könnte. Seine Reflexe sorgen dafür, dass seine Atemwege frei bleiben, jedenfalls bei glatter, gleichmäßig fester Unterlage. Gefährlich ist jedoch ein weiches Kopfkissen, in das es mit dem Gesicht einsinken kann!

Wählt ein Kind beim Liegen eine bestimmte Vorzugshaltung, schaut es also beispielsweise immer nach links oder nach rechts, sollten Sie seine Lage systematisch wechseln, um eine einseitige Wirbelsäulenbelastung zu vermeiden und eine gleichmäßige, schöne Kopfform zu sichern. Zum Beispiel: Montags, mittwochs und freitags lassen Sie das Licht von links auf das Bett Ihres Kindes scheinen, an den anderen Tagen von rechts. (Drehen Sie dazu das gesamte Bett oder das Kind in seinem Bett.) Ihr Kind wird sich dem Licht zuwenden und seine Lage entsprechend verändern. Durch die gleichmäßige Belastung der Wirbelsäule werden Schäden vermieden.

## Schlafdauer

Die Schlafdauer insgesamt beträgt innerhalb von 24 Stunden im Allgemeinen

- im ersten und zweiten Monat 16 bis 19 Stunden,
- im dritten und vierten Monat 15 bis 18 Stunden,
- im fünften und sechsten Monat 14 bis 16 Stunden,
- im siebten und achten Monat 13 bis 15 Stunden,
- im neunten bis zwölften Monat 12 bis 14 Stunden.

Manche Kinder schlafen aber auch länger. Ein sechs Monate altes Kind z. B. kann auch mal bis zu 18 Stunden hintereinander schlafen: lassen Sie es dann ruhig durchschlafen und beunruhigen Sie sich nicht. Zunächst kann Ihr Kind noch kaum zwischen essen, schlafen und wachen unterscheiden. Nach einigen Wochen ändert sich das. Es hat dann gelernt, zwischen Traum- und realen Eindrücken zu unterscheiden.

Am Anfang hat es mehrere Schlafperioden im Laufe von 24 Stunden, da es zwischen den Mahlzeiten oft schläft.

Am Ende des ersten Lebensjahres gibt es dann nur noch zwei bis drei bevorzugte Schlafzeiten: nachts, am späten Vormittag und am Nachmittag.

## Einschlafhilfen

Unruhiger Schlaf Ihres Kindes kann vor allem auf Schwitzen, Träumen, Hunger oder Schmerzen beruhen. Auch ein Kind, das kurz vor dem Schlafengehen noch ganz neue Eindrücke verarbeiten muss (weil es etwa noch kurz vor Ladenschluss mit der Mutter beim Einkaufen war oder mit seinen Geschwistern oder mit dem Vater herumtoben durfte), kann Schwierigkeiten beim Einschlafen haben: Es ist dann so überreizt und nervös, dass es trotz großer Müdigkeit nicht entspannen kann.

Vor dem abendlichen Einschlafen sollte ein Kind durch Bewegung und frische Luft ermüdet sein, und Mutter oder Vater sollten ein regelmäßig durchgeführtes Einschlafzeremoniell entwickeln, z. B. sich ans Bett setzen, ein kleines Lied singen oder summen, beruhigend zum Kind sprechen, einen Gute-Nacht-Kuss geben. Wichtig ist, dass das Einschlafzeremoniell nicht interessanter ist als gemeinsame Aktivitäten tagsüber – sonst ist Ihr Kind bald putzmunter.

## Frische Luft und Sonne

Ihrem Kind tut es gut, wenn es möglichst viel an die frische Luft und in die Sonne kommt. Es wird so sehr gut abgehärtet gegen Katarrhe und Grippe. Durch die Sonnenstrahlung bildet der Organismus außerdem das für die Knochenentwicklung so wichtige Vitamin D (gegen Rachitis). So nutzen Sie Luft und Sonne für Ihr Kind richtig:

▶ Wenn Sie einen Garten, eine Terrasse oder einen Balkon besitzen, können Sie Ihr Kind auch während seiner Schlafzeiten im Freien lassen. (Wenn Ihr Kind auf dem Balkon schläft: Sicherheitsmaßnahmen beachten!) Im Sommer müssen Sie für Schutz vor Insekten sorgen und Ihr Kind ggf. während der größten Mittagshitze ins Zimmer holen oder zumindest für Schatten sorgen; im Winter ziehen Sie es warm an und geben ihm eine (nicht zu heiße!) Wärmflasche in sein «Freiluftbett».

▶ Vor zu intensiver Sonnenbestrahlung schützen Sie Ihr Kind am besten durch ein weißes Leinenhütchen. Kinder im ersten Lebensjahr sollten nie in der prallen Sonne liegen; wenn Sie Ihr Kind in der Sonne herumtragen oder wenn es draußen herumkrabbelt, schützen Sie es mit einer Creme mit sehr hohem Lichtschutzfaktor (mindestens Faktor 20).

▶ Beginnen Sie zunächst mit einer halben Stunde Frischluft am Tag und steigern Sie diese Zeitspanne allmählich, möglichst auf bis zu vier Stunden (einschließlich Spaziergang). Wenn Sie in der Stadt wohnen, ist es natürlich nicht so einfach, dieses Pensum einzuhalten, besonders wenn Sie z. B. in einem Hochhaus wohnen und kein Park in der Nähe ist. Sie können sich auch damit behelfen, dass Sie längere Zeit hindurch die Fenster weit öffnen und Ihr Kind bei frischer Luft im Zimmer spielen lassen.

▶ Bei großer Kälte sollten Sie Ihr Kind mit einer reinen Fettcreme (wenig Wasseranteile) gegen Erfrierungen im Gesicht schützen. Sie können fast bei jeder Witterung ausfahren, also auch, wenn es regnet. Wenn Ihr Baby allerdings noch unter sieben Monate alt ist, sollten Sie bei Temperaturen von weniger als acht Grad und bei Nebel oder Sturm zu Hause bleiben.

## Hygiene und Pflege

Ein Säugling hat nur sehr schwache Abwehrkräfte gegen Krankheitserreger. Gestillte Babys sind weniger gefährdet. Besonders am Anfang ist eine saubere Umgebung wichtig,

und einige grundlegende Hygiene-
maßnahmen sollten eingehalten
werden:

▸ Waschen Sie sich die Hände, bevor Sie Ihr Kind aus dem Bettchen nehmen (dazu gehört auch
das Bürsten der Fingernägel).
▸ Auch andere Menschen sollten
Ihr Kind nicht mit ungewasche-
nen Händen anfassen.
▸ Verletzungen der Haut müssen
besonders sorgsam behandelt
werden: Gefährlich wäre, wenn
Krankheitserreger durch eine
Wunde eindringen könnten (deshalb darf das Kind z. B. nicht ge-
badet werden, bevor der Nabel
restlos verheilt ist).
▸ Es versteht sich von selbst, dass
keine kranken Menschen ins
Kinderzimmer gehen dürfen.

Sollten Sie selbst einmal eine Erkältung haben, können Sie einen
Mundschutz (z. B. ein Taschentuch
über Mund und Nase) tragen. Leiden Sie an Herpes, verzichten Sie
bitte darauf, Ihr Baby zu küssen, solange die Herpesbläschen nicht abgeheilt sind. Abstand zu halten ist in
dieser Zeit notwendig!

### Das brauchen Sie zur Körper-
pflege für Ihr Kind:

– Wattebausch (und selbst ge-
drehte Wattepröpfchen),
– Zellstofftücher,
– Gesichtswaschlappen,
– Körperwaschlappen,
– Kinderseife,
– Kinderbad,
– Fieber- und Badethermometer,
– Tücher zum Abtrocknen
(Handtücher, Badetücher),
– Nabelbinde, Mullkompressen,
– Öl, Kinderschutzcreme,
– Haut-Lotion (oder Hautcreme),
– Windelpaket, frische Wäsche,
– Kamm und Bürste,
– Baby-Nagelschere,
– Wickelkommode oder Wickel-
aufsatz (für die Wäschekom-
mode oder Badewanne),
– Auflage für die Wickelkommode,
mit Plastikschutz und wechselba-
rer Stoffauflage,
– Windeleimer,
– Baby-Badewanne,
– ggf. Badewannen-Aufsatz (mit
Einlage, damit Ihr Kind nicht
rutscht).

## Aufnehmen und Tragen
des Babys

Anfangs haben Sie vielleicht ein
bisschen Angst, Ihr Kind anzufas-
sen, weil es sehr zart und zerbrech-
lich wirkt und Sie sich noch so unsicher fühlen. Doch die Sicherheit
stellt sich schneller ein, als Sie glauben. Mit diesem Griff kann Ihrem
Kind bestimmt nichts passieren:

Ihr Kind liegt auf dem Rücken (sonst drehen Sie es zunächst in diese Lage), Sie stehen auf seiner rechten Seite. Greifen Sie nun mit der flachen linken Hand und abgespreiztem Daumen ein wenig unter seine rechte Achsel und drehen Sie es dann mit der rechten Hand unter der anderen Achsel durchgreifend so, dass es mit seinem Bauch voll auf Ihrer linken Hand zu liegen kommt. Der Daumen Ihrer linken Hand umschließt jetzt den linken Oberarm des Kindes. Mit der rechten Hand (der Daumen ist ebenfalls abgespreizt) greifen Sie zwischen seinen Beinen so durch, dass die Finger unter den Bauch des Kindes geschoben werden, der Daumen stützt das Gesäß. Mit diesem Griff können Sie Ihr Kind nun mit beiden Händen zugleich aufnehmen und seinen Rücken an Ihrem Oberkörper anlehnen. Der Vorteil dieser Art, ein Kind aufzunehmen, liegt darin, dass es den Kopf und seine Rückenmuskulatur selbst kontrolliert und aktiv ist.

## Nabelpflege

Nach der Geburt wird die Nabelschnur durchgeschnitten, ein kleiner Rest bleibt noch am Nabel des Kindes und trocknet zwischen dem fünften und achten Lebenstag ein, danach fällt der Rest ab. Bis dahin gilt der Nabel als offene Wunde, die vor Infektionen zu schützen ist.

Nach der Geburt erfolgt eine Erstversorgung. Die dabei verwendete Nabelklemme sichert 48–72 Stunden gegen Nachblutungen. Schneller heilt der Nabel, wenn er nur lose mit sterilen Tupfern oder Kompressen abgedeckt wird; aber auch eine mehrtägige Abdeckung (Kompresse und Netzschlauchverband) ist möglich. Ihre Säuglingsschwester oder die Hebamme zeigen Ihnen das ganz genau. Die Windel darf den Verband nicht berühren, weil die Wunde sonst durch Urin feucht wird und schlechter heilt.
Wenn der Nabel infiziert ist oder nicht innerhalb des angegebenen Zeitraums abgeheilt, fragen Sie Ihren Kinderarzt.

## Das tägliche Waschen

### Wichtigste Tipps für das tägliche Waschen Ihres Kindes:

▸ Das Zimmer muss warm sein, es darf keine Zugluft herrschen (Fenster schließen). Legen Sie sich vorher alles zurecht, was Sie brauchen.
▸ Solange die Nabelwunde nicht verheilt ist, dürfen Sie Ihr Kind nicht baden, sondern nur wa-

schen, ohne dabei die Wunde zu berühren.

▶ Wenn Ihr Kind Schorf oder Schuppen hat, können Sie die Körperpflege auch an den befallenen Stellen wie üblich durchführen, jedoch nur einmal pro Woche. Schuppen behandeln Sie besser mit einem Spezialbad nach entsprechender Verordnung des Arztes.

▶ Verwenden Sie möglichst wenig Seife, weil diese das Hautfett zerstört. Wasser und Öl genügen zur Reinigung.

▶ Nase und Ohren reinigen sich selbst; falls notwendig, säubern Sie sie ganz vorsichtig mit einem zusammengedrehten Wattestück (Wattestäbchen bergen Verletzungsgefahren).

▶ Die Augen wischen Sie mit zwei Mulltupfern jeweils vom äußeren zum inneren Augenwinkel aus.

▶ Verwenden Sie zum Waschen möglichst zwei verschiedenfarbige Schüsseln, eine für den Kopf, die andere für den übrigen Körper.

**So waschen Sie Ihr Baby**

Für die Gesichtswäsche verwenden Sie ein Extraläppchen, während Ihr Kind noch angezogen ist (damit es sich nicht erkältet).
Vor der Körperwäsche legen Sie das Badetuch auf den Wickelaufsatz.

Legen Sie Ihr Kind darauf und ziehen Sie es aus. Die Windel kommt in den Eimer, dann wischen Sie Stuhl und Urin mit weichen Öltüchern (oder Öl und Waschlappen) vom Po.
Hals, Brust und Beine säubern Sie mit Wasser. Dann legen Sie das Kind auf den Bauch und waschen seine Rückseite.
Zuletzt waschen Sie die Geschlechtsteile. Bei einem Mädchen müssen Sie von vorn nach hinten wischen, damit keine Bakterien vom Kot in die Scheide geraten, die zu einer Infektion führen können. Danach trocknen Sie Ihr Kind ab. Achten Sie besonders darauf, dass auch alle Hautfältchen gut trocken sind, sie werden sonst schnell wund.


## Baden macht erst Spaß, wenn's spritzt

Mehr als dreimal pro Woche brauchen Sie Ihr Kind nicht zu baden. Baden Sie es nie direkt nach einer Mahlzeit, sondern immer vorher. Das Abendbad ist besonders bei Kindern zu empfehlen, die schlecht einschlafen, denn es macht müde. So bereiten Sie zunächst das Bad vor:

▶ Wichtig ist, dass die Wanne ganz fest auf dem Untersatz steht und auf keinen Fall verrutscht.

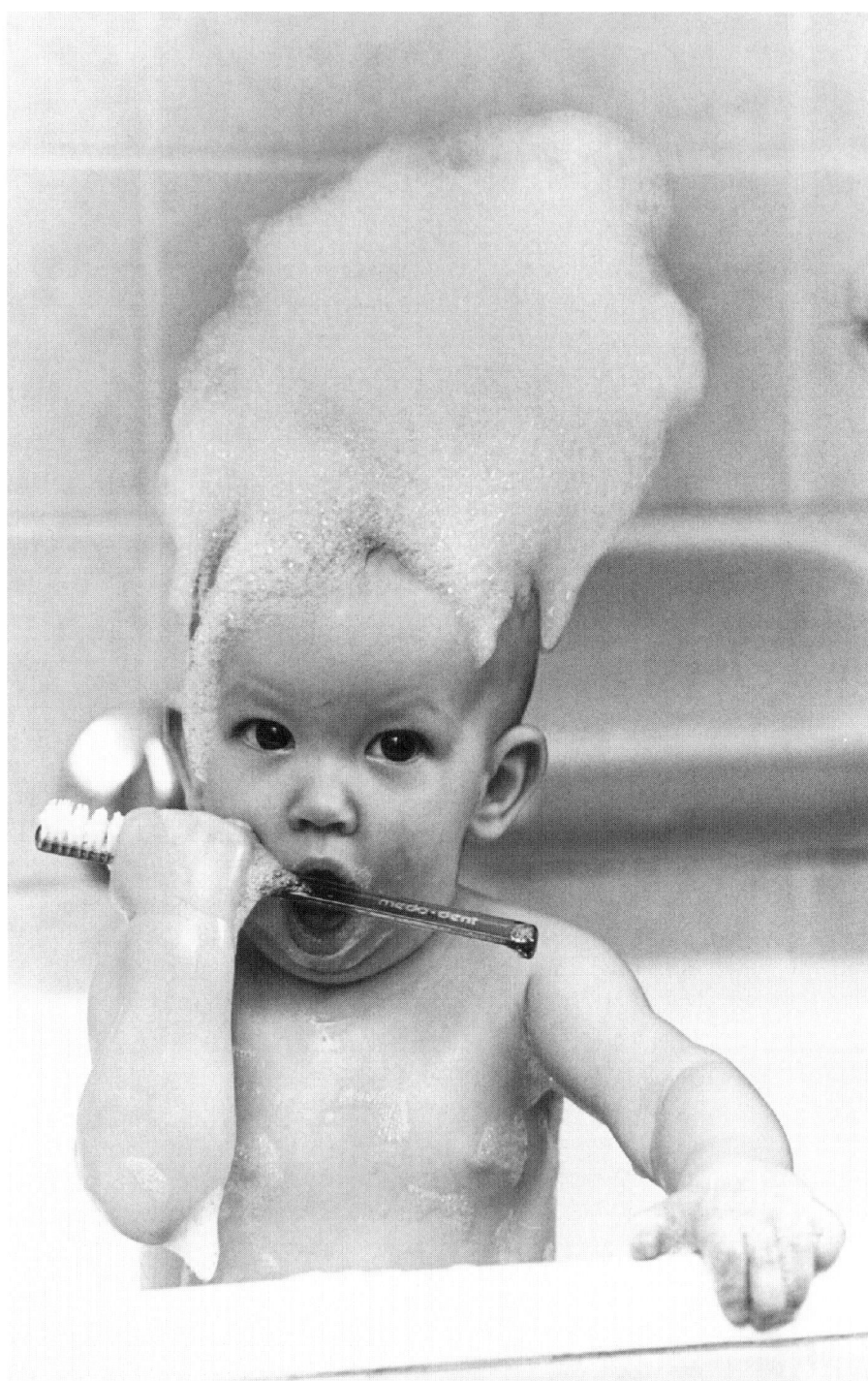

- Alle Pflegemittel und Kleidungsstücke müssen vorher bereit liegen, denn Sie dürfen Ihr Kind keinen Augenblick allein im Wasser oder auf dem Wickeltisch lassen, um «schnell» etwas Vergessenes zu holen.
- Messen Sie immer zuerst die Wassertemperatur, bevor Sie das Baby ins Wasser setzen: sie sollte zwischen 35 und 37 Grad betragen (eine andere Messmethode: Sie drücken einen Waschlappen dreimal nach dem Eintauchen ins Badewasser aus und prüfen die Temperatur an Ihrem Auge – das zeigt Ihnen schnell, wie warm das Wasser ist).

Jetzt können Sie Ihr Kind «zu Wasser lassen». Bitte beachten Sie dabei:
- Sie sollten Ihr Kind nie sofort mit dem ganzen Körper ins Wasser tauchen, sondern zuerst immer nur mit den Füßen. Sonst erschrickt es.
- Beim Baden stützen Sie Ihr Kind mit Ihrem linken Unterarm unter Kopf und Schulter und halten dabei seinen linken Oberarm gut fest. So haben Sie die rechte Hand zum Waschen frei (oder umgekehrt für Linkshänder). Das Wasser soll gerade die Schultern bedecken.
- Anfangs dauert das Bad nur fünf

Minuten, später doppelt so lange. Nach Ablauf der Zeit heben Sie Ihr Kind aus dem Wasser und wickeln es ins vorgewärmte Badetuch.

Nach ein paar Wochen gehören auch Schwimmtiere und ein Schöpfbecher ins Wasser, damit Ihr Kind spielen kann. Ermutigen Sie es dann auch zum Planschen, damit es Freude am Baden bekommt.

## Haarwäsche

Die Haare werden einmal pro Woche beim Baden (ohne Shampoo) gewaschen und täglich mit einer weichen Naturbürste gebürstet. Spülen Sie das Haarwaschmittel nicht zum Gesicht hin aus, damit Ihr Kind nichts davon in die Augen bekommt. Bei Schuppen oder Schorf reiben Sie das Köpfchen vor dem Schlafen dick mit Vaseline ein und setzen ihm ein Baumwoll-Mützchen auf. Nach dem Schlafen entfernen Sie dann die lockeren Teile des Schorfs sorgfältig mit den Fingerkuppen. Danach waschen Sie die Vaseline gut ab. Nach wenigen Tagen ist bei dieser Pflege – bei zwei bis drei Wiederholungen – der gesamte Schorf von der Kopfhaut gelöst (manchmal genügt auch schon etwas Öl).

## Hautpflege

Nach dem Abtrocknen reiben Sie Ihr Kind entweder mit Öl oder mit Hautmilch ein. Wenn Sie statt Seife einen fetthaltigen Badezusatz verwenden, ist das überflüssig.

## Nägelschneiden

Einmal in der Woche schneiden Sie Ihrem Kind die Finger- und Fußnägel. Die Fingernägel dürfen nicht zu lang wachsen, damit sich Ihr Kind nicht das Gesicht zerkratzt. Halten Sie beim Schneiden mit der Babyschere die Hand des Kindes von unten mit Ihrer linken Hand, und drücken Sie seine Finger sanft mit Ihrem Daumen gerade. Die Fingernägel werden leicht rund geschnitten (nicht allzu kurz, damit sie nicht seitlich in die Haut einwachsen), die Zehennägel fast gerade.

## Wiegen

Sie sollten Ihr Kind höchstens alle 14 Tage wiegen, keinesfalls täglich (kleine Gewichtsschwankungen machen Sie nämlich nur nervös). Stellen Sie die Waage am besten jeweils nach dem Baden auf eine feste Unterlage in die Mitte des Tisches, damit nichts passieren kann, wenn das Kind darauf herumkrabbeln möchte. Vorher legen Sie eine Windel auf die Schale, denn sie ist ziemlich kalt. Vergleichen Sie das Gewicht einmal im Monat mit den Gewichtsangaben am Ende dieses Buches (S. 276 f.).

## Wickelmethode

Es gibt verschiedene Wickelmethoden, die Sie kennen sollten, wenn Sie keine Wegwerfwindeln o. Ä. verwenden. Die Abbildungen dieses Abschnittes zeigen das Wickeln mit einer Dreieckswindel mit Steg (nach Deutscher).

Vorbereitung: Sie falten entsprechend der Abbildung auf der nächsten Seite eine 80 cm x 80 cm große Windel einmal über die vertikale Achse in der Mitte, dann über die horizontale Achse nochmals in der Mitte (a): Jetzt liegt eine «Vierfachwindel» (40 cm x 40 cm) vor Ihnen. Drehen Sie die Windel jetzt so, dass links oben eine freie Ecke liegt. Nehmen Sie diesen Zipfel mit zwei Fingern und ziehen Sie die Ecke an der oberen Kante entlang, und zwar insgesamt 80 cm nach rechts (b). Wenn Sie das Ganze danach wieder etwas glatt streifen, sehen Sie vor sich links das Quadrat und rechts

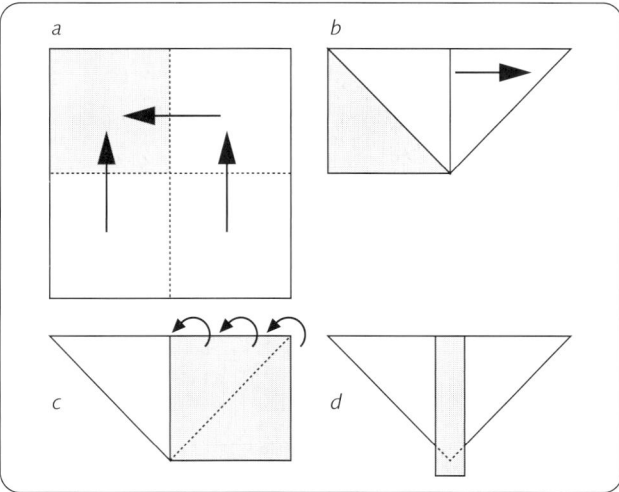

*Zeichnung nach Hoehl, Kuleick 1998*

daran ein Dreieck, dessen spitze Ecke nach rechts außen zeigt. Wenden Sie nun das Ganze auf die andere Seite und drehen Sie es so, dass diese Dreiecksspitze nach links außen zeigt (c). Jetzt können Sie das vor Ihnen obenauf liegende Quadrat viermal etwa handbreit (ca. 8 Zentimeter) nach links einschlagen, wobei die untere, dreieckige Windellage (Spitze nach rechts) liegen bleibt (d). So stellen Sie den Steg her, der nach dem Falten als vierfache Lage auf dem verbliebenen großen Dreieck liegt, insgesamt eine nun symmetrische Windelpackung.

Nun können Sie Ihr Kind wickeln, nachdem sie es gereinigt haben: Legen Sie es in die Mitte auf die Windelpackung, schlagen Sie den Steg

zwischen den Beinen nach oben, die beiden Dreiecksenden über dem Bauch zusammen und befestigen Sie die Enden (einschlagen, lockere Verknüpfung oder Klettverschluss). Über die Windel ziehen Sie ein Frotteehöschen. In den ersten sechs Wochen nehmen Sie statt des Höschens ein Moltoneinschlagtuch. Legen Sie das Kind auf die Mitte des Dreieckstuchs (Spitze zeigt nach unten) und schlagen Sie die untere Ecke (Spitze) zwischen den Beinen hindurch und die beiden Seiten von rechts und von links über den Bauch.

Wickeln Sie Ihr Kind nach Bedarf – wie oft das ist, stellen Sie am besten selbst fest. Es sollte selbstverständlich nicht längere Zeit nass bleiben, das könnte zu entzündeter Haut

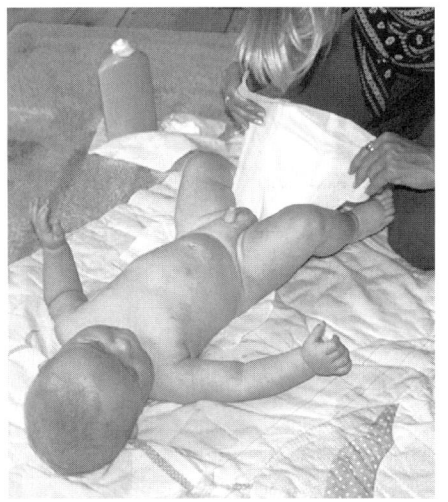
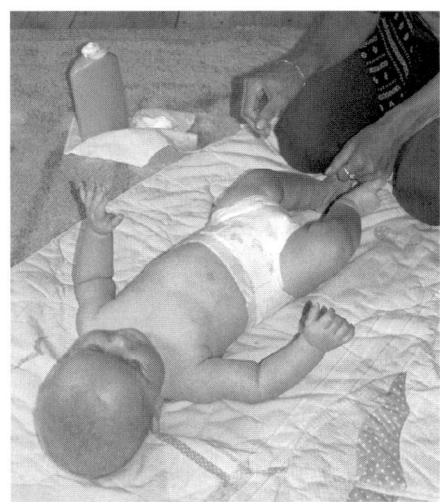

führen. Wenn Sie am «Duft» merken, dass Ihr Kind ein «großes Geschäft» erledigt hat, sollten Sie es sofort wickeln, bevorzugt vor den Mahlzeiten.

Besonders breit sollten Sie Ihr Kind wickeln, wenn es eine Abspreizhemmung hat oder eine Gesäßfaltenasymmetrie (beides wird gegebenenfalls durch einen Arzt bei der ersten Früherkennungs-Untersuchung diagnostiziert). Legen Sie in diesem Fall zwischen den Oberschenkeln des Kindes ein mehrfach gefaltetes Frotteetuch auf die Windel, das die Beinspreizung betont. (Beachten Sie bei Hinweisen Ihres Arztes auf eine Abspreizhemmung oder Gesäßfaltenasymmetrie unbedingt die Ausführungen zu Hüftgelenkserkrankungen, S. 94 f.).

## Zimmertemperatur

Ein Säugling kann seine Körperwärme nicht so regulieren wie ein Erwachsener. Daher muss man im ersten Lebensjahr sowohl Unterkühlung als auch Überhitzung vermeiden. Wenn das Thermometer im Zimmer etwa 21 Grad zeigt (nachts 18 Grad) und im Freien zwischen 20 und 25 Grad im Schatten, fühlt sich Ihr Kind am wohlsten. Vom fünften Monat an darf das Thermometer nachts auch auf 15 Grad sinken und tagsüber draußen auf 28 Grad im Schatten steigen.

> **!** Übrigens: Die normale Körpertemperatur eines Kindes liegt zwischen 36,5 und 37,4 Grad.

# Ihr Kind hat seinen eigenen Tagesrhythmus

Ein Kind braucht eine gewisse Regelmäßigkeit in seinem Tagesablauf. Es wäre jedoch falsch, wenn Sie sich ausschließlich nach der Uhr richteten: Entscheidend sind die Bedürfnisse Ihres Kindes.

## Essen

Genauso wie sich ein Erwachsener im Allgemeinen auf bestimmte Zeiten eingestellt hat, müssen Sie auch bei Ihrem Kind dafür sorgen, dass es regelmäßig etwas zu essen bekommt; das ist wichtig für das Gleichgewicht der körperlichen Funktionen, aber auch für eine gesunde Verdauung. Solange Sie stillen, gelten allerdings andere Regeln (siehe ab S. 98).

Wie viele Mahlzeiten Ihr Kind braucht, hängt wesentlich auch von den Speisen und Getränken ab, die Sie anbieten. Eine allgemeine Empfehlung der Essenszeiten ist deshalb nicht möglich. Im Allgemeinen gilt:

▸ Ab dem sechsten oder siebten Lebensmonat brauchen die meisten Kinder ca. alle zweieinhalb bis viereinhalb Stunden eine Mahlzeit. In den ersten Lebenswochen sollten Sie sich nach dem Bedarf richten. Bei untergewichtigen Kindern sollten die Pausen zwischen den Mahlzeiten allerdings kürzer sein.

▸ Ab dem achten oder neunten Lebensmonat verändert sich die Anzahl der Mahlzeiten, und es verschieben sich die Essenszeiten: Es gibt nur noch drei Hauptmahlzeiten und je eine Zwischenmahlzeit am Vormittag und am Nachmittag, z. B. mit Obst. Es ist jetzt nicht mehr nötig, die erste Mahlzeit schon um sechs Uhr morgens zu geben; es genügt, wenn Ihr Kind gegen sieben oder acht Uhr seine erste Mahlzeit bekommt.

## Spiele und Beschäftigungen

Richten Sie die Zeiten des Spielens und der Beschäftigung danach ein, wann Ihr Kind am muntersten ist. Wahrscheinlich sind Sie fast die gesamte Wachzeit des Kindes mit ihm in der einen oder anderen Weise befasst, jedenfalls mehrere Stunden am Tag (Essens- und Pflegezeiten hinzugerechnet).

Ab dem dritten bis vierten Monat nehmen die Phasen zu, in denen Ihr Kind sich auch einige Zeit allein beschäftigen kann, mit Spielzeug oder anderen geeigneten Materialien. Achten Sie gut darauf, in diesen Phasen nicht zu stören: Hier lernt Ihr Kind, mehr und mehr auch allein sein zu können, mit sich selbst auszukommen, nach seinen eigenen Einfällen und Intentionen zu leben. Jede unnötige Störung durch Sie erhöht seine Abhängigkeit von Ihnen und führt dazu, dass Sie ständig von ihm herbeigerufen werden.

Für die Entwicklungsanregungen (siehe entsprechende Kapitel) sollten Sie eine günstige Zeit wählen: wenn Sie selbst interessiert sind und Zeit haben und Ihr Baby ausgeruht und neugierig ist.

Bis zum dritten Monat genügen dafür zehn bis 15 Minuten täglich, vom dritten bis zum sechsten Monat brauchen Sie täglich insgesamt 15 bis 30 Minuten, zwischen dem sechsten und zwölften Monat 20 bis 50 Minuten.

Verteilen Sie die Übungen jeweils auf zwei bis drei Spiel- und Lernperioden am Tag – viele Anregungen können Sie auch in den üblichen Tagesablauf einbetten, beim Baden, Essen, Spazierengehen usw.

## Schlafen

Im ersten und zweiten Monat nach der Geburt schläft Ihr Kind noch 16 bis 19 Stunden. Mit der Zeit verringert sich das Schlafbedürfnis; die Wachpausen steigen von anfangs fünf bis acht Stunden auf zehn bis zwölf Stunden täglich.

Etwa vom siebten oder achten Monat an wird Ihr Kind nach dem Frühstück nicht gleich wieder schlafen. Es bleibt dann auf und spielt, wird aber etwa nach zwei Stunden – also gegen zehn Uhr – wieder müde. Ob dieser Vormittagsschlaf bis zum Ende des ersten Jahres und darüber hinaus beibehalten wird, hängt davon ab, wann Ihr Kind morgens aufwacht, und also auch davon, wann Sie es abends ins Bett legen. Wenn es morgens erst spät aufwacht, wird es kaum noch schlafen wollen, allerdings mittags nach dem Essen schnell müde werden und einen längeren Mittagsschlaf machen.

# Die Früherkennungs-Untersuchungen sind lebenswichtig

Die Eltern sind selbst vorrangig verantwortlich für die Gesundheit ihres Kindes. Eine große Unterstützung dafür sind in der Bundesrepublik Deutschland seit 1971 die Vorsorgeuntersuchungen, heute Früherkennungs-Untersuchungen genannt, die sich auf Krankheiten und Entwicklungsstörungen beziehen. Neun Untersuchungen werden bis zum vollendeten sechsten Lebensjahr durchgeführt, die zehnte («J1») bei zwölf- bis 13-jährigen Kindern. Nutzen Sie diese kostenlosen Untersuchungen unbedingt!

In der Klinik haben Sie ein wichtiges Dokument bekommen: das Kinder-Untersuchungsheft, herausgegeben vom Bundesausschuss der Ärzte und Krankenkassen. Nehmen Sie dieses Dokument und den Versichertenausweis (er wird Ihnen von Ihrer Krankenkasse ausgestellt) für Ihr Baby mit zum Kinderarzt. Wenn Sie für Ihr Kind noch keinen Versichertenausweis haben, können Sie das mit der Arztpraxis auch später regeln – wichtiger ist die Einhaltung der Untersuchungstermine. Wenn Sie privat versichert sind, erkundigen Sie sich bei Ihrer Krankenkasse über die Details, selbstverständlich übernehmen auch diese Kassen die Kosten.

Anhand einer Checkliste untersucht Ihr Kinderarzt das Kind Punkt für Punkt. Je früher Fehlentwicklungen, Krankheiten oder Schädigungen, z. B. Augenfehler, Gehirnschädigungen, angeborene Zuckerkrankheit, Fehlbildungen der Gliedmaßen und Gelenke, Herzfehler, Schilddrüsenerkrankungen oder Hörfehler, erkannt werden, desto aussichtsreicher ist die Behandlung.

### U1: eine, fünf und zehn Minuten nach der Geburt

Die Neugeborenen-Erstuntersuchung führt der Arzt sofort durch. Der «Apgar-Index» dient der Einschätzung der allgemeinen Vitalität des Kindes, er beruht u. a. auf der Überprüfung der Hautfarbe, der Atmung, des Herzschlags, des Muskeltonus (Muskelspannung) und wichtiger Reflexe. Jedes dieser fünf Merkmale wird mit null, einem oder zwei Punkten bewertet, das Kind kann also maximal zehn Punkte bekommen. Daneben werden auch andere Informationen vom Arzt erhoben und in das Untersuchungsheft eingetragen. Wenn äußere Fehlbildungen vorliegen, kommt das Kind sofort in eine Spezialabteilung für Neugeborene, wo es weiterbehandelt wird.

### U2: zwischen dem dritten und zehnten Lebenstag

Die Neugeborenen-Basisuntersuchung bezieht sich auf den Gesamteindruck und den Entwicklungszustand der wichtigsten Organe (Herz, Lunge, Verdauungs- und Geschlechtsorgane usw.), des Skeletts (insbes. Hüftgelenk), des Nervensystems und der Sinnesorgane. Die beiden ersten Früherkennungs-Untersuchungen werden noch in der Klinik durchgeführt, in der Ihr Kind zur Welt kommt (bei einer Hausgeburt oder einer ambulanten Geburt sollten Sie unbedingt auf die Durchführung der Untersuchungen achten!). Zu allen übrigen Untersuchungen müssen Sie zu Ihrem Kinderarzt gehen.

### U3: zwischen der vierten und sechsten Lebenswoche

Wie bei der zweiten Untersuchung werden die wichtigen Organe untersucht und verordnete Maßnahmen überprüft. Der Arzt achtet auf die körperliche Entwicklung Ihres Kindes; er untersucht und beurteilt Körpermaße, Haut, Skelett (u. a. die Hüftgelenke), Fontanellen, Wirbelsäule, Motorik, Reflexe und Ernährungsstand.

### U4: zwischen dem dritten und vierten Lebensmonat

Die zu untersuchenden Bereiche entsprechen im Wesentlichen denen der Neugeborenen-Basisuntersuchung mit Schwerpunkt auf der motorischen Entwicklung, dem Skelett, dem Nervensystem und der psychischen Entwicklung. Manchmal wird zu diesem Zeitpunkt auch die erste Impfung durchgeführt (vgl. Kapitel Impfungen, S. 72–74).

### U5: zwischen dem sechsten und siebten Lebensmonat

Die Untersuchung bezieht sich wieder auf alle wichtigen körperlichen Merkmale, Verdauung, Skelett, Nervensystem und Sinnesorgane.

## U6: zwischen dem zehnten und zwölften Lebensmonat

Die letzte Untersuchung im ersten Lebensjahr richtet sich auf alle körperlichen und einige psychische Merkmale. Besondere Schwerpunkte sind die Ernährung bzw. die Verdauung, das Hören, die Sprachentwicklung und das Interesse des Kindes an Einzelheiten seines Spielzeugs.

## U7: zwischen dem 21. und 24. Lebensmonat

Der Arzt untersucht alle Bereiche der körperlichen Entwicklung, sieht dabei auch die Zähne auf Karies an und fragt, ob das Kind frei laufen und Treppen steigen kann. Daneben erkundigt er sich nach einigen Bereichen der psychischen Entwicklung (Sprachentwicklung, Verhaltensauffälligkeiten).

## U8: zwischen dem 43. und 48. Lebensmonat (dreieinhalb bis vier Jahre)

Das Skelett und die wichtigsten Organe werden untersucht. Hör- und Sehstörungen sowie motorische Ungeschicklichkeit werden registriert, die Impfungen kontrolliert.

## U9: zwischen fünf und fünfeinviertel Jahren

Hier handelt es sich um eine «Rundum-Untersuchung» zur Beurteilung des somatischen und psychischen Zustands des Kindes. Damit werden die Früherkennungs-Untersuchungen abgeschlossen.

## Weitere Hinweise

Beachten Sie vor allem auch die späteren Untersuchungen. Viele Eltern vergessen diese Termine und verhindern damit u. U. die frühe Diagnose und damit auch die rechtzeitige Behandlung einer Störung, die der Laie nicht erkennen kann, die aber bei unverzüglicher Behandlung zu korrigieren ist (später jedoch nicht mehr oder vielleicht nur teilweise).

Bewahren Sie das Untersuchungsheft mit allen Eintragungen des Arztes gut auf. Es ist ein Dokument, das über die Entwicklung Ihres Kindes in den ersten Lebensjahren Auskunft gibt.

# Impfungen –
## kein Problem

Durch die Impfungen wird Ihr Kind gegen bestimmte Krankheitserreger immun oder macht die Krankheit in wesentlich schwächerer Form durch.

Von der Ständigen Impfkommission werden die folgenden Impfungen empfohlen (Abkürzungen in Klammern, vgl. dazu den Impfkalender S. 74): Diphtherie (D/d), Keuchhusten (Pertussis; aP), Wundstarrkrampf (Tetanus; T), Haemophilus influenzae Typ b (Hib), Hepatitis B (HB), Kinderlähmung (Poliomyelitis; IPV) sowie Masern, Mumps und Röteln (MMR).

Vom Arzt oder vom Gesundheitsamt bekommen Sie einen Impfpass (Weltgesundheitsorganisation. Der internationale Impfpass/Internationale Bescheinigung über Impfungen und Impfbuch. Herausgeber: Grünes Kreuz), in den alle Impfungen eingetragen werden. Bei Mehrfachimpfungen wird Ihr Kind gleichzeitig mit verschiedenen Impfstoffen gegen zwei bis sechs Krankheiten geimpft.

### Diphtherie und Keuchhusten
Diphtherie, eine lebensgefährliche Infektionskrankheit, kommt heute nur noch selten vor. Die Diphtheriebakterien scheiden einen Giftstoff aus, der schwere Herzschäden verursacht oder bestimmte Nerven lähmt. Durch den Impfstoff entwickelt Ihr Kind Abwehrstoffe gegen diese heimtückische Krankheit – ebenso wie gegen Keuchhusten, der besonders im ersten Lebensjahr gefürchtet ist.

### Tetanus
Die Impfung gegen Tetanus ist wichtig, weil Ihr Kind sich schon durch eine kleine Wunde mit Tetanusbazillen infizieren kann. Sie finden sich überall, auch in der Gartenerde oder im Straßenstaub, und verursachen schwere Muskelkrämpfe und Lähmungen der Atemmuskulatur.

### Mumps, Masern, Röteln

Eventuell reagiert Ihr Kind am zehnten Tag nach der Masern-Impfung mit einer leichten Masernerkrankung (Fieber und leichter Hautausschlag). Doch das dauert nur wenige Tage und ist harmlos.

### Allgemeine Hinweise

Lassen Sie Ihr Kind nur dann impfen, wenn es völlig gesund und auch in der Familie gerade niemand krank ist. Jeder Impfstoff ist für den kindlichen Organismus eine kleine zusätzliche Belastung. Sie können Ihr Kind vom vertrauten Kinderarzt, z. B. anlässlich der Früherkennungs-Untersuchungen, impfen lassen oder im Gesundheitsamt. Nehmen Sie sein Lieblingsspielzeug mit und bereiten Sie es ruhig darauf vor, dass der Einstich ein bisschen wehtut.

### Impfempfehlungen der Ständigen Impfkommission (STIKO)

In der folgenden tabellarischen Übersicht sind den empfohlenen Impfungen die Impftermine zugeordnet. Abweichungen von dem empfohlenen Impfalter sind möglich und unter Umständen notwendig. Die angegebenen Impftermine berücksichtigen die für den Aufbau eines Impfschutzes notwendigen Zeitabstände zwischen den Impfungen. Die Früherkennungsuntersu-

chungen für Säuglinge und Kinder, die Schuleingangsuntersuchung, die Jugendgesundheitsuntersuchungen sowie die Untersuchungen nach dem Jugendarbeitsschutzgesetz können für die Impfprophylaxe genutzt werden.

> Bitte beachten Sie, dass der Impfkalender von Zeit zu Zeit den aktuellen Erfordernissen angepasst wird. Ihr Kinderarzt informiert Sie jeweils über den letzten Stand.

Um die Zahl der Injektionen möglichst gering zu halten, sollten nach Möglichkeit Kombinationsimpfstoffe verwendet werden. Ein vollständiger Impfschutz ist nur dann gewährleistet, wenn die vom Hersteller angegebene Zahl von Einzeldosen verabreicht wurde (Beipackzettel / Fachinformationen beachten).

Die Erfahrung zeigt, dass Impfungen, die später als empfohlen begonnen oder für längere Zeit unterbrochen wurden, häufig nicht zeitgerecht fortgesetzt werden. Bis zur Feststellung und Schließung von Impflücken, z. B. bei der Schuleingangsuntersuchung, verfügen unzureichend geimpfte Kinder nur über einen mangelhaften Impfschutz. Wegen der besonderen Gefährdung in der frühen Kindheit muss es da-

## Impfkalender für Säuglinge, Kinder und Jugendliche

| Impfstoff / Antigen-kombinationen | Geburt | Alter in vollendeten Monaten | | | | | Alter in vollendeten Jahren | |
|---|---|---|---|---|---|---|---|---|
| | | 2 | 3 | 4 | 1–14 | 15–23 siehe 1) | 4–5 siehe 1) | 6–17 siehe 1). |
| DTaP * | | 1. | 2. | 3. | 4. | | | |
| DT/Td ** | | | | | | | A | A |
| aP | | | | | | | | A |
| Hib * | | 1. | siehe 2) | 2. | 3. | | | |
| IPV * | | 1. | siehe 2) | 2. | 3. | | | A |
| HB * | siehe 3) | 1. | siehe 2) | 2. | 3. | | | G |
| MMR *** | | | | | 1. | 2. | | |

*Um die Zahl der Injektionen möglichst gering zu halten, sollten vorzugsweise Kombinationsimpfstoffe verwendet werden. Impfstoffe mit unterschiedlichen Antigenkombinationen von D/d, T, aP, HB, Hib, IPV sind bereits verfügbar. Bei Verwendung von Kombinationsimpfstoffen sind die Angaben des Herstellers zu den Impfabständen zu beachten.*

1) Zu diesen Zeitpunkten soll der Impfstatus überprüft und gegebenenfalls vervollständigt werden.

2) Antigenkombinationen, die eine Pertussiskomponente (aP) enthalten, werden nach dem für DTaP angegebenen Schema benutzt.

3) Postexpositionelle Hepatitis-B-Immunprophylaxe bei Neugeborenen

A Auffrischimpfung: Diese sollte möglichst nicht früher als 5 Jahre nach der vorhergehenden letzten Dosis erfolgen.

G Grundimmunisierung aller noch nicht geimpften Jugendlichen bzw. Komplettierung eines unvollständigen Impfschutzes

* Abstände zwischen den Impfungen mindestens 4 Wochen; Abstand zwischen vorletzter und letzter Impfung mindestens 6 Monate

** Ab einem Alter von 5 bzw. 6 Jahren wird zur Auffrischung ein Impfstoff mit reduziertem Diphtherietoxoid-Gehalt (d) verwendet.

*** Mindestabstand zwischen den Impfungen 4 Wochen

*Stand: Juli 2001, © Robert-Koch-Institut*

her das Ziel sein, unter Beachtung der Mindestabstände zwischen den Impfungen *möglichst frühzeitig,* d. h. bis zum Ende des 15. Lebensmonats, die empfohlenen Impfungen durchzuführen. Noch vor Schuleintritt ist für einen vollständigen Impfschutz Sorge zu tragen, und spätestens bis zum vollendeten 18. Lebensjahr (d. h. bis zum Tag vor dem 18. Geburtstag) sind bei Jugendlichen versäumte Impfungen nachzuholen.

# Das können Sie vorbeugend tun, um Unfälle zu vermeiden

Dieses Kapitel zählt Gefahren auf, die Ihrem Kind täglich drohen, sowie Möglichkeiten, sie tunlichst auszuschalten. «Entschärfen» Sie mindestens einmal wöchentlich Ihre Wohnung anhand der Hinweise in diesem Kapitel (vor allem die Küche, das Wohnzimmer, das Kinderzimmer und das Bad). Wenn Sie dann noch täglich die gefährlichen Dinge, die irgendwo versehentlich liegen geblieben sind, aufräumen, kann Ihrem Kind kaum etwas passieren. Wie wichtig diese vorbeugenden Maßnahmen sind, geht aus der Unfallstatistik hervor: Zwei Drittel aller Kinderunfälle ereignen sich zu Hause.

Trotz allem Bemühen, Unfallgefahren zu vermeiden oder sie zumindest einzuschränken, ist die aktive Sicherheitserziehung unerlässlich (Hinweise dazu finden Sie auch bei den Entwicklungsanregungen). Generell gilt, dass ein aufmerksames Kind, das zur Selbständigkeit erzogen wird, Warnungen von Eltern annimmt und beachtet. Freilich muss es auch selbständig experimentieren können und dabei Erfahrungen sammeln: Es lernt, Gefahren zu erkennen und sich in einer schwierigen Situation selbst zu helfen.

Zu dieser Entwicklung gehört, dass Sie Ihr Kind wiederholt auf Gefahren aufmerksam machen, und ihm zu erklären versuchen, worin die Gefahr besteht, wie sie entsteht und wie sie vermieden wird. Das Wort «Achtung» allein erklärt nichts, es verunsichert eher: Ihr Kind lernt so weder, Gefahren zu erkennen, noch, worin sie sich unterscheiden. Allerdings ist die aktive Sicherheitserziehung noch nichts für das erste Lebensjahr, in dieser Zeit müssen Sie selbst die Gefahrenquellen beseitigen oder Ihr Kind davon fern halten.

## Stürze

Sobald sich Ihr Kind zum Stehen hochzieht, z. B. an Schrankschlüsseln, an Vorhängen usw., müssen Sie auf einige Dinge besonders achten:

▶ Wo kann es sich den Kopf (oder andere Körperteile) anschlagen oder verletzen, wenn es hinfällt? Gibt es in Ihrer Wohnung scharfe Kanten oder Ecken, vielleicht sogar aus Metall, an denen es sich wehtun könnte?

▶ Besorgen Sie Schutzgitter für Treppen und Absätze und lassen Sie Ihr Kind nie bei offenem Fenster allein im Zimmer. Sichern Sie die Balkontür.

▶ Fußbodenbeläge, Teppiche, Läufer usw. sollten rutschfest sein und keine Wellen werfen. Hochglänzendes oder gewachstes Parkett kann Ihrem Kind gefährlich werden, ebenso wie Splitter von Holzfußböden.

▶ Auch beim Wickeln dürfen Sie Ihr Kind nicht unbeobachtet liegen lassen. Einmal kommt der Tag, an dem es sich zum ersten Mal allein dreht, das ist sicher – wann das ist, können Sie nicht vorher wissen. Falls Sie also den Wickeltisch verlassen müssen, nehmen Sie Ihr Kind mit.

## Herunterziehen

Achten Sie darauf, dass Ihr Kind nichts aus Schränken, Regalen oder vom Tisch herunterziehen kann, was ihm dann auf den Kopf oder auf die Füße fallen könnte: Schubladen, Vasen, Scheren, Blumentöpfe, Geschirr, Küchengeräte, Stehlampen (an der Schnur), Tischtücher samt allem, was darauf steht, Vorhänge mit Vorhangleisten, Radio, Bügeleisen und Ähnliches. Nichts, woran sich Ihr Kind hochziehen kann, darf nachgeben.

## Scharfe und spitze Gegenstände

Messer, Scheren, Nadeln, Nägel und andere spitzige oder scharfkantige Gegenstände müssen für Ihr Kind unerreichbar sein, ebenso Glas, Porzellan und andere Materialien, die zersplittern können. Vermeiden Sie nach Möglichkeit, etwa die Windel oder Kleidung mit Sicherheitsnadeln zu halten – verwenden Sie möglichst Klettverschlüsse oder andere Verschlusstechniken, allenfalls besonders kindersichere Sicherheitsnadeln, die Sie im Babyfachhandel erhalten.

## Elektrizität

Sorgen Sie unbedingt für kindersichere Steckdosen (VDE-geprüft), lassen Sie diese notfalls nachträglich durch den Fachmann installieren. Gefährlich sind (altersbedingt) brüchige Kabel, von laienhaft «geflickten» Reparaturstellen ganz zu schweigen. Während Sie staubsaugen und bügeln, kann Ihr Kind sich an einem beschädigten Kabel elektrisieren, oder es stolpert darüber und das Kabel bricht. Die größte Sicherheit erzielen Sie mit einer Fehlerstrom-Schutzschaltung, die im Sicherungskasten montiert wird – fragen Sie dazu den Fachmann.

### Verbrennungen und Verbrühungen

Streichhölzer und brennende Kerzen sowie Feuerzeuge haben in Reichweite Ihres Kindes nichts zu suchen.

▸ Befestigen Sie Schutzgitter vor Öl- und Gasöfen, vor Zentralheizungsrohren, Radiatoren und Herden / Backöfen (Achtung auch auf Nachhitze!). Im Winter können Warmwasseranlagen, die eine Temperatur von über 80 Grad erreichen, schmerzhafte Verbrennungen verursachen.

▸ Nehmen Sie heiße Wärmflaschen oder Heizdecken immer aus dem Bettchen, bevor Sie Ihr Kind hineinlegen.

▸ Halten Sie Ihr Kind bei Tisch außerhalb der Gefahrenzone von heiß servierten Nahrungsmitteln, z. B. Suppe oder frisch aufgebrühtem Tee: Schneller, als Sie denken, kann die kleine Hand in Ihre Tasse patschen.

An anderer Stelle haben wir bereits auf die kindgerechte Temperatur von Badewasser hingewiesen (S. 63) – deshalb hier nur ein allgemeiner Hinweis: Prüfen Sie Temperaturen nicht mit der Hand – sie ist gegen Hitze nicht empfindlich genug; benutzen Sie lieber ein zuverlässiges Thermometer (subjektive Messung allenfalls mit dem Ellbogen oder an Ihrem Auge).

Kochen Sie mit größter Vorsicht, wenn Ihr Kind in der Küche ist. Lassen Sie es dann nicht auf dem Boden an Stellen spielen, die durch das etwaige Herabstürzen eines Topfes gefährdet sein könnten. Sicherheitshalber verwenden Sie die hinteren Platten des Herdes, und drehen Sie die Pfannenstiele nach hinten!
Vorsicht ist außerdem bei Heizstrahlern, Höhensonnen und im Hochsommer bei praller Sonnenbestrahlung geboten (ggf. Schutzcreme mit hohem Lichtschutzfaktor verwenden).

### Verschlucken und Ersticken

Kinder nehmen alles in den Mund. Deshalb müssen Sie immer gut aufpassen, dass Ihr Kind kleine Dinge wie z. B. Hasel- oder Erdnüsse, Bohnen, Glaskugeln, Perlen, kleine Steine, Teile des Nähzeugs, Streichhölzer, Brotreste oder Ähnliches nicht erreichen oder verschlucken kann. Allzu leicht könnte es daran ersticken.

Hat Ihr Kind dennoch einen kleinen oder gefährlichen Gegenstand im Mund, bleiben Sie ruhig! Bitten Sie Ihr Kind, Ihnen den Gegenstand zu geben, oder nehmen Sie ihn Ihrem Kind selbst aus dem Mund. Zeigen Sie möglichst nicht Ihr Erschrecken, vermeiden Sie einen Aufschrei o. Ä., sonst erschrickt Ihr Kind möglicherweise so sehr, dass es den Gegenstand beim aufgeregten, schnellen Einatmen in die Luftröhre bringt – Lebensgefahr! Das Verschlucken des Gegenstandes wäre dagegen vergleichsweise harmlos.

Es gibt verschiedene Sicherheitsmaße für im Spielzeughandel erhältliche Spielsachen. Ein Beispiel: Die kleinste Abmessung ist 3,2 cm, sofern andere Größen des Objekts, z. B. die Länge, darüber hinausgehen (in einem guten Spielwaren-Fachgeschäft können Sie sich das entsprechende Prüfgerät/die Prüfschablonen zeigen lassen). Einzelteile von Spielsachen dürfen eine bestimmte Größe keinesfalls unterschreiten, weil nicht nur die Gefahr des Verschluckens, sondern auch Erstickungsgefahr droht: ein kleiner, z. B. runder Gegenstand, der im Mund Ihres Kindes verschwindet,

ist möglicherweise ohne ärztlichen Eingriff nicht mehr herauszuholen und kann sich vor die Luftröhre legen.

## Auf diese Gefahren sollten Sie achten:

▸ Zigaretten, Zigarren und Tabak dürfen sich nicht in Reichweite des Kindes befinden: Ein Drittel einer Zigarette z. B. ist für Ihr Kind schon gefährlich! Ebenso sollten Sie Gläser mit Resten alkoholhaltiger Getränke immer sofort wegräumen.

▸ Verwenden Sie für Ihre Zimmerpflanzen keine Düngerstäbchen, die Ihr Kind aus der Erde ziehen und abnagen könnte.

▸ Reinigungs- und Putzmittel sollten grundsätzlich für Kinder unzugänglich aufbewahrt und die Behältnisse darüber hinaus mit Kindersicherungen versehen sein, die nur von Erwachsenen geöffnet werden können. Achten Sie auch auf Schuhcreme- und Spraydosen!

▸ Im Badezimmer finden sich viele Toilettenartikel und andere Dinge, die Gefahren bergen und das Interesse eines Kleinkinds auf sich ziehen: Nagelfeilen, Pinzetten usw.

▸ An der Schlafbekleidung sollten keine Bänder und Knöpfe sein, die gefährlich werden können.

Schnüre, Bänder und Vorhänge sollten vom Bett aus nicht erreichbar sein. Vermeiden Sie Schnullerbänder oder -kettchen. Ihr Kind könnte sich damit im ungünstigsten Fall erdrosseln, allenfalls bei einer Länge bis zu zehn Zentimeter besteht kaum eine Gefahr.

▸ Besonders vorsichtig müssen Sie mit Plastiktüten sein. Allen Kindern macht es viel Spaß, durch eine «weiche Scheibe» zu sehen. Hier droht Erstickungsgefahr!

## Gift

Medikamente, Kosmetika, Reinigungsmittel, Alkohol und Zigaretten müssen außer Reichweite von Kindern aufbewahrt werden. Da ein Kind noch keine festen Geschmacksgewohnheiten entwickelt hat, findet es manchmal Reizungen der Geruchs- und Geschmackspapillen interessant, die äußerst gefährlich sein können. Auch die für verschiedene Müllarten verwendeten Abfalleimer sollten aus diesem Grund gut verschlossen und Ihrem Kind auf keinen Fall zugänglich sein.

Wegen der giftigen Bestandteile der Autoabgase ist im Straßenverkehr eher ein hochrädriger Kinderwagen zu empfehlen; ebenfalls wegen möglicher giftiger Gase sollten Sie Gas- und Ölöfen in regelmäßigen Abständen überprüfen lassen. Gefährlich für Ihr Kind sind auch frisch gedüngter Rasen und ungewaschenes Obst.

## Tiere

▸ Vor Bienen- und Wespenstichen können Sie Ihr Kind am besten schützen, wenn Sie es im Sommer und im Freien beaufsichtigen, solange es Obst oder Süßigkeiten isst. Außerdem müssen Sie, besonders an heißen Tagen, Bremsen und Stechmücken vertreiben.

▸ Fremde Tiere sollte Ihr Kind – auch wegen möglicher übertragbarer Krankheitserreger – nicht anfassen und streicheln. Als Kleinkind kann es allenfalls an das Tier herankommen, indem es von vorne darauf zugeht. Tiere dürfen beim Fressen nicht gestört werden. Wenn eine Katze die Ohren anlegt und den Schwanz bewegt oder ein Hund knurrt und sein Fell sträubt: nicht weiter darauf zugehen, sich rückwärts entfernen ist zu empfehlen!

▸ Lassen Sie Ihr Kind nicht mit einem Haustier allein: Eine Katze kann mit ihren Krallen die Augen des Kindes verletzen, und auch der gutmütigste Hund beißt, wenn er plötzlich an einer empfindlichen Stelle gereizt wird.

# Erste Hilfe

Bei Unfällen kommt es darauf an, dass Sie lebenswichtige Hilfeleistungen geben können, bevor der Arzt eintrifft (der in allen folgenden Fällen verständigt werden muss).
Bemühen Sie sich,
- ruhig zu bleiben,
- klar zu erkennen, was passiert ist,
- mögliche unmittelbare Folgen abzuschätzen und
- überlegt zu handeln.
Anderenfalls könnten Sie in der Aufregung die Situation durch falsche Hilfsmaßnahmen noch verschlimmern.

Die folgenden Hinweise ersetzen keinesfalls einen Erste-Hilfe-Kurs, den Sie in der Regel an ca. drei Abenden bei verschiedenen Organisationen, z. B. Rotes Kreuz, (meist kostenlos) absolvieren können.

## Schnitt-, Stich- und Bissverletzungen

Alle Wunden, die sich Ihr Kind zuzieht, sollten von einem Arzt versorgt werden. Lassen Sie möglichst Wasser (kalt aus der Leitung) über die Wunde oder um sie herum laufen, um Fremdkörper herauszuspülen, die Blutung zu stoppen und vielleicht durch Kälte eine Schmerzlinderung zu erreichen, decken Sie die Wunde dann mit einer Mullbinde ab. Handelt es sich um eine kleine Wunde, einen Schnitt, eine Schürfung, einen Riss oder Kratzer, können Sie auch einen Schnellverband (Heftpflaster mit Mullauflage) verwenden. Danach suchen Sie rasch Ihren Kinderarzt oder die Ambulanz einer Klinik auf.
Beachten Sie die folgenden Hinweise:

▶ Hat sich das Kind auf der Straße oder im Garten verletzt oder sich mit einem rostigen Nagel die Haut aufgerissen, muss unbedingt ein Arzt zur Wundbehandlung aufgesucht werden. Unter Umständen sind nämlich Tetanusbazillen eingedrungen: Dann besteht Lebensgefahr wegen eines möglichen Wundstarrkrampfs, wenn Ihr Kind noch keine Tetanus-Impfung erhalten hat. Bis der Arzt die Behandlung übernimmt, versuchen Sie leichtes Bluten nicht zu verhindern.

- Wenn die Wunde sehr stark und spritzend blutet, ist eine Schlagader verletzt, und es kann zum lebensbedrohlichen Schock (siehe unten) kommen. Sie müssen in diesem Fall sofort einen Druckverband anlegen, der die verletzte Ader gegen einen Knochen presst – der Druckverband muss zwischen Herz und blutender Wunde angebracht werden. Dann müssen Sie schnellstens einen Notruf tätigen (ärztlichen Rettungsdienst, Rettungswagen, Rotes Kreuz, Malteser Hilfsdienst oder Unfallrettungsdienst), falls ein Telefon vorhanden ist. Kennen Sie eine Klinik in Ihrer Nähe, die Sie schnell erreichen können, ist die unverzügliche Behandlung dort notwendig und möglicherweise lebensrettend.

- Bisswunden müssen immer vom Arzt behandelt werden. Es besteht akute Infektionsgefahr. Besondere Gefahr besteht, wenn das Tier tollwütig sein könnte (ein Hinweis darauf wäre, wenn das Tier «ohne Anlass» gebissen hat). Bei Wunden im Gesicht muss ebenfalls eine ärztliche Behandlung erfolgen.

### Verbrennung, Verbrühung

Bei diesen Unfällen ist schnelles Handeln erforderlich:

- Wenn das Kind in brennenden Kleidern steckt, ersticken Sie die Flammen mit Wasser oder Decken, in die Sie das Kind einrollen. Falls Sie beides nicht schnell zur Hand haben, wälzen Sie das Kind auf dem Boden oder benützen Sie eigene Kleidungsstücke.

- Wenn das Kind in heißes Wasser gefallen ist oder sich mit heißer Suppe oder heißem Kaffee verbrüht hat, gießen Sie ihm so schnell wie möglich viel und mehrere Minuten lang kaltes Wasser über und ziehen Sie ihm die Kleider aus. Wickeln Sie das Kind in Leintücher und bringen Sie es so schnell wie möglich ins Krankenhaus. Bei schweren Verbrennungen sollte man als Laie nichts an der verbrannten Haut machen!

- Bei leichten Verbrennungen legen Sie eine Brandbinde auf oder behandeln Sie die Stelle mit einem Brand- oder Wundgel (aus der Apotheke). Öffnen Sie (kleinere) Brandblasen (auch bei starkem Sonnenbrand) nie, sonst infiziert sich die offene Wunde darunter.

### Hitzschlag, Sonnenstich

Intensive, längere Sonnenbestrahlung führt zu einem Hitzschlag (durch Wärmestau im Körper) oder zu einem Sonnenstich (durch besonders intensive Bestrahlung von Kopf und Nacken). Legen Sie das Kind in den Schatten, Oberkörper und Kopf etwas erhöht, und kühlen Sie ihm Stirn und Nacken mit nassen Tüchern (Kompressen), fächeln Sie ihm Luft zu (Verdunstungskälte). Bei Erbrechen und Durchfall müssen Sie unbedingt einen Arzt um Rat fragen.

### Stürze

Bei einem Sturz vom Wickeltisch, aber auch schon bei einem ungünstigen Umfallen aus der Sitzhaltung, kann Ihr Kind eine Gehirnerschütterung davongetragen haben, auch wenn keine äußeren Verletzungen erkennbar sind. Lagern Sie es dann unbedingt seitlich, damit das Kind nicht erstickt, falls es erbrechen muss. Telefonieren Sie im Zweifelsfall mit Ihrem Kinderarzt und lassen Sie sich beraten. Bei Erbrechen (auch mehrere Stunden später) oder bei Zeichen von Benommenheit und «Wegdämmern» muss Ihr Kind sofort in einer Kinderklinik behandelt werden!
Häufige Verletzungen aufgrund von Stürzen sind auch Schürf- oder Platzwunden (zur Wundversorgung s. S. 80) und Knochenbrüche (siehe unten).

### Knochenbruch

Hat sich Ihr Kind einen Knochen gebrochen, so sind Hinweise darauf mehr oder weniger heftige Schmerzäußerungen, das Einnehmen einer Schonhaltung, eine ungewöhnliche Lage oder Haltung (z. B. des Unterarms, des Beins) und das nachfolgende Anschwellen im Umfeld des Knochenbruchs.

Versuchen Sie nicht, das gebrochene Glied selbst zu richten oder zu schienen. Benachrichtigen Sie sofort den Arzt und achten Sie darauf, dass das Kind ganz ruhig liegen bleibt, bis er kommt. Einen offenen Bruch dürfen Sie nicht berühren, denn es besteht die Gefahr einer Knochenmarksentzündung. Wenn befürchtet werden muss, dass sich das Kind an der Wirbelsäule verletzt hat, darf es nicht bewegt werden.

### Ersticken

Erstickungsgefahr besteht, wenn Ihr Kind einen Gegenstand, etwa eine Fischgräte, eine Holzperle, Erdnüsse (die sind besonders gefährlich!) oder einen kleinen Speiserest, in die Luftröhre bekommt, aber auch, wenn es sich eine Plastiktüte über den Kopf gestülpt hat oder andere Gegenstände das Atmen blockieren. In jedem Fall müssen die Atemwege schnellstens wieder frei gemacht werden. Wenn Ihr Kind einen

Fremdkörper in der Luftröhre hat, müssen Sie es an den Füßen, Kopf nach unten, halten und es mehrmals kräftig auf den Rücken und die Brust klopfen. Achtung: Wenn das Kind nicht mehr atmet, sofort künstliche Beatmung beginnen, bis der Arzt kommt.

## Insektenstich

Entfernen Sie einen sichtbaren Stachel mit einer Pinzette und reiben Sie den Einstich mit einer Salbe aus der Apotheke gegen Insektenstiche ein. Falls Sie keine Salbe in der Hausapotheke haben, hilft auch kaltes Wasser ein wenig.

Stiche im Mund oder in der Halsröhre von Bienen, Wespen usw. sind lebensgefährlich! Geben Sie Ihrem Kind sofort Eis zu lutschen oder kühlen Sie mit Eiswürfeln von außen, machen Sie kühlende Halsumschläge und rufen Sie sofort den Notarzt an oder suchen Sie eine nahe gelegene Klinik auf, wenn sie so schneller ärztliche Hilfe erreichen.

## Vergiftungen

Bei Vergiftungen durch Arzneimittel ist es nützlich, wenn das Kind sofort erbricht – dabei kann man helfen. Das Erbrechen sollten Sie aber nicht aktiv herbeiführen! Informationszentrale für Vergiftungen (siehe Anhang S. 275) anrufen, zu-

sätzlich zum Notruf. Notieren Sie die Uhrzeit, wann das Kind den giftigen Stoff zu sich genommen hat, und nehmen Sie möglichst eine Probe davon mit ins Krankenhaus.

▸ Nicht erbrechen soll Ihr Kind, wenn es folgende Flüssigkeiten verschluckt hat: starke Säuren (wie Salpetersäure, Salzsäure, Karbolsäure), Laugen, Reinigungsmittel für Abflüsse, Bleichmittel, Möbelpolitur, Autopolitur, Insektenvertilgungsmittel, Benzin oder Petroleum.

▸ Heben Sie ggf. Erbrochenes für den Arzt auf, damit er genau feststellen kann, welche Substanz Ihr Kind geschluckt hat.

## Verätzungen

Wurde Ihr Kind durch ätzende Substanzen verletzt, Bekleidung einschließlich Schuhe und Strümpfe sofort entfernen, Wunde mit viel fließendem Wasser spülen. Bei Augenverätzung das Kind seitlich hinlegen, Auge mit den Fingern aufhalten und aus einer Kanne o. Ä. immer wieder Wasser darüber fließen lassen. Veranlassen Sie schnell einen Notruf.

## Stromunfälle

Schalten Sie zuerst die Hauptsicherung (oder alle einzelnen Sicherungen) aus. Wenn das nicht möglich ist, entfernen Sie Ihr Kind von der

Leitung mit Hilfe eines trockenen Besenstiels oder mit Gummihandschuhen (Sie müssen sich isolieren, damit Sie nicht selbst in den Stromkreis geraten). Falls der Herzschlag ausgesetzt hat, müssen Sie eine künstliche Beatmung und Herzmassage durchführen, bis der Arzt kommt.

### Fremdkörper in Ohren, Nase, Augen, After oder Scheide

Versuchen Sie nicht, Fremdkörper aus den Ohren, der Nase, der Scheide oder dem After selbst herauszuholen. Es besteht die Gefahr, dass Sie den Gegenstand nur noch tiefer hineinschieben und das Kind dabei verletzen.

Wenn ihm ein Fremdkörper ins Auge geflogen ist, befeuchten Sie ein Papier-Taschentuch und wischen Sie den Fremdkörper in Richtung Nasenwurzel aus dem Auge. Ist der Gegenstand (Körnchen, Fliege o. Ä.) unter dem Unterlid, lassen Sie Ihr Kind möglichst nach oben blicken, versuchen Sie, das Unterlid nach unten zu drücken oder zu drehen, oder Sie ziehen es an den Wimpernhärchen nach vorne und wischen mit dem Taschentuch den Fremdkörper zur Nase hin aus dem Auge (beim Oberlid entsprechend). Handelt es sich um einen Fremdkörper aus Metall, Metallstaub, Holz oder hartem Kunststoff, ver-

binden Sie dem Kind beide Augen und sprechen beruhigend mit ihm. Veranlassen Sie sofort einen Notruf oder suchen Sie eine Klinik auf, wenn diese schnell zu erreichen ist.

### Schock und erste Maßnahmen

Sie erkennen einen Schock an den folgenden Zeichen: Schweiß auf der Stirn, auffallende Unruhe, fahle Blässe und kalte Haut des Patienten, Frieren und schlimmstenfalls verschwindender Puls. Sofortmaßnahmen sind: Stillen der Blutung, Betroffenen auf Decke legen (wärmen, warm halten), Beine hochheben (als Selbsttransfusion und auch, damit das Gehirn wieder besser durchblutet wird), Lagerung auf dem Rücken, Beine abgewinkelt hochlagern (z. B. Hocker oder Koffer unter Füße und Knie), Beruhigungsmaßnahmen treffen, trösten, Atem und Puls kontrollieren.

### Bewusstlosigkeit und erste Maßnahmen

Grund einer Bewusstlosigkeit sind meistens Sauerstoffmangel, eine heftige Kopfverletzung (Schädel-Hirn-Trauma), Vergiftung oder starke Hitze oder Kälte, also u. a. bei Ersticken, starken Elektroschocks, Schlagaderverletzung.

Bei Atemstillstand muss das Kind sofort künstlich beatmet werden, möglichst zugleich sollte für einen Notruf gesorgt werden. Bis zum Eintreffen des Arztes legen Sie das bewusstlose Kind auf den Rücken und biegen Sie ihm mit beiden Händen den Kopf nach hinten, um den Hals zu überstrecken (gestreckte Speise- und Luftröhre).

▸ Wenn die Atmung wieder einsetzt, wird der Verletzte auf den Bauch gedreht, sein Kopf dabei zur Seite gedreht.

▸ Setzt die Atmung nicht ein, nutzen Sie die Luft, die Sie ausatmen; sie enthält noch ausreichend Sauerstoff für die Fremdbeatmung eines anderen Menschen: Dazu blasen Sie den eigenen Atem gleichzeitig in Nase und Mund des Betroffenen oder nur in die Nase (dann den Mund zuhalten) oder nur in Mund (dann die Nase zuhalten). Es muss sichtbar werden, dass sich der Brustkorb und Oberbauch des Verletzten heben; setzt die Atmung ein, Bauch- bzw. Seitenlage herbeiführen.

Beim Säugling müssen Sie pro Minute 35-mal, beim Kleinkind 30-mal Luft einblasen, allerdings nicht mit zu viel Druck! Durch leichten Druck auf Brustkorb und Oberbauch müssen Sie das Ausatmen herbeiführen. Sobald Sie deutliche Atembewegungen erkennen, hören Sie mit der künstlichen Beatmung auf.

▸ Bei Ertrinken hängt die richtige Hilfe von der Dauer ab, die das Kind ohne Sauerstoff war und von der Wassermenge in der Lunge: Kind an den Beinen hochhalten, um möglichst das Wasser zum Ablaufen zu bringen, dann seitwärts lagern und beatmen. Es muss schnellstens ein Notruf erfolgen!

## Herzmassage

Legen Sie das Kind auf den Rücken und blasen Sie ihm zwei- bis dreimal künstlich Luft ein (siehe oben). Danach drücken Sie mit den Handballen etwa zehnmal in sechs Sekunden rhythmisch auf seine untere Brustbeinhälfte. Sie dürfen nicht zu fest drücken, da sonst die Rippen brechen können. Danach wird das Kind wieder zweimal beatmet und anschließend zehnmal rhythmisch auf das Brustbein gedrückt usw., so lange, bis Sie wieder Herztöne hören.

# So helfen Sie
## Ihrem kranken Kind

In diesem Kapitel finden Sie zunächst einige allgemeine Hinweise, die Ihnen helfen können zu erkennen, ob Ihr Kind krank ist. Daneben erhalten Sie Ratschläge, wie Sie Ihr Kind auf den Besuch beim Kinderarzt vorbereiten können. Eine Übersicht über häufige Krankheiten im ersten Lebensabschnitt komplettiert dieses Kapitel.

Eine ausführliche Zusammenstellung von Krankheitssymptomen, bei denen Sie unbedingt den Arzt verständigen müssen, finden Sie am Ende des Buchs.

## Allgemeine Krankheitssymptome und ihre Behandlung

Viele Krankheiten kündigen sich mit Appetitlosigkeit, Mattigkeit, Verdauungsstörungen, unruhigem Schlaf, Fieber und «Quengeln» an. Wenn diese Anzeichen nicht nach ein bis zwei Tagen wieder abklingen oder sich zusätzlich Krankheitssymptome einstellen (siehe ausführliche Symptomtabelle am Ende des Buchs, S. 272 f.), sollten Sie einen Arzt zurate ziehen. Beobachten Sie keine eindeutigen Krankheitssymptome, so messen Sie zunächst, ob Ihr Kind erhöhte Temperatur (37,0 bis 37,8°) oder Fieber hat (über 37,8°).

### Fieberthermometer

Vor allem drei unterschiedliche Typen von Fieberthermometern werden verwendet:

**Maximalthermometer (Quecksilberthermometer):** Das Thermometer zeigt die Temperatur nach mehreren Minuten über eine Quecksilbersäule an, die nach der Anwendung lediglich ca. ein Zehntel Grad zurückgeht. Vor dem Gebrauch muss es mit ein bis mehreren ruckhaften Schlägen «heruntergeschlagen» werden, damit das Quecksilber wieder in sein Depot zurückgeht – das macht manchen Erwachsenen

Schwierigkeiten. Ein Vorteil des Thermometers ist der niedrige Preis, ein Nachteil, dass es zerbrechen kann und dann das auslaufende Quecksilber schädliche Dämpfe entwickelt (Entsorgung ggf. über Hausmüll).

**Digitalthermometer:** Die Wärme kann über ein Display abgelesen werden, sie wird nach bis zu ca. 60 Sekunden angezeigt – ein Ton oder optisches Signal geben dafür einen Hinweis.

**Ohrthermometer:** Das nicht ganz billige Gerät zeigt bei richtiger Anwendung bereits nach einer Sekunde die Temperatur an. Es wird vor allem in Fällen eingesetzt, in denen eine engmaschige Temperaturverlaufskontrolle erforderlich ist.

Für alle Thermometer gilt, dass sie vor der Anwendung gut zu säubern sind, besonders wenn sie von verschiedenen Personen genutzt werden.

### Fieber messen

So messen Sie die Temperatur Ihres Kindes mit einem Maximalthermometer oder einem Digitalthermometer:

In einem warmen Raum machen Sie den Unterkörper Ihres Kindes frei, halten mit der linken Hand die beiden Beine in die Höhe und führen das messbereite Fieberther-

mometer mit der eingecremten oder leicht eingeölten Spitze vorsichtig in den After des Kindes ein. Nach zwei Minuten zeigt die Quecksilbersäule, nach ca. 60 Sekunden das Display die Temperatur Ihres Kindes an. Bei der insbesondere für ältere Kinder angenehmeren Messung unter der Achsel müssen Sie zum Wert, den das Thermometer anzeigt, ca. 0,5 Grad dazurechnen.

Erzählen Sie Ihrem Kind während der Zeit für die Temperaturmessung eine kleine Geschichte, singen Sie ihm etwas vor oder unterhalten Sie es auf andere Weise, damit es nicht unruhig wird oder heftig strampelt. Während des Messens dürfen Sie es keinesfalls loslassen, weil das Thermometer Ihr Kind verletzen könnte.

Das Ohrthermometer wird eher selten genutzt. Wie es funktioniert, entnehmen Sie der beigegebenen Anleitung, oder lassen Sie sich beim Kauf in der Apotheke oder vom Kinderarzt beraten.

### Maßnahmen bei Fieber

Wenn Ihr Kind Fieber hat, sollte es möglichst im Bett bleiben (sofern der Arzt zum Hausbesuch bereit ist). Machen Sie bis dahin einen kalten Wadenwickel, bei hoher Temperatur (über 39,5°) legen Sie dem Kind auch kalte, feuchte

Tücher auf die Stirn. Hohes Fieber ist bei Kindern nicht so gefährlich wie bei Erwachsenen, lassen Sie sich davon also nicht zu sehr beunruhigen.

> Das Fieber selbst ist keine Krankheit, sondern ein Alarmzeichen dafür, dass eine Krankheit oder eine Störung vorliegt bzw. dass die Wärmeregulation durch Überhitzung oder Unterkühlung gestört ist. Auch starker Durst kann zu Fieber führen.

## Besuch beim Kinderarzt

Erkundigen Sie sich möglichst schon vor der Geburt nach einem guten Kinderarzt in Ihrer Nähe, damit Sie im Notfall gleich wissen, an wen Sie sich wenden können. Suchen Sie sich wegen der Früherkennungs-Untersuchungen, aber auch wegen möglicher Krankheiten, einen Kinderarzt aus, der Ihnen sympathisch ist und zu dem Sie Vertrauen haben. (Zu Ihrer Erinnerung: Die dritte Früherkennungs-Untersuchung erfolgt in der vierten bis sechsten Lebenswoche, die beiden ersten Untersuchungen sind noch im Krankenhaus durchgeführt worden, wenn Sie dort mehrere Tage waren.)
Gehen Sie im ersten Jahr zwischen der vierten und fünften oder der fünften und sechsten Früherkennungs-Untersuchung (je nach dem zeitlichen Abstand der Untersuchungen) einmal zusätzlich zum Arzt, auch wenn Ihr Kind nicht krank ist. Sollte sich bei einer Untersuchung zeigen, dass eine Behandlung erforderlich ist, fragen Sie Ihren Arzt, ob ein Spezialist hinzugezogen werden sollte.

Damit Ihr Kind nicht vor Angst weint oder schreit, wenn es den Mann oder die Frau im weißen Kittel sieht, sollten Sie auf folgende Dinge achten:

▶ Trösten Sie Ihr Kind, wenn es ängstlich ist, und bleiben Sie immer in seiner Nähe.
▶ Spritzen dürfen nicht als plötzlicher Übergriff, sozusagen «aus dem Hinterhalt», gegeben werden.
▶ Drohen Sie nicht mit dem Satz: «... sonst kommt der Onkel Doktor!»
▶ Bereiten Sie Ihr Kind in späteren Monaten immer auf den Arztbesuch vor, damit es nicht plötzlich davon überrascht wird; erzählen Sie ihm, was dort voraussichtlich geschehen wird.

Scheuen Sie sich nicht davor, den Arzt einfach anzurufen, wenn Sie den Verdacht haben, Ihr Kind könnte krank sein. Das ist wesentlich besser, als wenn Sie selbst versuchen, mit vermeintlich «guten alten» Hausmitteln oder gar Tabletten und anderen Arzneimitteln eine von Ihnen nur vermutete Krankheit auszukurieren. Fragen Sie also um Rat, wenn sich Ihr Kind plötzlich auffällig anders benimmt als sonst, wenn es starken Durchfall hat oder ein anderes Symptom zeigt. Erbrechen des Kindes und Fieber, auch im Zusammenhang mit dem einen oder anderen Symptom, sind Anzeichen dafür, dass etwas nicht stimmt.

## Mütterberatungsstellen

Staatliche, städtische und kommunale Gesundheitsbehörden haben in vielen Städten und Gemeinden Mütterberatungsstellen eingerichtet, in denen Sie kostenlos ärztlichen Rat einholen können. Nehmen Sie diese Beratung ruhig in Anspruch – wenn Sie allerdings Untersuchungen nach dem Mutterpass und die Früherkennungs-Untersuchungen regelmäßig durchführen lassen, dürfte kaum besonderer Anlass dafür bestehen. In vielen (Mütter-)Beratungsstellen können Sie aber über konkrete Hilfe hinaus andere nützliche Hinweise finden, Broschüren, Informationen, auch Kontakte.

In verschiedenen Gemeinden und Städten finden Sie diese Beratungsstellen und ähnliche Einrichtungen und Institutionen auch unter anderen Namen. Beachten Sie deshalb auch Familienbildungsstätten, Müttertreffs, Mütterzentren, Familienzentren, Mutter-Kind-Zentren usw.

## Häufige Krankheiten

Einige Krankheiten, die in früheren Zeiten weit verbreitet waren, treten heute kaum noch auf, weil sie durch Impfungen oder die regelmäßigen Früherkennungs-Untersuchungen (Vorsorgeuntersuchungen) einschließlich der medizinisch überprüften Ernährungsweise verhindert werden; wir führen sie deshalb nicht auf.

### Schnupfen

**Ursache:** Schnupfen wird durch einen Virus verursacht.
**Symptome:** Entzündungen der Nasenschleimhaut, starke Schleimabsonderung, Atemschwierigkeiten, Niesen, Appetitlosigkeit, Trinkschwierigkeiten und unruhiger Schlaf.
**Komplikationen:** Es können Entzündungen der Luftwege folgen (Halsentzündung, akute Luftröhrenentzündung, Bronchitis, Lungenent-

zündung, aber auch Mittelohrent-
zündung). Schnupfen ist manchmal
der Vorbote einer anderen Infektionskrankheit (z. B. Masern). Bei
blutigem Nasenschleim unbedingt
den Arzt hinzuziehen.
**Behandlung:** Lassen Sie Ihrem Kind
Nasentropfen verschreiben. Frische
Luft ist wichtig.
**Vorbeugung:** Besucher mit Infekt
dürfen nicht in die Nähe des Babys.

### Husten
**Ursache:** Reizung oder Entzündung
von Luftröhre, Kehlkopf, Bronchien
oder Lunge.
**Symptome:** Kurzer, stoßartiger Husten; bellender Husten; lauter, voller
Husten mit Schleimabsonderung.
**Behandlung:** Suchen Sie einen Arzt
auf. Geben Sie Ihrem Kind keinen
Hustensaft, der für ältere Kinder bestimmt ist.

### Verstopfung
**Ursache:** Verstopfung ist meistens
bedingt durch Ernährungsfehler
(bei gestillten Kindern Ernährung
der Mutter, sie ist bei einem Kind,
das ausschließlich gestillt wird, daher äußerst selten), ferner durch
Bewegungsmangel oder tritt als Me-
dikamentennebenwirkung auf. Vielfach spielen auch psychische Ursachen eine Rolle.
**Behandlung:** Erhöhen Sie den
Schleimzusatz, Obstsäfte und Fen-

cheltee erleichtern das Abführen
(im Gegensatz zu Bananen und geriebenen Äpfeln). Leidet Ihr Kind
häufiger unter Verstopfung, fragen
Sie Ihren Kinderarzt.

### Durchfall
**Ursache:** Infektion des Magen-
Darm-Trakts, Krankheiten mit Fieber, Ernährungsfehler, Medikamen-
tennebenwirkung und Vergiftungen.
**Symptome:** Oft geht schlechter Appetit voraus; danach wird der Stuhl
flüssig, blutig-schleimig, schaumig
oder grünlich, er stinkt auffällig; zusätzlich Erbrechen (bei Brechdurch-
fall). Kein Durchfall liegt vor, wenn
das Kind mehrmals täglich Stuhl
hat, dabei aber mit Appetit isst und
trinkt.
**Behandlung:** Verständigen Sie den
Arzt. Zeigen Sie ihm den Stuhl. Bis
er Ihnen genau sagt, welche Diät
notwendig ist, geben Sie Ihrem
Kind nur Kamillentee oder den
zweiten Aufguss eines schwarzen
Tees, jeweils leicht gesüßt (keine
Kuhmilch).

### Mittelohrentzündung
**Ursache:** Bakterien verursachen
eine eitrige Entzündung im Mittel-
ohr.
**Symptome:** Das Kind bekommt Fieber, es wirft den Kopf unruhig hin
und her, fasst oft an die Ohren und

weint häufig wegen der starken Ohrenschmerzen; manchmal Nahrungsverweigerung, Erbrechen oder Durchfall.

**Behandlung:** Der unbedingt hinzuzuziehende Arzt verordnet wahrscheinlich Nasentropfen (die die erforderliche Belüftung des Mittelohrs durch Abschwellen des Verbindungskanals zwischen Nase und Ohr herbeiführen) und in der Regel keimtötende Medikamente (Antibiotika). Schützen Sie das Kind vor Zugluft, setzen Sie ihm im Bett eine Mütze auf. Es braucht Bettruhe und Wärme an den Ohren (eventuell Wattepackung).

## Wundsein

**Ursache:** Die Haut des Säuglings ist sehr empfindlich. Durch Stuhl und Urin, aber auch durch Feuchtigkeit in den Hautfalten kann sie sich entzünden.

**Behandlung:** Schützen Sie die Hautstellen mit einer Deckpaste, legen Sie das Kind häufiger trocken als sonst und ziehen Sie ihm kein Gummihöschen an. In das Badewasser geben Sie einen Molke-Kleie-Zusatz, anschließend föhnen Sie Ihr Kind trocken (die empfindliche Haut nicht abreiben).

**Vorbeugung:** Trocknen Sie Ihr Kind nach dem Baden überall gründlich ab; lassen Sie es nie längere Zeit in einer Stuhlwindel liegen.

## Ekzeme

**Ursache:** Ekzeme sind häufig allergiebedingt und haben oft eine genetische Komponente (Veranlagung in der Familie).

**Symptome:** Schuppenbildung auf der Kopfhaut (Kopfgrind) oder im Gesicht, Rötungen, Bläschenbildung, Krustenbildung, Entzündungen und Schwellungen, Juckreiz (am ganzen Körper oder einzelnen Stellen). Milchschorf beginnt an beiden Wangen gleichzeitig, meistens erst nach dem zweiten Monat.

**Behandlung:** Bei allen Ekzemen sollte der Arzt um Rat gefragt werden, auch bei Milchschorf. Er verordnet Öl oder Vaseline zum Auflösen der Borken und eine Salbenmischung zur Heilung. Erforderlich ist meistens eine Ernährungsberatung und ggf. Nahrungsumstellung, um mögliche Allergene auszuschalten.

## Hämangiome (Blutschwämmchen)

**Ursache:** Die harmlosen Blutgefäßgeschwülste sind meist angeboren.

**Symptome:** Rote Geschwülste auf der Haut, die häufig etwas vorgewölbt sind; manchmal auch nur winzige rote Punkte, die sich allmählich vergrößern.

**Behandlung:** Wenn das Blutschwämmchen sich an einer Stelle befindet, wo Komplikationen eintreten können (an den Augen oder an den Lippen), oder wenn es besonders stark vorgewölbt (wulstig) ist, wird der Arzt zu einer Laserstrahlbehandlung zur Entfernung des Hämangioms raten. Sonst wartet man jedoch, ob sich die Geschwulst nicht nach zwei oder drei Jahren von selbst zurückbildet. Wächst sie weiter (oder auch schnell weiter), muss sie regelmäßig vom Arzt kontrolliert werden.

### Krämpfe (großer, generalisierter oder örtlich begrenzter Anfall)

**Ursachen:** Kinder haben eine größere Krampfbereitschaft als Erwachsene. Nach schweren Ernährungsstörungen, nach Stoffwechselkrisen, nach Sauerstoff-Mangelzuständen können schon in den ersten Lebensmonaten und -wochen lebensgefährliche Krampfanfälle vorkommen. Weitere mögliche Ursachen sind Fehlbildung des Gehirns, Geburtsschäden, Blutungen oder Entzündungen im Gehirn, Verletzungen des Gehirns, aber auch hohes Fieber.

**Symptome:** Abruptes, sichtbares Zeichen ist die anfängliche Versteifung, gefolgt von Verkrampfung und rhythmischen Zuckungen (auch halbseitig möglich). Meistens tritt Bewusstlosigkeit auf. Ein weiteres Symptom ist die stoßartige Atmung.

**Behandlung:** Tritt ein Krampf auf und hat das Kind zugleich Fieber, rufen Sie sofort den Arzt; lagern Sie das Kind bis zu seinem Eintreffen so, dass es sich nicht verletzt. Die Behandlung hängt von der Ursache der Krämpfe ab und kann nur durch diagnostische Verfahren gefunden werden. Schon beim erstmaligen Auftreten ist ärztliche Behandlung nötig.

### BNS-Anfälle (West-Syndrom)

**Ursache:** Verschiedenste hirnorganische Prozesse können Blitz-, Nick-Salaam-Krämpfe (epileptische Reaktion, nur im 1. Lebensjahr) auslösen.

**Symptome:** Abruptes, blitzartiges Zusammenzucken des Kindes, z. B. mit kurzem Vorschnellen des Kopfes (Nicken), Zusammenzucken des gesamten Körpers (ähnlich dem Zusammenklappen eines Taschenmessers oder dem orientalischen Gruß «Salaam»); diese Erscheinungen treten innerhalb von wenigen Minuten mehrmals auf. Das Symptom ist als abruptes Ereignis fühlbar; der Erwachsene kann das Kind nicht beruhigen. BNS-Krämpfe treten vorwiegend in der Zeit zwischen dem dritten und achten Lebensmonat auf.

**Behandlung:** Nur bei frühzeitiger Behandlung in einer Spezialklinik ist die Chance gegeben, dass dem Kind geholfen werden kann.

## Nabelbruch

**Symptome:** Der Nabel tritt nach der Nahrungsaufnahme, evtl. auch beim Schreien sackartig hervor.

**Behandlung:** Im Allgemeinen ist keine besondere Behandlung erforderlich – innerhalb von zwei bis drei Monaten ist die Bauchmuskulatur so gut entwickelt, dass die hervorgetretene Wölbung wieder zurückgeführt ist und sich die Bruchpforte geschlossen hat. Zu Ihrer zusätzlichen Sicherheit können Sie Ihren Kinderarzt konsultieren.

## Leistenbruch

**Ursache:** Kurz vor dem errechneten Geburtstermin wandert beim Jungen der Hoden in den Hodensack. Der dazu notwendige Zwischenraum kann sich u. U. zu spät schließen und so zur Bruchpforte werden. In diesem Fall ist auch das Austreten eines Teils des Darms in den Hodensack oder auch oberhalb davon möglich. Auch Mädchen können einen Leistenbruch haben – dann ist das Ovar in den Bruchsack ausgetreten.

**Symptom:** Sichtbare Vergrößerung des Hodensacks oder weiche Ausstülpung oberhalb des Hodensacks; weiche Schwellung in der Leiste bei Mädchen.

**Behandlung:** Ein Leistenbruch muss immer operativ behandelt werden.

Der Routineeingriff ist in aller Regel harmlos.

## Phimose

**Symptome:** Bei der echten Phimose ist die Vorhaut so verengt, dass der Junge nicht im Strahl Wasser lassen kann. Der Urin treibt die Vorhaut dann sackartig auf. Zu Unrecht spricht man häufig auch von Phimose, wenn Vorhaut und Eichel nur verklebt sind.

**Behandlung:** Bei der richtigen Phimose ist es nötig, dass die Vorhaut mit einem kleinen operativen Eingriff umschnitten wird. In diesem Fall sollten Sie nicht versuchen, die Verklebung von Vorhaut und Eichel selbst zu lösen. Fragen Sie in jedem Fall zuerst den Arzt.

## Soor

**Ursache:** Soor ist eine Pilzerkrankung, die Mundschleimhaut, den ganzen Darm, den After und Genitalbereich befallen kann. Anfällig ist ein Kind, das an Ernährungsstörungen, Durchfall oder schwächenden Krankheiten mit Unterernährung leidet oder das Antibiotika einnehmen musste, welche die Entwicklung der natürlichen Abwehrstoffe im Mundraum und Magen-Darm-Trakt behindern. Ohne zusätzliche körperliche Belastung sind die im Organismus eines Menschen vorhandenen Soor-Pilze unauffällig und unter Kontrolle – sie führen nicht zur Erkrankung.

**Symptome:** Punktgroße, weiße, erhabene Beläge oder Bläschen an der Schleimhaut im Mund, am After oder im Genitalbereich.

**Behandlung:** Der Arzt wird Ihnen sagen, mit welchem Medikament Sie den Pilzbelag behandeln sollen.

### Magenpförtnerkrampf

**Ursache:** Durch den Krampf kann der Mageninhalt nicht (oder nur sehr erschwert) in den Dünndarm befördert werden (zu beobachten zwischen der sechsten und achten Lebenswoche).

**Symptome:** Das Kind erbricht die Nahrung in hohem Bogen, es hat kaum noch Stuhlgang und nimmt stark ab.

**Behandlung:** Suchen Sie den Arzt auf. Meistens ist eine harmlose Operation notwendig.

### Haltungsschäden

**Ursache und Symptome:** Haltungsschäden haben in der Regel zwei Ursachen:

– Sie können intrauterin erworben sein durch eine bestimmte, über längere Zeit konstante Haltung (Zwangshaltung), z.B. bei Schiefhals, Wirbelsäulenverformung oder Luxation (Fehlbildung) der Hüfte.

– Durch so genannte Praedilekti-

onshaltungen (bevorzugte, manchmal auch erzwungene Haltungen) können ebenfalls Asymmetrien entstehen, u. a. auch Wirbelsäulenverkrümmungen. Eine derartige bevorzugte Haltung eines jungen Säuglings kann sich z. B. durch die Position des Bettes in einer Ecke des Zimmers entwickeln, bei der der Säugling das Licht und andere Reize (z. B. hinzutretende Personen) immer von derselben Seite erhält.

**Behandlung:** Je früher ein Schaden der einen oder anderen Art erkannt wird, desto eher ist vollständige Heilung möglich. Gezielte Krankengymnastik ist nach der Diagnose durch einen Facharzt erforderlich. Behandlungen dieser Art müssen spätestens bis zum sechsten oder achten Lebensmonat abgeschlossen sein. Ist der Haltungsschaden bis dahin nicht erkannt und/oder nicht behandelt, muss u. U. operiert werden und ein mühsames Spezialtraining erfolgen.

### Hüftgelenkserkrankung

**Ursache:** Fehlbildungen des Hüftgelenks sind angeboren, teilweise erblich. Wenn im ersten Lebensjahr nichts dagegen unternommen wird, kann durch die Belastung beim Laufen und Stehen später eine Hüftgelenksluxation entstehen.

**Symptome:** Wenn sich die gebeugten Oberschenkel nicht zur Seite spreizen lassen, wenn die Hautfalten an der Innenseite der Oberschenkel nicht an beiden Beinen symmetrisch sind, wenn ein Bein länger ist als das andere, deutet das auf eine Fehlbildung eines Hüftgelenks hin; es können aber auch beide Hüftgelenke betroffen sein.

**Behandlung:** Bei Verdacht auf eine Hüftgelenkserkrankung wird das Kind mit Ultraschall untersucht. Die Fehlbildung lässt sich meist mit Spreizwindeln, Spreizhöschen, nötigenfalls mit einem Beckengips beseitigen. Je früher die Krankheit erkannt wird, desto leichter lässt sie sich heilen.

### Plötzlicher Kindstod

Von 1000 Neugeborenen sterben etwa zwei an diesem nicht hinreichend geklärten Syndrom (auch Plötzlicher Säuglingstod), vor allem in der kalten Jahreszeit im zweiten bis neunten Lebensmonat. Diese häufigste Todesursache nach der Neugeborenenphase beruht auf Herz- und Atemstillstand ohne bis dahin erkennbare Erkrankung.

Epidemiologische Untersuchungen zeigten, dass möglicherweise ein Zusammenhang mit dem Schlafen in Bauchlage gegeben ist; Kampagnen gegen die Bauchlage als Regelschlafhaltung waren die Folge. Insgesamt ging daraufhin die Häufigkeit des plötzlichen Kindstods zurück – der Bezug auf die Bauchlage als alleiniger Ursache scheint jedoch nicht stimmig. Frühes Abstillen, Rauchen in der Umgebung des Säuglings, Überwärmung und zu weiche Matratzen werden als weitere mögliche Ursachen dargestellt.

> «Ein deutlich erhöhtes Risiko besteht für die Geschwister von früher betroffenen Kindern …, Mehrlingen, Frühgeborenen, Kindern aus Familien mit ungünstigen sozioökonomischen Lebensverhältnissen sowie bei mütterlichem Drogen- oder Alkoholmissbrauch. Bei erhöhtem Risiko wird häufig ein Heimmonitor empfohlen, der die Atem- und Herzfrequenz im Schlaf erfasst; die Eltern sind gleichzeitig in den Wiederbelebungstechniken sorgfältig zu unterweisen. Allerdings ist der präventive Nutzen der Überwachung durch ein Heimmonitoring umstritten.» *(v. Voss 1997, S. 609)*

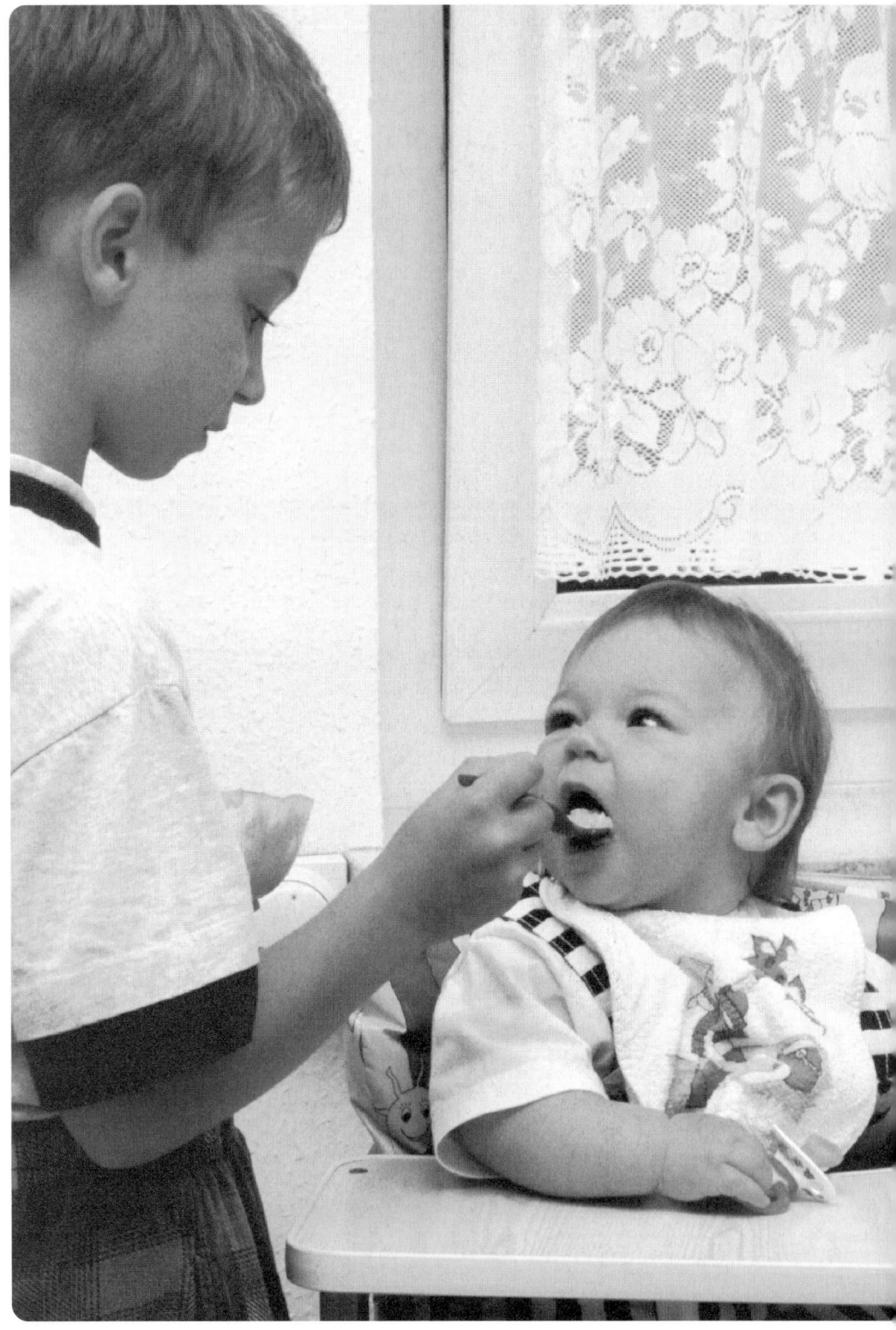

# Ernährung

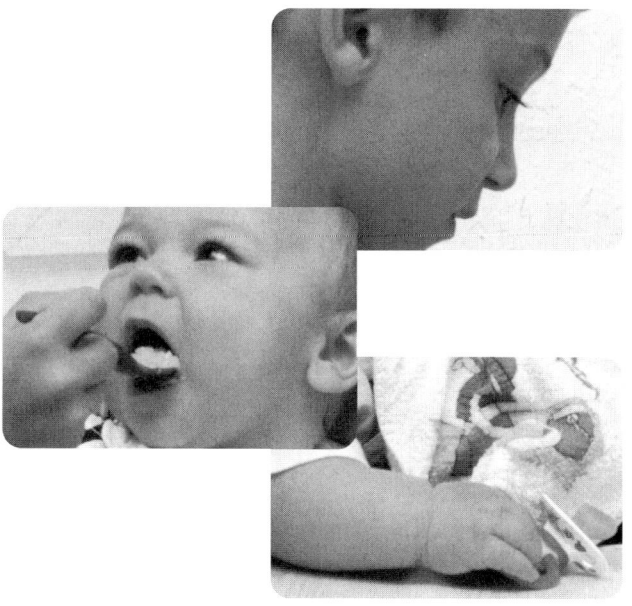

Die Mutter ist im ersten halben Jahr die beste und natürlichste Nahrungsquelle für ihr Kind. Ältere Geschwister – sofern vorhanden – können sich allerdings auch schon bald als geschickte und nützliche Helfer erweisen. Sina hat sich bereits prima auf den älteren Bruder eingestellt.

# Muttermilch – das Beste
## für die ersten Lebensmonate

Freuen Sie sich, wenn Sie stillen können! Es gibt für einen Säugling keine bessere Nahrung als die Muttermilch. Sie enthält Abwehrstoffe, ist körperwarm, keimfrei, leicht verdaulich und in ihrer Zusammensetzung genau den Bedürfnissen Ihres Kindes angepasst.

Das Stillen hat davon abgesehen auch eine große psychische Bedeutung für Ihr Kind, ebenso wie für Sie selbst. Das Neugeborene erfährt dabei Wärme und Geborgenheit, es genießt Ihre Zärtlichkeit, gewinnt Vertrauen zu Ihnen und zu sich selbst. Sie allein können ihm diese Gefühle geben!

Legen Sie das Kind möglichst schon in der ersten halben Stunde nach der Geburt an, das erleichtert und beschleunigt die Milchbildung, die auf diese Weise leichter in Gang kommt. So vermeiden Sie auch das Anschwellen der Brüste (das auch mit Schmerzen verbunden sein

kann), bevor die Milch am dritten oder vierten Tag nach der Geburt richtig «einschießt».

Sie werden die auf die Brust gerichteten Suchbewegungen Ihres Babys nach der Geburt bemerken, wenn es auf Ihrem Bauch liegt. Die erste Milch, die es bekommt, wird Vormilch (Kolostrum) genannt. Sie ist wesentlich eiweißreicher und weniger fetthaltig als die Milch, die ab dem dritten bis vierten Tag kommt, und deshalb ein besonders bekömmlicher, regelrechter Fitmacherdrink für Ihr Kind.

Am ersten Tag versuchen Sie, etwa alle zwei Stunden zu stillen, zwischen dem zweiten und elften Tag dann ca. elf- bis sechsmal täglich abnehmend. In den meisten Kliniken bringen Ihnen die Schwestern Ihr Kind auch nachts, wenn es gestillt werden will – bei «Rooming-in» haben Sie damit sowieso keine Probleme. Dringen Sie darauf, dass

Die WHO (World Health Organization: Weltgesundheitsorganisation) hat 1994 eine Resolution verabschiedet, die u. a. folgende Punkte enthält:

- Für künstliche Säuglingsfertignahrung darf nicht in der breiten Öffentlichkeit geworben werden, auch idealisierende Werbung auf Packungen durch Bild oder Wort ist untersagt.
- Die Verteilung von Gratisproben oder verbilligten Proben von Säuglingsfertignahrung in Gesundheitseinrichtungen wird verboten.
- Auf Packungen für Säuglingsfertignahrung muss auf die Vorteile des Stillens sowie auf Kosten und Risiken künstlicher Säuglingsfertignahrung hingewiesen werden.
- Zur Zusammensetzung von Säuglingsfertignahrung hat die WHO einen Kodex erstellt. *(Benkert 1995, S. 7)*

Ihr Kind nicht nachts eine Ersatzflasche bekommt: Es könnten danach Schwierigkeiten beim Stillen entstehen (das Kind wird z. B. durch ein zu großes Saugerloch verwöhnt, oder es will nun gesüßte Nahrung).

Wenn Sie die richtige Einstellung zum Stillen haben, werden Ihre eigenen liebevollen Gefühle für das Kind beim Stillen noch verstärkt. Ihre Figur verändert sich bestimmt nicht ungünstig durch das Stillen, wenn Sie die jetzt besonders notwendige Körperpflege, -bewegung und -gymnastik wie bisher (vor und nach der Geburt) weiterführen. Durch das Saugen wird übrigens auch die Rückbildung der Gebärmutter gefördert: Wahrscheinlich spüren Sie gelegentlich leichte Kontraktionen, die Nachwehen.

## Die Vorteile der Muttermilch

Die Muttermilch mit den Substanzen Eiweiß, Fett, Kohlenhydrate, Vitamine, Mineralstoffe und Spurenelemente baut die körpereigene Abwehr gegen Infektionen optimal auf, vor allem gegen Magen-Darm-Infektionen, aber auch gegen Allergien. Wenn ein Baby dennoch eine Infektion aufschnappt, verläuft die Krankheit meist abgeschwächt. Ein weiterer Vorteil: Muttermilch passt sich den veränderten Anforderungen an die Ernährung im Laufe der ersten Wochen und Monate an.

Die reife Frauenmilch, die nach gegenwärtigem medizinischem Erkenntnisstand vier bis sechs Monate gegeben werden sollte, ist trotz der Schadstoffbelastung, die in den vergangenen Jahren registriert worden ist, die beste Ernährung für das Kind, und zwar möglichst ohne irgendeine Ergänzung außer Vitamin-D-Gaben (möglichst auch in Verbindung mit Fluorid, als Schutz gegen Karies). Das Kind schluckt mühelos während des gesamten ersten Lebensjahres täglich die benötigte Tablette, wenn sie ihm unmittelbar vor dem Stillen oder später vor der Flaschennahrung in den Mund geschoben wird.

Einige Schadstoffe sind in ihrer Konzentration in der Muttermilch übrigens bereits wieder auf vertretbare Konzentrationen zurückgegangen, so z. B. DDT und DDE (Gifte gegen Insekten) und HCB (Hexachlorbenzol, ein Pflanzenschutzmittel), ebenso PCB (möglicherweise Krebs auslösende polychlorierte Biphenyle in Kühlmitteln und Hydraulikflüssigkeiten und die damit verbundenen Dioxine und Furane).

Wenn Muttermilch trotz Schadstoffbelastungen als nahezu unersetzlich empfohlen wird, dann auch, weil die negative Wirkdauer auf den kindlichen Organismus auf einige Monate begrenzt ist (in der Muttermilch finden sich in geringen Mengen Schadstoffe der vergangenen 20 Jahre – siehe Details in der Broschüre der BZgA «Stillen und

Muttermilchernährung», 2001). Wenn Sie länger als 6 Monate, z. B. auch ergänzend, stillen – die Weltgesundheitsorganisation empfiehlt das –, hat Ihr Kind natürlich emotional-psychischen Nutzen davon.

Gesundheitsämter (oder andere Einrichtungen, die das Gesundheitsamt oder Ihr Kinderarzt Ihnen nennt) können die Schadstoffwerte in der Muttermilch messen und eine spezifische Empfehlung geben. Die Untersuchung wird in einigen Bundesländern von den Krankenkassen erstattet. Wenn Sie viel in der Landwirtschaft mit Pflanzenschutzmitteln oder in der Industrie mit PCB zu tun haben (hatten), sollten Sie diese Untersuchung auf jeden Fall durchführen lassen.

Wie bereits erwähnt, ändert sich die Muttermilch in der Stillzeit. Vor allem die folgenden drei Muttermilcharten werden unterschieden:

**Kolostrum/Vormilch:** Die Milch ist etwas gelblich und klar. Es ist die erste Milchart in den Tagen nach der Geburt. Sie erleichtert die erste Stuhlausscheidung, zugleich die Entleerung des Magens und des Darms vom «Kindspech» (Mekonium), das sich vor der Geburt gebildet hat. In manchen Kliniken wird noch in Ergänzung zu Kolostrum eine allergenfreie oder aller-genarme Säuglingsmilch gegeben. Damit soll einer möglichen Allergiebildung des Darms (und der Haut) in diesen ersten Tagen entgegengewirkt werden. Dennoch ist davon abzuraten, wenn kein zwingender Grund vorliegt: Diese Zugabe verändert den Bezug zwischen Ihrem Baby und Ihnen, sie irritiert seine sich gerade bildenden (Trink-)Gewohnheiten und bringt Stoffe in seinen Körper, die es sonst erst viel später bekommen würde.

**Übergangsmilch:** So wird die Muttermilch etwa vom vierten bis zum 16. Tag nach der Geburt wegen der laufenden Veränderungen ihrer Zusammensetzung genannt. Die Mutter spürt anfangs das Anschwellen der Brüste, das auch mit Schmerz verbunden sein kann («Einschießen der Milch»).

**Reife Frauenmilch:** Sie ist weiß mit leichtem Blaustich. Diese Milch erhält das Kind bis zum Ende der Stillzeit.

## Stillregeln

In den ersten Tagen stillen Sie liegend bzw. sitzend. Sie drehen sich im Bett etwas zur Seite, legen sich ein Kissen in den Rücken und neh-men Ihr Kind in den leicht gebeugten Arm, jedenfalls in den ersten Tagen und Wochen. Wenn Sie wieder gut aufstehen können, setzen Sie sich zum Stillen in einen bequemen Stuhl mit Rückenlehne, stützen die Füße auf eine Unterlage und halten das Kind auf dem Schoß. Sie können Ihr Kind natürlich auch später noch im Liegen stillen, z. B. nachts. Damit Sie und Ihr Kind die Stillzeit ohne Probleme bewältigen und genießen können, sollten Sie folgende Grundregeln einhalten:

### Anlegen
Führen Sie den Mund Ihres Kindes zu Ihrer Brustwarze. Legen Sie den Daumen ca. 3–4 cm oberhalb der Brustwarze auf und stützen Sie die Brust mit den übrigen Fingern von unten ab. Dann führen Sie den Kopf Ihres Kindes mit der linken Hand so, dass es den ganzen Warzenhof mit dem Mund umschließt. Wenn es den Mund nicht öffnet, wenden Sie einen Trick an: Sie berühren mit der Brustwarze (mehrmals) die Unterlippe – das hilft. In den ersten Tagen probieren Sie das Stillen mindestens 6-mal. Sorgen Sie dafür, dass Sie während des Stillens nicht frieren – es kann anfangs länger dauern.

### Saugreiz
Wenn Ihr Kind den Mund nicht

öffnet, drücken Sie leicht auf seine beiden Backen und tropfen ihm etwas Milch in den Mund. Es wird dann sicher zu saugen beginnen.

### Atmosphäre

Während des Stillens sollte es natürlich auch «still» um Sie herum sein. Das sind die Tageszeiten (und Wochen nach der Geburt), in denen Ihr Kind den intensivsten Kontakt mit Ihnen erlebt. Es empfindet ganz genau Ihre Stimmungen, es spürt, ob Sie gereizt oder nervös sind; Ihre Stimmung überträgt sich auf Ihr Kind. Lassen Sie sich daher nicht von äußeren Umständen irritieren, sondern konzentrieren Sie sich in dieser Viertelstunde ganz auf Ihr Kind. Streicheln Sie es, wiegen Sie es, sprechen Sie mit sanfter Stimme zu ihm; all dies bereitet ihm Wohlbehagen und ist wichtig für seine gesunde Entwicklung.

### Rhythmus

Stillen Sie grundsätzlich nach Bedarf – also immer, wenn sich Ihr Kind meldet, weil es hungrig ist. Im günstigen Fall ergibt sich dabei ein regelmäßiger Stillrhythmus (z. B. alle zweieinhalb bis viereinhalb Stunden, nach einiger Zeit möglicherweise mit einer Nachtpause von sieben bis acht Stunden). Wenn Ihr Kind vor Hunger zu schreien beginnt, sollten Sie unbedingt auch vom gewohnten Rhythmus abweichen.

### Dauer

Eine Mahlzeit dauert etwa 15 Minuten. Nach einiger Übung trinkt Ihr Kind in den ersten fünf Minuten mehr als die Hälfte der gesamten Menge.

### «Angebot und Nachfrage»

Geben Sie bei jeder Mahlzeit nur eine Brust. Grund: Die Brust muss bei jedem Stillen völlig entleert werden, weil sie sonst immer weniger Milch produziert. Ist eine Brust leer getrunken und zeigt Ihr Kind immer noch Appetit, geben Sie ihm erst anschließend die andere Brust. Bei der nächsten Mahlzeit beginnen Sie mit dieser anderen Brust. Hat Ihr Kind eine Brust nicht leer getrunken – Sie merken das daran, dass sie sich noch nicht entspannt und weich anfühlt –, sollten Sie sie durch Ausstreifen vollständig leeren. Ihre Hebamme zeigt Ihnen, wie das geht.

Sie können auch eine Handpumpe oder eine elektrische Pumpe verwenden, die Sie normalerweise in einer Apotheke oder Drogerie ausleihen können. Diese Geräte müssen nach jedem Gebrauch gründlichst gereinigt werden. Wenn Sie nach Bedarf stillen, stellt sich durch den Saugreiz Ihr Körper auf die

tatsächlich vom Kind benötigte Trinkmenge ein. Wenn Sie allerdings zu viel abpumpen, besteht die Gefahr der Überproduktion, die u. U. zum Milchstau und damit zu einer Brustentzündung führen kann.

### «Bäuerchen»

Nach dem Stillen sollte Ihr Kind aufstoßen, weil es möglicherweise mit dem Trinken Luft verschluckt hat.

▸ Bei der früher bevorzugt angewandten Methode lehnen Sie das Kind aufrecht an sich, das Köpfchen befindet sich dabei über Ihrer Schulter, und Sie warten das «Bäuerchen» ab. Wenn Sie sich dabei rhythmisch ein wenig vor- und zurückbeugen und dazu noch leicht auf seinen Rücken klopfen, fällt das Aufstoßen dem Baby leichter. Legen Sie am besten eine zusammengefaltete Windel oder ein Papiertaschentuch auf Ihre Schulter – denn möglicherweise spuckt Ihr Kind ein bisschen Milch beim Aufstoßen.

▸ Eine andere sehr gute Methode ist die folgende: Sie sitzen bequem mit übereinander geschlagenen Oberschenkeln (linker über rechtem) und legen das Kind mit seiner Brust quer auf den höher gelegenen Schenkel, sodass es nach links blickt. Nach einiger Zeit versucht es, sowohl den Kopf zu heben, um aktiv herumschauen zu können, als auch sich auf die Arme bzw. Ellbogen zu stützen. Diese Haltung regt das Aufstoßen an und stärkt zugleich die Nacken- und Rückenmuskulatur Ihres Kindes. Wechseln Sie nach der nächsten Mahlzeit ab: Sie tauschen den unten und oben liegenden Oberschenkel und lassen das Kind in die andere Richtung blicken.

### Mengenkontrolle

Ein Säugling sollte pro Tag die zum gesunden Wachstum erforderliche Trinkmenge bekommen. Wiegen Sie es nicht zu oft, die Kontrolle mit der Waage kann Sie unnötig nervös machen. Verlassen Sie sich lieber auf Ihren Eindruck: Wirkt Ihr Kind nach dem Trinken gesättigt und zufrieden? Nimmt es innerhalb von 14 Tagen so zu, wie es üblich ist? Schläft es mit zufriedenem Gesicht in Ihren Armen ein? Wenn Sie vor allem die beiden erstgenannten Beobachtungen machen, können Sie beruhigt sein – Ihr Kind wird hinreichend satt. In den ersten Tagen nach der Geburt verliert ein Kind Körpergewicht – es erreicht das Geburtsgewicht meist erst wieder ab dem 10. bis 14. Tag. Wiegen Sie Ihr Kind höchstens alle paar Tage, möglichst zur selben Tageszeit.

Folgende Trinkmengen gelten in den ersten Tagen für ein Kind mit durchschnittlichem Geburtsgewicht als normal: Am ersten Tag 60 g, am zweiten 120 g, am dritten 180 g, am vierten 240 g, am fünften 300 g, am sechsten 360, am siebten 420 usw. Das bedeutet eine tägliche Zunahme um 60 g gegenüber dem vorhergehenden Tag, allerdings nur bis zu ca. einem Sechstel seines Geburtsgewichts (wird ca. zwischen dem neunten und 14. Tag erreicht). In der folgenden Zeit bis zum dritten Monat einschließlich sollte dann täglich ca. ein Sechstel bis ein Fünftel des Körpergewichts an Trinkmenge aufgenommen werden, im zweiten Quartal ca. ein Siebtel bis ein Sechstel. Ist Ihr Kind bei der Geburt überdurchschnittlich leicht oder schwer, muss die Trinkmenge proportional zunächst entsprechend angepasst werden. Der Ausgleich von leichtem Über- oder Untergewicht erfolgt erst nach und nach.

## Wickeln vor oder nach dem Stillen?

Soll man vor oder nach dem Füttern wickeln? Für vorher spricht: In einer frischen Windel fühlt sich Ihr Kind wohler. Für das Wickeln nach dem Stillen: Während des Trinkens wird die Windel meist wieder nass.

Unser Vorschlag: Säubern Sie das Kind vor der Mahlzeit, legen Sie ihm eine trockene Windel zwischen die Beine und hüllen Sie es in eine Decke. Nach dem Stillen wird es dann richtig gewickelt. Falls Ihr Kind sehr zum Spucken neigt, sollten Sie jede unnötige Bewegung vermeiden. Das bedeutet, Sie sollten in diesem Fall besser vorher wickeln. Konsultieren Sie dazu Ihren Kinderarzt.

## Stillbüstenhalter

Auch daran sollten Sie denken: Schon im Verlauf der Schwangerschaft vergrößert sich die Brust. Tragen Sie daher keine einengenden Kleider, keine knappen Büstenhalter. Das gilt auch für die Zeit, in der Sie Ihr Kind stillen. In dieser Zeit tragen Sie am besten Stillbüstenhalter. Sie sind zwar nicht so schön, aber praktisch, weil man sie vorn öffnen kann; außerdem lassen sie sich auskochen. In den Büstenhalter geben Sie am besten ein keimfreies Tuch (Mullwindel) oder Stilleinlagen, um eventuell austropfende Milch aufzusaugen.

## Brustwarzen abhärten

Waschen Sie die Brustwarzen vom siebten Schwangerschaftsmonat an täglich zur Abhärtung zuerst warm, dann etwas kälter ab, rubbeln Sie sie mit einem Frottierhandtuch ab.

Cremes, besonders mit chemischen Inhaltsstoffen, sind überflüssig, weil die Talgdrüsen am Warzenhof genug Fett liefern. Zu empfehlen sind frische Luft, kurze Sonnenbäder, keine Seife, kein Shampoo!

## Ernährung der Mutter

Im Grunde gelten für die Ernährung während der Stillzeit die gleichen Regeln wie während der Schwangerschaft: Essen Sie, worauf Sie Lust haben! Mit anderen Worten und unter der Prämisse «gesunde Ernährung» etwas erweitert: Essen Sie vitaminreiche Normalkost mit viel Obst und Gemüse, trinken Sie, so viel Sie Durst haben, aber auch nicht mehr. Zu viel Saft von Zitrusfrüchten kann bei Ihrem Kind Durchfall auslösen. Ein bis zwei Tassen Schwarztee oder Kaffee vormittags und nachmittags schaden Ihrem Kind nicht – und dienen vielleicht Ihrem Wohlbefinden und der Aufmunterung.

Weit ist die irrige Meinung verbreitet, dass man besonders viel trinken solle, vor allem Malzbier, weil das die Milchdrüsen anrege. Damit werden Sie jedoch nicht viel erreichen, außer einer Gewichtszunahme. Die Wirkung von Alkohol, Rauchen (Nikotin), zu viel starkem Kaffee und Tee kann mit der Milch auf das Kind übertragen werden. Auch Medikamente können ihm Schaden zufügen (weisen Sie daher jeden Arzt, der Ihnen etwas verschreibt, darauf hin, dass Sie noch stillen). Vorsicht ist angebracht bei Hülsenfrüchten, Lauchgerichten u. a. blähenden Lebensmitteln, wenn Sie diesbezüglich empfindlich sind: Die darmaktivierende Wirkung kann sich schmerzhaft auf Ihr Kind übertragen.

## Schwierigkeiten beim Stillen

Im Gegensatz zu früher haben heute mehr Frauen mit Stillschwierigkeiten zu kämpfen. Die Ursachen dafür sind nicht genau erforscht. Ein Hauptgrund ist sicherlich die Verunsicherung, die psychische Anspannung: Da das Stillen ständig als Problem dargestellt wird, wird es für viele Mütter tatsächlich zum Problem. Sie fragen sich schon lange vor der Geburt: Werde ich genügend Milch haben? Wird es wehtun? Bin ich auch dann eine gute Mutter, wenn ich mein Kind nicht stille? Ist meine Brust zu klein? etc.

Sofort erfolgt nach der Geburt dann der bange Blick auf die Waage: Trinkt das Kind genug? Wann erreicht es sein Geburtsgewicht wieder? (In den ersten zehn Tagen verliert ein Kind oft bis zu zehn Prozent des Geburtsgewichts.)

Vergessen Sie alle diese Fragen und Zweifel! Machen Sie sich bewusst, dass Stillen ein natürlicher Vorgang ist und dass es (abgesehen von bestimmten Krankheiten, die Ihr Arzt Ihnen nennt) keine Frau gibt, die nach der Geburt keine Milch hat. Die Größe der Brust spielt dabei keine Rolle.

Wenn Sie Ihr Kind direkt nach der Geburt anlegen und es, vor allem am Anfang, stillen, wenn es Hunger hat, nimmt es sich alles, was es braucht. Das Saugen stimuliert die Milchproduktion. Und wenn Sie es nach Bedarf abtrinken lassen, werden Sie auch kaum Probleme mit Milchstau und Brustentzündungen bekommen.

Um Schwierigkeiten zu vermeiden oder Probleme zu beheben, können Ihnen folgende Hinweise helfen:

▸ Bei Flach- und Hohlwarzen hilft Ihnen entweder ein Saughütchen oder Sie drücken die Milch mit einer elektrischen Pumpe oder Handpumpe ab und geben sie mit der Flasche.
▸ Bei kleinen Hautrissen an der Brustwarze lassen Sie sich am besten ärztlich beraten und achten noch ein wenig mehr auf Sauberkeit, um eine Brustentzündung (Mastitis) zu vermeiden, die sehr schmerzhaft werden kann.
▸ Auch das Kind kann «Schwierigkeiten» haben. Schläft es ein, wenn Sie es angelegt haben? Dann lassen Sie ihm Zeit. Das Saugen ist eine anstrengende Sache (besonders für frühgeborene und schwache Kinder). Sie können zwar die Milch auch abpumpen und mit der Flasche (mit einem kleinen Saugloch) geben. Aber Vorsicht: Gerade das Saugen ist es, was die Kieferpartie kräftigt. Geben Sie also Ihrem Kind Zeit zum «Training».
▸ So genannte «trinkfaule» Kinder, die die Brust nicht leer trinken, haben meist einfach einen anderen Rhythmus. Sie trinken häufiger, was sich u. U. auch auf die Verdauung günstig auswirkt. Handelt es sich tatsächlich gelegentlich um «Trinkfaulheit», verlängern Sie die Pause zwischen zwei Mahlzeiten oder setzen eventuell auch mal mit einer Mahlzeit aus, wenn das Kind kräftig ist. Geben Sie ihm dann nur etwas Tee; bei der nächsten Mahlzeit hat es sicher mehr Hunger.
▸ Sollte es mit dem Stillen nicht

klappen, verzweifeln Sie nicht. Auch mit dem Fläschchen können Sie Ihrem Kind (fast alles) geben, was es für eine gute Entwicklung braucht. Das gilt auch, wenn Sie von vornherein wissen, dass sie nicht stillen dürfen, weil sie an einer Krankheit leiden (z. B. akuter, fieberhafter Erkrankung mit Antibiotika-Behandlung).

Weitere Informationen und Materialien erhalten Sie auf Anfrage bei der «Arbeitsgemeinschaft freier Stillgruppen, AFS, Bundesverband e.V., Postfach 1112, 76141 Karlsruhe, Tel. 0931–573493 (oder 09331–3394).

## Abstillen

Während der Schwangerschaft haben sich die Drüsenkörper in der Brust vergrößert. Abruptes Abstillen kann zu ihrer Entzündung führen. Oder sie schrumpfen zu schnell und hinterlassen Hohlräume im Fettgewebe, die Brust verliert ihren Halt. Daher sollten Sie, wenn Sie normal abstillen wollen, es möglichst langsam tun, indem Sie zuerst eine Mahlzeit pro Tag durch andere Kost ersetzen, danach zwei Mahlzeiten usw. Stillen Sie möglichst nicht in den heißesten Wochen des Sommers ab, weil in dieser Zeit besondere Durchfallgefahr für das Kind besteht.

Eine neue Schwangerschaft steht dem Stillen nicht entgegen, allerdings lehnen manche Kinder die Muttermilch dann ab, weil sie sich geschmacklich ändert. Nur bei schwerwiegenden Krankheiten, z. B. HIV-Infektion oder bei Mammakarzinom, ist Abstillen nach ärztlicher Auffassung dringlich.

Hier noch einige Aussagen von Müttern zum Stillen über 6 Monate hinaus, zitiert aus der Broschüre der Bundeszentrale für gesundheitliche Aufklärung «Stillen und Muttermilchernährung» (2001):

«– Ab dem sechsten Monat habe ich gleichzeitig mit Zufüttern begonnen und Fläschchen gegeben. Das Bedürfnis nach der Brust nahm langsam ab. Zum Schluss (mit ca. elf Monaten) bevorzugte es die Flasche.

– Erik war neun Monate, als ich ihn abstillte. Ich fühlte mich zu abhängig, weil ich ohne Kind nicht längere Zeit weg konnte.

– Sie trinkt mit ihren elf Monaten nur noch morgens, mittags, abends und nachts nach Bedarf an meiner Brust. Ich sehe nicht ein, warum ich jetzt auf einmal Fläschchen kochen soll. Ich finde es schön, wenn sie die körperliche Nähe genießt.»

# Die Mahlzeit
## aus der Flasche

## Ernährung mit Fertigprodukten

Nach dem Abstillen stellt sich die Frage nach der besten Ernährung für die Folgezeit. Das Argument, dass selbst zubereitete Nahrung gesünder sei als Fertignahrung, trifft heute nicht mehr allgemein zu. Die Hersteller von Kindernahrung haben eigene Anbaukulturen, in denen keines der Pflanzenschutzmittel verwendet werden darf, die heute noch oft in Gemüsen und Früchten enthalten sind (Ausnahme: Reformhauskost und die Produkte von Herstellern wie Demeter, Bioland u. a. – aktuelle Information darüber z. B. durch die Verbraucherzentralen).

Mit der Fertignahrung sparen Sie nicht nur viel Zeit (sie lässt sich schnell zubereiten, häufig muss sie bloß erwärmt werden), sie hat auch den Vorteil, dass sie absolut keimfrei ist und die richtige und immer gleiche Zusammensetzung aufweist. Die selbst zubereitete Speise hat den Nachteil, dass sie eher Bakterien enthält (deshalb nie aufwärmen, sondern immer frisch zubereiten) oder dass wertvolle Stoffe, insbesondere Vitamine, durch weniger schonende Zubereitung zerstört sind.

Im Folgenden können Sie sich über die Grundlagen der Ernährung im ersten Lebensjahr informieren. Auf die Zusammensetzung der Nahrungsmittel kann allerdings nicht im Einzelnen eingegangen werden. Wenn Sie Fertignahrung kaufen – der Markt bietet eine große Auswahl –, richten Sie sich nach den empfohlenen Mengen pro Fläschchen, die auf der Packung angegeben sind.

Dieser Hinweis ist wichtig, weil es sonst zu Ernährungsfehlern kommen kann. Ein Beispiel: Wenn Sie weniger Wasser bei der Zubereitung

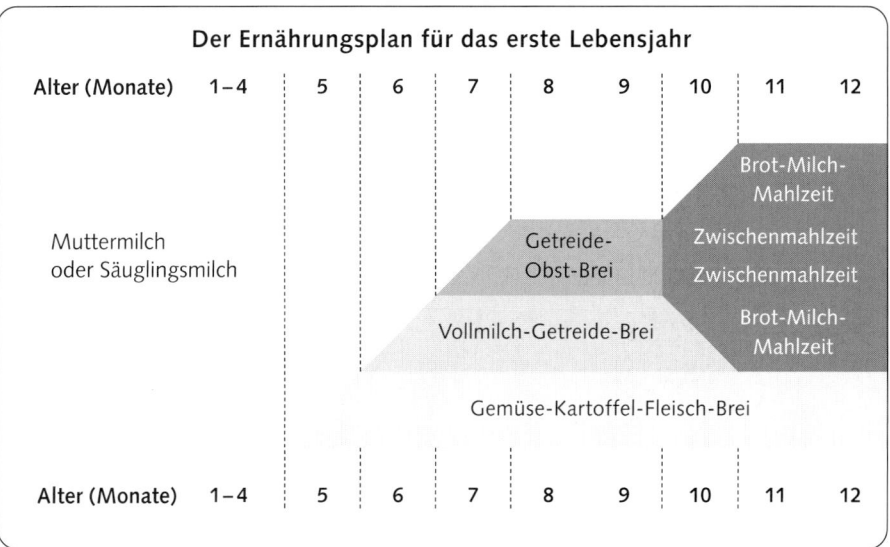

Der Ernährungsplan für das erste Lebensjahr

| Alter (Monate) | 1–4 | 5 | 6 | 7 | 8 | 9 | 10 | 11 | 12 |

Muttermilch oder Säuglingsmilch

Brot-Milch-Mahlzeit

Getreide-Obst-Brei

Zwischenmahlzeit

Zwischenmahlzeit

Vollmilch-Getreide-Brei

Brot-Milch-Mahlzeit

Gemüse-Kartoffel-Fleisch-Brei

| Alter (Monate) | 1–4 | 5 | 6 | 7 | 8 | 9 | 10 | 11 | 12 |

*Übersicht zur Ernährung im ersten Lebensjahr, (Aus FKE 99) FKE: «Forschungsinstitut für Kinderernährung»*

verwenden, als vom Hersteller empfohlen ist, kann Ihr Kind leicht an Durst leiden – wenn Sie das dann durch mehr Getränke auszugleichen versuchen, erhält es zu viel Nahrung (z. B. Kohlenhydrate).

Aus der obigen Übersicht können Sie wichtige Informationen entnehmen. Sie finden hier, bezogen auf die Lebensmonate Ihres Kindes, Hinweise auf den geeigneten Nahrungsaufbau. Wie schon oben betont, ist bis zum Ende des sechsten Lebensmonats die beste Ernährung durch Muttermilch zu erreichen. Können Sie nicht so lange stillen, verwenden Sie ersatzweise in den

ersten drei Lebensmonaten eine Säuglingsmilch mit dem Zusatznamen Pre (vor dem Namen des Herstellers oder danach), in der Zeit vom vierten bis sechsten Lebensmonat eine Typ-1-Säuglingsmilch (die Eins steht in aller Regel hinter dem Namen des Herstellers).

Ab dem siebten Lebensmonat wird Vollmilch oder Folgemilch (Typ-2-Milch) empfohlen, vom fünften Lebensmonat an ergänzt durch Beikost (s. S.116 ff.).

## Anfangsnahrung («Pre» und Typ 1)

**Säuglingsmilchen: Pre-Nahrungen.** Wenn Sie nach wenigen Wochen bereits abstillen wollen oder müssen, kann Ihr Kind mit Pre-Nahrung (früherer Begriff: adaptierte Säuglingsmilch) die meisten wichtigen Nahrungsstoffe in den benötigten Mengen erhalten (Angaben pro 100 ml, nach Niessen 1995):

- Eiweiß 1,4–1,8 g,
- Fett 3,3–4,2 g,
- Laktose (Milchzucker) 6,3–7,9 g,
- Mineralstoffe bis 0,39 g,
- Gesamtkaloriengehalt 67–75 kcal

Aber Eiweiß ist nicht gleich Eiweiß und Fett nicht gleich Fett. Auf die ziemlich komplizierten Bestandteile im Einzelnen soll hier nicht eingegangen werden. Sie können sich anhand der Packungsaufschriften über die von Zeit zu Zeit geringfügig wechselnden Zusammensetzungen und Zutaten orientieren, z. B. über die zusätzlich beigegebenen Vitamine.

Die in den Säuglingsmilchnahrungen versuchte Angleichung an die Zusammensetzung der Muttermilch ist für einige Bestandteile durchaus befriedigend, für andere, ebenfalls wichtige, noch unzureichend (z. B.

im Hinblick auf den Aufbau des Immunsystems). Deshalb ist die Empfehlung, mehrere Monate zu stillen, nach wie vor wichtig. Mit der Muttermilch erhält ein Kind lebensnotwendige Abwehrstoffe, gewissermaßen ein natürliches «Gesundheitspaket». Noch eine Überlegung: Muttermilch ist sicher täglich ein wenig anders zusammengesetzt, vielleicht sogar in Abhängigkeit vom Kind – wie soll das industriell erzeugte Nahrung je ermöglichen? Ab einem bestimmten Zeitpunkt nimmt das Kind ja selbst Einfluss auf die aufgenommene Nahrungsmenge (und individualisiert so seine Nahrung): Von diesem isst es mehr, von jenem weniger.

Es ist natürlich möglich, Stillen und Fertignahrung miteinander zu verbinden. Wenn Sie am Ende der Stillperiode Ihr Kind mit Muttermilch nicht mehr ausreichend ernähren können, wenn Sie langsam abstillen oder wenn Sie aus anderen Gründen (z. B. Arbeit) nicht voll stillen, dann können Sie eine oder zwei (Still-)Mahlzeiten in den ersten drei Monaten durch eine Pre-Nahrung ersetzen.

Nicht zu empfehlen ist, Halbmilch (zubereitet auf Kuhmilchbasis) als Ersatz zu verwenden. Die dabei gegebenen Mischungsverhältnisse der Hauptbestandteile entsprechen denen der Muttermilch zu wenig, und die Empfehlungen zur «Aufbesserung», z. B. durch Zugabe von wichtigen Fettanteilen, bringt nur eine unwesentliche Verbesserung bei einem Bestandteil.

**Säuglingsmilchen – Typ 1.** Wenn Sie nicht mehr voll oder überhaupt nicht mehr stillen, können Sie Ihrem Kind vom vierten bis einschließlich zum sechsten Lebensmonat als Grundnahrungsmittel eine Säuglingsmilch vom Typ 1 geben. In jeweils 100 ml Zubereitung sind nach verschiedenen Empfehlungen, u. a. der Deutschen Ernährungskommission, die folgenden Anteile enthalten:

– Eiweiß bis 2,0 g,
– Fett 3,0–3,8 g,
– Kohlenhydrate 5,4–8,2 (dieser obere Wert wird von einigen Herstellern überschritten),
– Mineralstoffe bis 0,45 g,
– Gesamtkaloriengehalt 67–75 kcal.

**Folgenahrung – Typ 2.** Ab dem siebten Lebensmonat erhält ein Baby in aller Regel als Flaschennahrung eine Typ-2-Nahrung (an den Herstellernamen angehängte Bezeichnung). In jeweils 100 ml Zubereitung sind nach den Richtlinien der Europäischen Union die folgenden Anteile enthalten:

- Eiweiß 1,5–3,0 g,
- Fett 2,2–4,4 g,
- Zucker 4,8–9,5 (z. B. als Milch- oder Fruchtzucker),
- Gesamtkaloriengehalt 60–80 kcal.

Damit sind die Anteile an Nahrungsstoffen gegenüber den Säuglingsmilchen vom Typ 1 deutlich erhöht. Folgenahrung vom Typ 2 sollte deshalb keinesfalls vor dem fünften Lebensmonat gegeben werden.

## Allergenarme Nahrung und therapeutische Nahrungen

Es gibt eine Reihe von Säuglingsanfangsnahrungen und -folgenahrungen, die allergenarm ist. Bitte lassen Sie sich über diese Produkte in Apotheken und Drogerien nach einer Beratung durch Ihren Kinderarzt informieren.

Manche Kinder reagieren allergisch auf Stoffe der Umwelt (z. B. Blütenpollen), auch auf bestimmte Nahrungsmittel. Lange bekannt ist die Abwehrreaktion auf Kuhmilch (Allergien treten mittlerweile bei 25 Prozent der Kinder auf; vgl. Wahn u. Wahn 1998).

Als Folge der Allergie wird die Nahrung nicht richtig aufgenommen bzw. verarbeitet, es kommt zu Verdauungsstörungen, es entsteht ein juckendes Ekzem auf der Haut usw. Allergische Reaktionen bei Muttermilch sind sehr selten. Je länger Sie Ihr Kind ausschließlich von Muttermilch ernähren, desto höher ist die Wahrscheinlichkeit, dass es auch später von Allergien verschont bleibt.

Im Fall einer Kuhmilchallergie muss ein Kind Nahrungsmittel ohne Kuhmilchanteile bekommen. Einige Präparate sind z. B. auf Sojabasis hergestellt. Halten Sie angesichts einer Allergie Ihres Kindes unbedingt Kontakt zum Kinderarzt.

## Nahrungsmengen

Die pro Tag geeignete Nahrungsmenge für ein Kind hängt in erster Linie von seinem Körpergewicht ab. Als Faustregel gilt ein Sechstel bis ein Fünftel des Körpergewichts als geeignete Menge in der Zeit zwischen der dritten Lebenswoche bis zum Beginn des vierten Lebensmonats, von da an bis zum Beginn des siebten Lebensmonats rechnen Sie mit ca. einem Siebtel bis einem Sechstel des Körpergewichts (vgl. auch oben).

Wenn Sie nicht mehr stillen, halten Sie sich möglichst an die Empfehlungen der Säuglingsnahrungshersteller.

## Die Zubereitung der Flaschennahrung

Die Zusammensetzung der Säuglingsnahrungen ist auf die Bedürfnisse eines Kindes, bezogen jeweils auf das Alter, abgestimmt – deshalb sollten Sie sich genau an die empfohlenen Dosierungen bzw. Mengenangaben halten. Glauben Sie nicht, dass das Hinzufügen weiterer Zutaten das Gedeihen Ihres Kindes unterstützen wird – eher das Gegenteil könnte passieren, vielleicht wird es z. B. zu dick, es wächst zu schnell, oder es erhält relativ zu wenig Flüssigkeit.

### Milchmischungen

Vielfach wird in Empfehlungen zur Ernährung auch auf die verschiedenen Möglichkeiten der Milchmischung eingegangen. Wir verzichten in diesem Buch darauf, weil die Ernährung eines Babys durch die Angebote der Babynahrungshersteller besser gesichert ist als durch die selbst gemixte Milch. Abgesehen von der Gefahr der Bakterienbildung, des Zerkochens wertvoller Nahrungsbestandteile und der mühsamen Zubereitung ist auch nicht genügend gewährleistet, dass die Mischungen in ihren Proportionen stimmen.

### Rohmilch

Roh- oder Vorzugsmilch (ohne Behandlung «ab Hof») sollte für Kinder im ersten Lebensjahr nicht verwendet werden, weil die Gefahr der Verunreinigung und damit einer Infektion nicht auszuschließen ist. Sie müsste zur Sicherheit aufgekocht werden und würde dabei die wertvollen Anteile verlieren.

### Teilentrahmte (fettarme) oder entrahmte Milch

Diese Milch ist für Babys grundsätzlich nicht geeignet. Sterilisierte Milch ist für Babys ebenfalls ungeeignet, ebenso kondensierte Milch (auch bei Verdünnung).

## Hat Ihr Baby Durst?

Ihr Kind kann, wenn es die zum gesunden Aufwachsen benötigten Nahrungsmengen bekommt, dennoch Durst haben, weil es Fieber hat, weil es Durchfall oder erbrochen hat, weil es geschwitzt hat, weil es leicht bekleidet an der warmen, frischen Luft war. Dann geben Sie ihm am besten abgekochtes Wasser oder, falls Ihnen das etwas zu «einfach» erscheint, einen leichten, ungesüßten Kindertee.

Säfte sollten Sie eher vermeiden: Sie sind meist zu sehr gesüßt. Auch nicht jedes Mineralwasser ist geeignet – allenfalls ein stilles. Achten Sie auf einen besonderen Hinweis des Herstellers: «für Säuglinge geeignet».

## Wichtige Tipps:

▸ Kochen Sie die für den Tag voraussichtlich benötigte Menge Wasser morgens unbedingt ein bis zwei Minuten ab. Wenn Sie alte Wasserleitungen haben: Lassen Sie das Wasser zunächst längere Zeit fließen, bis das in den Leitungen über Nacht abgestandene Wasser, das Schadstoffe wie z. B. Blei enthalten kann, abgeflossen ist.

▸ Erwärmen Sie die Nahrung vor Gebrauch im Wasserbad. Prüfen Sie die Temperatur der Flasche eine halbe Minute, nachdem Sie sie gut geschwenkt oder etwas geschüttelt haben. Wenn Sie zu viel schütteln, kommt Luft in die Nahrung, und Ihr Kind schluckt sie mit der Nahrungsaufnahme: Das kann zu Verdauungsproblemen führen. Am besten ist es, wenn Sie die Flasche an das geschlossene Augenlid halten. Bei Erwärmung in der Mikrowelle ist besondere Vorsicht erforderlich: Während die Milch innen in der Flasche stark erhitzt sein kann, fühlt sie sich außen u. U. richtig temperiert an.

# Jetzt wird der Speiseplan reichhaltiger

Gesunde Ernährung ist für das Wohlergehen und die normale körperliche Entwicklung Ihres Kindes außerordentlich wichtig. Dabei steht vielfach eine schwierige Entscheidung für Sie an: Wie viel Nahrung bereite ich selbst zu, wie viel Fertignahrung will ich verwenden?

Wenn Sie selbst ausgezeichnete Lebensmittel einkaufen können (einerseits Kostenfrage, andererseits auch eine Frage der Entfernung zu entsprechenden Geschäften), ist selbst zubereitetes, stets frisches Essen sicher eine hervorragende Entscheidung.

Gleichzeitig darf nicht übersehen werden, dass die industriell hergestellte Fertigkost auch hohen Ansprüchen genügt: Die Produkte stammen aus eigenen Anbaugebieten oder zumindest aus gut kontrollierten Anbaugebieten, die Anteile der verschiedenen Zutaten sind sorgfältig kontrolliert und abgestimmt mit den Richtlinien der Europäischen Union sowie mit anderen Organisationen, z. B. der Deutschen Gesellschaft für Ernährung. Eine pauschale Empfehlung ist also nicht möglich: Schließlich geht es auch um Ihre Zeit und die Freude, die Sie am Arbeiten in der Küche haben.

## Beikost

Wenn Sie Ihr Baby in den ersten Monaten stillen, brauchen Sie keine zusätzliche Beikost anzubieten. Die Ernährung durch Muttermilch oder Säuglingsmilchnahrung reicht völlig aus. Die einzige notwendige Ergänzung ist die tägliche Tablette mit Vitamin D gegen Rachitis (evtl. mit dem Fluorid-Zusatz gegen Karies). Mit der Beikost wird der Übergang zur Gemischtkost langsam eingeleitet, die dem Organismus eine breitere Palette von Nahrungsstoffen bietet und die Darmtätigkeit anregt.

Wenn Sie ökologisch einwandfreie, unbehandelte Nahrungs- bzw. Lebensmittel kaufen wollen, können Sie die Produkte der folgenden Hersteller bzw. Vertriebsfirmen berücksichtigen: ANOG e.V., Biokreis e.V., Bioland e.V., Biopark e.V., Demeter Bund e.V., ECO VIN e.V., Gäa e.V., Naturland e.V., Ökosiegel e.V. Einige dieser Hersteller bzw. Vertriebsfirmen sind als Mitgliedsverbände in der Arbeitsgemeinschaft ökologischer Landbau e.V. (AGÖL) (Tel.: 030–23 45 86 50, Berlin) zusammengeschlossen – dort können Sie auch weiter gehende Informationen erhalten.

Darüber hinaus gibt es Einzelbetriebe (vielleicht sogar in Ihrer Nähe), die nach ökologischen Prinzipien Nahrungsmittel erzeugen.

## Zeitplan

Nach folgendem Zeitplan soll die Beikost bis zum siebten Monat begonnen und gesteigert werden (vgl. Abbildung S. 110):

– Zwischen dem vierten und fünften Monat ist immer noch Stillen zu empfehlen, ersatzweise reicht die Säuglingsmilch Typ Pre oder Typ 1 aus (wenn Sie z. B. Muttermilch bei ein oder zwei Mahlzeiten durch Säuglingsmilch ersetzen).

– Ab dem fünften Monat ist als Ergänzung zur Milch ein Gemüse-Kartoffel-Fleisch-Brei oder Obstmus erforderlich.

– Ab dem sechsten Monat sollte dazu noch ein Vollmilch-Getreide-Brei gegeben werden.

– Ab dem siebten Monat kommt zusätzlich ein Getreide-Obst-Brei (milchfrei) hinzu.

## Getränke als Beikost

**Abgekochtes Wasser** hilft auch Babys gegen Durst, wenn es im Sommer z. B. besonders heiß ist, das Baby geschwitzt hat oder weil die Luft im Winter zu trocken ist. Die Zugabe von Zucker sollte vermieden werden (Kariesprophylaxe)!

**Babytees** sind schon eine Art Beikost, weil sie meist Zusatzstoffe enthalten, die die vorgesehene Ernährung des Babys auch stören können (z. B. zu viele Kohlenhydrate, zu viel Zucker). Es sollte jedenfalls vermieden werden, dass Kinder zu lange süße Tees nuckeln – damit bleiben die Zähne allzu lange in einem sie schädigenden Milieu, und die natürliche Reinigung des Mundes durch den Speichel unterbleibt.

**Säfte:** Neben den industriell hergestellten Säften, die insbesondere durch Vitamin C (ca. 50–70 mg pro 100 ml) sowie durch Vitamine der

B-Gruppe angereichert sind, eignen sich Säfte, die aus den folgenden Früchten hergestellt sind: Karotten, rote und schwarze Johannisbeeren, Birnen, Himbeeren, Äpfel. Verwenden Sie zum Auspressen grundsätzlich nur frisches Obst und Gemüse, das garantiert nicht mit schädlichen Pflanzenschutzmitteln behandelt worden ist (bekommen Sie z. B. im Reformhaus).

Bei der Gabe von Obstsäften sollten Sie die folgenden Tipps beachten:

▸ Mit Fruchtsäften erhält Ihr Kind zusätzlich wichtige Vitamine (bei vollständiger Ernährung durch Stillen in den ersten Monaten nicht erforderlich). Wenn Sie noch stillen, sollten Sie den Obstsaft mit dem Teelöffel geben (sonst über das Fläschchen mit kleinem Saugerloch, damit Ihr Kind das Getränk nicht müheloser erhält als die «selbst erarbeitete» Muttermilch).

▸ Beginnen Sie nach dem Abstillen damit, täglich einen halben bis ganzen Teelöffel Saft zu geben, dann jede Woche einen Teelöffel mehr.

▸ Wenn Ihr Kind die Obstsäure vom Löffel ablehnt, können Sie den Saft ab dem fünften Monat verschiedenen Breien beimischen.

▸ Verwenden Sie möglichst wenig Zucker wegen der Karies-Gefahr.

▸ Wenn Sie zu viel Karottensaft geben, bekommt Ihr Kind eine gelblich-bräunliche Gesichtsfarbe.

▸ Bei zu viel Obstsäften können Hautveränderungen auftreten: Pickelchen im Gesicht, Wundsein am Gesäß und zwischen den Beinen. Geben Sie weniger Saft, wenn der Stuhl danach auffällig scharf riecht.

▸ Steinobstsäfte (Pflaumen, Kirschen) können eine Verstopfung beenden, weil Säuglinge diese Obstsäfte im Allgemeinen nicht gut vertragen.

▸ Verwenden Sie keine stark geschwefelten oder künstlich konservierten Säfte.

## Breikost

### Karotten-Brei, Karotten-Kartoffel-Brei und Gemüse-Kartoffel-Fleisch-Brei – selbst zubereitet

Sorgfältig ausgelesenes und gewaschenes Gemüse (Karotten, Kartoffeln, später auch Blumenkohl, Erbsen, junges Kohlrabigemüse, Spinat – letzteren allerdings nur von kontrolliertem Anbau oder als Fertigprodukt) zehn bis 20 Minuten lang mit wenig Wasser dünsten; gebratenes oder gekochtes Fleisch (z. B.

Rind, Kalb, Schwein, Geflügel im Wechsel) fein pürieren; Gemüse mit dem vitaminreichen Gemüsewasser fein zerdrücken und durch ein Sieb passieren, Butter und Fleisch zugeben und alles gut mischen.

Grundsätzlich soll keiner Speise Salz zugegeben werden, da die verschiedenen Nahrungsmittel genügend Salzanteile enthalten.

Nach folgendem Zeitplan können Sie Ihr Kind an die Breikost gewöhnen:
– Beginnen Sie ab dem fünften Monat für einige Tage mit einem Karotten-Brei (bis 100 g).

– Fahren Sie für einige weitere Tage fort mit einem Karotten-Kartoffel-Brei (100 g Karotten und 50 g Kartoffeln).
– Gehen Sie dann über zu Gemüse-Kartoffel-Fleisch-Brei mit den folgenden Mengenanteilen: 100 g Gemüse, 50 g Kartoffeln, 25 g Fleisch (ab dem sechsten Monat bis zu 35 g steigern), sechs bis neun Gramm Butter.

Mindestens ein- bis zweimal pro Woche sollten Sie jetzt Ihrem Kind Fleisch geben und einmal wöchentlich ein Eigelb. Wenn Ihr Kind bleich wirkt und möglicherweise Eisenmangel vorliegt, fragen Sie bitte Ihren Kinderarzt.

Wenn Sie mit der Breikost wie oben beschrieben beginnen, geben Sie die ersten Male zunächst nur eine Viertelportion und steigern Sie dann innerhalb von drei bis vier Wochen kontinuierlich auf die Gesamtmenge.

> Sehr wichtig: Kein Nahrungsmittel soll aufgewärmt werden (das gilt nicht nur für Spinat). Nur frisch zubereitete Nahrung ist hinreichend keimfrei. Allerdings kann das Fleisch als große Portion gedünstet und anschließend portioniert werden, wenn Sie schockgefrieren können!

## Obstmus

Aus geriebenen Äpfeln und zerdrückten Bananen können Sie ein Mus zubereiten, das Ihrem Kind sicher sehr gut schmeckt und bekömmlich ist. Diese und andere Musarten sind eine gute Ergänzung zum Gemüse-Kartoffel-Fleisch-Brei, sie können ab dem fünften Monat gegeben werden. Ihr Kind erhält auf diese Weise wichtige Vitamine und Spurenelemente. Achten Sie besonders darauf, ob Ihr Kind als Reaktion einen zu scharfen Stuhl ausscheidet, der die Haut angreift (dann etwas weniger Obstmus geben und jeweils möglichst rasch im Anschluss an das «Geschäftchen» frisch wickeln).

## Vollmilch-Getreide-Brei

Ab dem sechsten Monat gibt man als Abendessen am besten einen Vollmilch-Getreide-Brei. Er besteht aus 200 g Milch, die aufgekocht wird, und den Zugaben von einem Teelöffel Zucker sowie 20 g Vollkornflocken (Buchweizen, Weizengrieß, Reisflocken oder Haferflocken), die Sie unter gleichmäßigem Rühren dazugeben. Dies Getreide muss ca. zwei bis vier Minuten weich gekocht werden. Dann nochmals gut verrühren. Bieten Sie diesen Brei mit dem Löffel an, das dient ganz nebenbei auch der Sprachförderung: Ihr Kind übt seine «Mundwerkzeuge» zu beherrschen.

## Getreide-Obst-Brei

Nachmittags kann Ihr Kind ab dem siebten Monat einen Getreide-Obst-Brei bekommen. Damit wird die dritte Milchmahlzeit ersetzt, und das Baby erhält nur noch morgens eine Milchflasche. 100 g kochendes Wasser werden in einen Teller zu 20 g Instant-Haferflocken gegeben, ein fein geriebener Apfel und zwei bis drei fein zerdrückte Erdbeeren werden dazugemischt. Schließlich rührt man noch zehn Gramm Butter dazu (nach v. Cramm 1991).
Wenn Sie statt des Apfels eine Banane und statt der Instant-Hafer-

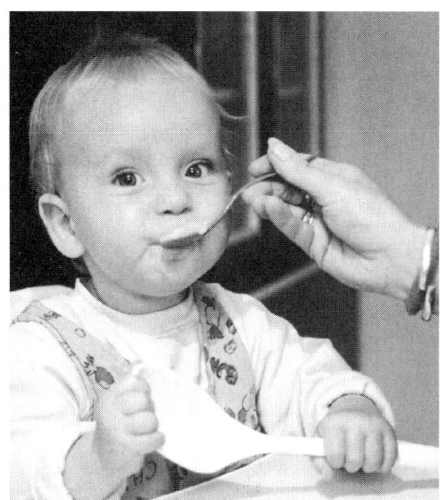

flocken 20 g Weizenflocken nehmen, haben Sie eine wohlschme-
ckende Variante, den Bananenbrei.

Bei der Zubereitung des Obstbreis
beachten Sie bitte:

▸ Wenn Sie im Winter kein frisches, unbehandeltes Obst oder
Gemüse erhalten, gleichen Sie
das durch Fertiggemüse und
Obstsäfte aus.

▸ Schälen Sie alle gespritzten Äpfel,
weil sich in den Schalen oft erhebliche Schadstoffmengen ge-
speichert haben. Vielleicht haben
Sie einen eigenen Garten, in dem
nicht gespritzt wird, den Sie
künftig vielleicht mehr aktivieren
können?

## Mit dem Löffel essen

Wenn Sie ab dem fünften Monat
beginnen, eine der Milchmahlzeiten
durch einen Brei zu ersetzen, muss
Ihr Kind erst lernen, dass die Nahrung vom Löffel genauso gut
schmeckt wie von der Brust oder
aus der Flasche. Zeigen Sie ihm
mehrmals deutlich, wie Sie selbst
von einem Löffel essen, und geben
Sie ihm dann den Brei mit einem
möglichst flachen Plastik- oder
Eierlöffel. Zunächst nimmt es vielleicht nur ein oder zwei Löffelchen
an. Dann sollten Sie Geduld aufbringen und warten, bis es besser
geht. Sie sollten es ruhig jeden Tag
einmal probieren – nach spätestens
14 Tagen nimmt Ihr Kind den Löffel
genauso gern wie die Flasche!

## Kräftigende Zugaben

Abgesehen von der Flaschenmahlzeit, den Breien und der Beikost können Sie den Ernährungsplan ab dem siebten Monat Ihres Kindes noch durch folgende Nahrungsmittel erweitern:

**Eigelb:** Für die Produktion der roten Blutkörperchen benötigt ein Kind Eisen. Im Eigelb ist Eisen in größeren Mengen vorhanden. Geben Sie ihm pro Woche einen Teelöffel voll Eigelb als Zugabe zu den Breien.

Wenn Ihr Kind allergisch gegen Eigelb ist, können Sie eine Fertignahrung verwenden, die Eisen in den nötigen Mengen enthält. Eiweiß ist weniger leicht verträglich als Eigelb, lassen Sie es deshalb ggf. weg. Die meisten Kinder vertragen gekochtes Eigelb (auch als hartes Ei) besser als rohe Eier.

**Vollmilch-Quark:** Er enthält besonders leicht verdauliches Fett und fünfmal so viel Eiweiß wie Milch. Beachten Sie, dass Ihr Kind etwas weniger Milch benötigt, wenn Sie auch Quark geben.

## Junior- und Kleinkinderkost

Die in den Kapiteln «Beikost» und «Breikost» genannten Getränke und Speisen können bis zum Ende des ersten Lebensjahres gegeben werden und reichen zum gesunden Gedeihen Ihres Kindes aus.

Ab dem achten oder neunten Monat können Sie allerdings auch einige Anteile Ihres eigenen Menüs, z. B. mittags, anbieten. Sie müssen sicher dieses Essen zerkleinern – aber Sie ersparen sich so die Zubereitung einer speziellen Baby-Mahlzeit.

In keinem Fall darf es sich bei dieser Kost um aufgewärmtes Essen handeln, auch eignet sich ein für den Erwachsenen normal gesalzenes oder scharfes Gericht wenig: Nehmen Sie also vor dem Würzen die benötigte Menge für Ihr Kind beiseite.

Ab dem zehnten oder elften Monat schließlich kann ein Kind oft auch schon ein dünnes Butterbrot mit weicher Wurst zum Frühstück bekommen, wenn es lange genug geübt hat, dünne Brotscheiben zu lutschen und zu kauen.

Somit erreichen Sie bald eine Speisenfolge, die der des Erwachsenen in wesentlichen Teilen angeglichen ist: Frühstück, Mittagessen und Abendessen mit einer Stärkung zwischendurch am Vor- und am Nachmittag.

# Essen und Trinken

## macht allen Kindern Spaß

### Die Flasche

#### Haltung beim Fläschchengeben

Zum Füttern setzen Sie sich in
einen bequemen Stuhl und halten
Ihr Kind locker im Arm. Sein Köpfchen liegt in Ihrer linken Armbeuge, die Flasche halten Sie dabei
in der rechten Hand – bei der
nächsten Mahlzeit umgekehrt, damit Ihr Kind nicht eine einseitige
Vorliebe entwickelt. Halten Sie die
Flasche immer recht steil. So vermeiden Sie, dass es Luft mitschluckt
und deshalb zu heftig aufstoßen
muss. Sein «Bäuerchen» lassen Sie
Ihr Kind nach dem Trinken machen
(vgl. S. 104).

#### Temperaturkontrolle

Wichtig ist die richtige Wärme der
Nahrung. Prüfen Sie deshalb die
Flasche an Ihrem geschlossenen
Augenlid: Sie sollte sich eine halbe
Minute nach leichtem Schütteln an-
genehm warm anfühlen. Kosten Sie
nicht selbst mit dem Mund.

#### Größe des Saugerlochs

Wenn das Saugerloch zu groß ist,
trinkt Ihr Kind zu schnell. Wechseln
Sie den Sauger gegen einen anderen
mit einem kleineren Loch aus. Das
ist besonders wichtig, wenn Sie zugleich noch stillen – Ihr Kind sollte
sich bei Brust und Flasche gleich
anstrengen müssen, sonst verwei-
gert es bald Ihre Brust.

#### Zeitaufwand

Nehmen Sie sich anfangs zum Füttern mit der Flasche bis zu 15 Minuten Zeit. Bedenken Sie, dass sich
Ihr Kind, wenn Sie es von der Brust
auf die Flasche umstellen, erst mit
der neuen Trinkweise vertraut machen muss.

### Die richtige Nahrungsmenge

Vergessen Sie nie, dass Ihr Kind ein
lebendiger Organismus ist und kein
Automat: Erst nach einer gewissen
Zeit wird es sich (vielleicht) an den

für Sie praktischen Vierstunden-
rhythmus tagsüber bei der Nahrungsaufnahme gewöhnen. Dringen
Sie nicht darauf, dass Ihr Kind
«seine Portion» leer trinkt, auch
wenn es anfangs nur wenige Zentimeter Milch aus der Flasche saugt.
Wenn es Hunger hat, wird es sich
schon melden.

### Überfütterung

Reichern Sie die Fertignahrung
nicht durch vermeintlich verbes-
sernde Zusätze (Ei, Zucker) an, weil
der Körper Ihres Kindes dadurch
nur aufgeschwemmt und dick
würde. Wenn es für sein Alter zu
schwer ist (siehe Gewichtstabelle
S. 276 f. – Kontrolle einmal pro Monat), verringern Sie die Anteile von
Kohlenhydraten und Fett etwas und
bringen Sie vermehrt Gemüse und
Früchte auf den Speiseplan.

### Unterernährung

Wenn Ihr Kind viel kränkelt, wenn
es zu Durchfall neigt oder dauernd
spuckt, wenn es zu viel Säfte und zu
wenig Milch trinkt, besteht die Gefahr der Unterernährung.
Hat ein Kind keine Fettpolster
mehr, ist seine Haut schlaff und fal-
tig, dann sind dies ernste Alarmzei-
chen. Gestalten Sie in diesem Fall
die Beikost abwechslungsreicher
und gehen Sie davon aus, dass Ihr
Kind die oben angegebenen Nah-

rungsmengen tatsächlich braucht.
Fragen Sie bei länger andauernder
Appetitlosigkeit Ihren Kinderarzt.

### Wichtige Tipps:

▶ Zwingen Sie Ihr Kind nicht zum
  Essen. Ein gesundes Baby weiß,
  wie viel es trinken (und damit
  essen) muss. Nur wenn Ihr Kind
  offensichtlich abmagert, sollten
  Sie bald den Kinderarzt aufsuchen.
▶ Versuchen Sie immer, beim Füttern ruhig und ausgeglichen zu
  sein. Nervosität überträgt sich
  und verursacht Geschrei und
  Magenverstimmungen.
▶ Gegen Durst bei großer Hitze
  und Fieber geben Sie am besten
  ungesüßten Tee.
▶ Bei zu schnellem Saugen sollten
  Sie Ihr Kind auch schon während
  des Fütterns einmal aufstoßen
  lassen.
▶ Sie belasten den kleinen Magen
  weniger, wenn Sie mehrmals
  kleine Portionen geben als bei
  wenigen Mahlzeiten zu große
  Portionen.

### Zwiemilchernährung

Wenn Sie merken, dass Ihr Kind
beim Stillen nicht satt wird (u. a.
Kontrolle der Gewichtszunahme),
sollten Sie auf Zwiemilchernährung
übergehen. Geben Sie in diesem Fall
statt einer oder zwei Stillmahlzeiten

je nach dem Alter Ihres Kindes Säuglingsmilch Pre oder Typ 1 als Ersatz.

Um zu vermeiden, dass Ihre Muttermilch zu schnell versiegt, legen Sie am besten das Kind bei jeder Mahlzeit nacheinander an beide Brüste an, aber erst, wenn die eine Brust wirklich leer getrunken ist. Nur so wird die Milchproduktion maximal angeregt. Beginnen Sie deshalb einmal mit der linken Brust, bei der nächsten Mahlzeit mit der rechten Brust. Auch die falsche Größe des Saugerlochs kann Ihr Kind verwöhnt haben: An der Brust zu trinken, ist ihm vielleicht zu anstrengend geworden.

## Gebrauch von Fertigprodukten

Generell ist es wichtig, dass Sie sich stets genau nach der Beschreibung auf der Packung richten. Alle selbst hinzugefügten Zusätze zur Fertignahrung sind eher schädlich, da sie die wünschenswerten Proportionen der Nahrungsbestandteile, der Vitamine und der Mineralien verändern und auch den Verdauungsablauf stören können.

### Weitere Tipps:
▸ Geben Sie die Flasche gleich nach dem Anwärmen.

▸ Kochen Sie die Fertignahrung nicht, Sie würden dadurch wichtige Nährstoffe zerstören.
▸ Probieren Sie nicht immer wieder andere Fertignahrung aus. Der Darm Ihres Kindes muss sich auf jede Nahrungsart neu einstellen. Jede Umstellung auf eine andere Nahrung sollte langsam erfolgen. Falls Sie bereits in der Klinik nicht ausreichend stillen konnten, hat man Ihnen dort sicher einen Vorschlag für eine geeignete Fertignahrung gemacht.
▸ Wichtig für die Bemessung der Nahrungsmenge ist vor allem der Appetit Ihres Kindes. Die auf den Gläsern angeführten Mengenangaben sind als Richtwert zu betrachten.
▸ Sparsamkeit kann fehl am Platz sein: In übrig gebliebener Nahrung vermehren sich die Bakterien besonders schnell; also nichts aufheben, auch nicht für nur kurze Zeit!

## So lernt Ihr Kind essen und trinken

Im zweiten Halbjahr lernt Ihr Kind mit Becher und/oder Tasse umzugehen. Besonders geformte Trinkgefäße mit einem besonders für Kleinkinder geeigneten Ansatz und

Griff erleichtern das erste Trinken. Gießen Sie anfangs nur wenig in seinen Becher. Die Technik des Trinkens will gelernt sein, und mancher Tropfen geht noch daneben. Beginnen Sie mit Säften, die Ihr Kind gern hat.

Feste Nahrung, also z. B. den ersten Karotten-Brei ab dem fünften Monat, füttern Sie am besten von Anfang an mit dem Löffel. Dazu sind Ruhe und Geduld nötig. Die Nahrung sollte püriert bzw. durch ein Sieb gedrückt sein (später reicht das Feindrücken mit einer Gabel). Setzen Sie sich mit Ihrem Kind an den Esstisch. Geben Sie jeweils nur

Minimengen oder wenig Brei auf einem flachen Löffel in den Mund. Besonders wichtig ist zunächst, dass Ihr Kind lernt, den Brei aktiv vom Löffel abzunehmen – dass Sie also nicht den Löffel an seinem Oberkiefer abstreifen! Nehmen Sie sich Zeit, wenn es ängstlich ist und den Brei ausspuckt. Bald wird es erfahren haben, dass ein Löffel kein gefährliches Instrument ist. Ein flacher Eierlöffel (oder Teelöffel) eignet sich fürs Erste am besten.

Bis Ihr Kind den Löffel selbst zum Mund führt, wird es noch etwas dauern. Aber auch hier hilft, wie in vielen Fällen, Ihr Beispiel und Ge-

duld: Also nicht zu viel auf den Teller geben!

Gegen Ende des ersten Lebensjahres wird Ihr Kind mit am gemeinsamen Familientisch sitzen. Dann gehört es zwar zur Tischgemeinschaft, doch müssen Sie ihm selbstverständlich noch einige Freiheiten einräumen. Zwingen Sie es vor allem keinesfalls, seinen Teller leer zu essen. Kinder bis zum dritten Lebensjahr können im Voraus noch nicht abschätzen, wie viel sie essen werden (und auch Sie wissen das nicht immer ganz genau).

**Weitere Tipps:**

▸ Richtig kauen will gelernt sein, und das braucht Zeit! Brei eignet sich dazu nicht besonders gut. Besser ist, im dritten Vierteljahr dem Kind ein bisschen Brotrinde in die Faust zu geben, damit es lernt, daran zu nuckeln, zu nagen und mit seinen Zähnchen zu beißen.

▸ Wenn Ihr Kind zum Essen noch sehr lange braucht, verwenden Sie am besten einen Wärmeteller, damit die Nahrung gleichmäßig warm bleibt.

## Hygiene und Ausstattung der Babyküche

Spülen Sie besonders in den ersten Monaten Nahrungstöpfe und Flaschen Ihres Kindes nie zusammen mit Ihrem Küchengeschirr. Babygeschirr und die Sauger müssen einmal am Tag ausgekocht werden. Beim Spülen sollten Sie für Vor- und Hauptwäsche und zum Nachspülen heißes Wasser verwenden. Verwenden Sie von Anfang an ein umweltfreundliches Spülmittel – auch das ist ein Beitrag zu einer lebensfreundlichen Umwelt für Ihr Kind.

Falls Sie Zutaten zum Essen und Trinken zwecks Zeitersparnis für einen ganzen Tag vorbereiten wollen, müssen Sie sie unbedingt getrennt im Kühlschrank aufbewahren (am besten von vornherein in dem Gefäß, das Sie später dazu brauchen, z. B. das Fläschchen).

> **!** Ihre Hände sollten Sie vor dem Zubereiten eines Gerichts und vor jeder Mahlzeit waschen.

Erst ab dem zweiten Lebensjahr Ihres Kindes können Sie sich das Auskochen des Geschirrs sparen. Das entbindet Sie aber nicht davon, weiterhin sorgfältig auf Sauberkeit zu achten. Zur Nahrungszubereitung für Ihr Kind im ersten Lebensjahr brauchen Sie:

- sechs Baby-Fläschchen für Säuglingsmilch,
- sechs bis acht dazu passende Sauger,
- Eierlöffel (den Sie als Kinderlöffel verwenden),
- Teelöffel,
- Esslöffel,
- Becher,
- Tasse,
- Teller,
- Messbecher mit ccm-Einteilung,
- Feinwaage oder Messlöffel,
- ein grobes und ein feines, möglichst neues Sieb,
- Trichter,
- Schneebesen (Mixer),
- eine Flaschen- und eine Spülbürste,
- großen Topf zum Auskochen der Baby-Fläschchen,
- zwei feuerfeste Töpfe mit Schnabel.

Dazu möglichst:
- elektrischen Flaschenwärmer,
- Flaschenständer,
- Sauglochstanzer (sonst ausgeglühte Nadel verwenden),
- Baby-Waage (evtl. in Apotheke mieten).

# Regelung
## der Verdauung

## Normaler Stuhlgang

Anfangs haben Brustkinder regelmäßig nach dem Füttern die Windel voll. Die Festigkeit des Stuhls ist unterschiedlich. Zähes, schwarzes «Kindspech» gibt das Neugeborene nur als ersten Stuhl nach der Geburt von sich. Bei der Ernährung mit Muttermilch sieht sein Stuhl goldfarben und salbenartig aus.

Ausschließlich gestillte Kinder haben vom ersten Vierteljahr an allmählich weniger häufig Stuhlgang, manchmal nur alle zwei Tage. Mit industriell hergestellter Säuglingsmilch ernährte Kinder haben einen meist eher festen, ockerbraun gefärbten Stuhl.

## Verstopfung

Wenn Ihr Kind sich beim Stuhl quält, kann es daran liegen, dass es zu viel Zucker oder Kohlenhydratanteile (z. B. zu konzentrierte, mit Zusätzen vermengte Säuglingsmilch) bekommen hat – reduzieren Sie entsprechend diese Anteile.

Weiterhin können Sie durch Beikost von Pflaumen und anderem Obst versuchen, das «Geschäftchen» zu erleichtern, vermeiden Sie dann auch (versuchsweise) Äpfel und Bananen. Hat Ihr Kind öfter Schwierigkeiten mit dem Stuhl oder Schmerzen, konsultieren Sie Ihren Kinderarzt.

## Durchfall

Bei keimfreier Ernährung und keimfreiem Geschirr wird Ihr Kind kaum Durchfall bekommen (wenn es sich nicht einen Virusinfekt zuzieht). Bei einer Änderung des Ernährungsfahrplans ist jedoch Vorsicht geboten. Geben Sie bei Umstellungen anfangs nur geringe Mengen der neuen Nahrung.

Bei leichtem Durchfall ist eine zucker- und fettfreie Schonkost angebracht. Geben Sie viel warmen Tee, besonders Kamillen-, Fenchel- oder den zweiten Aufguss eines dünnen, schwarzen Tees. Auch Stärkemehle (Gustin, Mondamin, Maizena oder Reis) können helfen.

In schweren Fällen, die von hohem Fieber, eitrigem Stuhl, Blutauflagerungen oder -beimengungen begleitet sein können, dürfen Sie keinesfalls auf ärztliche Hilfe verzichten.

## Maßnahmen bei Beschwerden

**Blähungen** werden mit Fenchel- oder Kümmeltee behandelt, der zwischen den Mahlzeiten gegeben wird. Achten Sie sorgfältig darauf, ob Ihr Kind beim Trinken Luft mitschluckt, und lassen Sie es immer sein Bäuerchen machen.

**Schluckauf.** Als Maßnahme gegen Schluckauf halten Sie Ihr Kind ein oder zwei Minuten aufrecht und betten es danach schräg, mit erhöhtem Oberkörper; aber auch verschiedene Formen der Ablenkung, ein Spiel, ein kleiner «Zauber» oder Ähnliches können wirksam sein.

**Erbrechen.** Wenn Ihr Baby erbricht, sollten Sie unbedingt mit ihm zum Kinderarzt gehen. Anders ist es bei dem gelegentlichen Spucken, z. B. bei zu hastigem Trinken, bei zu viel Bewegung im Anschluss an das Essen oder bei unterlassenem Bäuerchen.

# Ausstattung und Gestaltung des Lebensraums

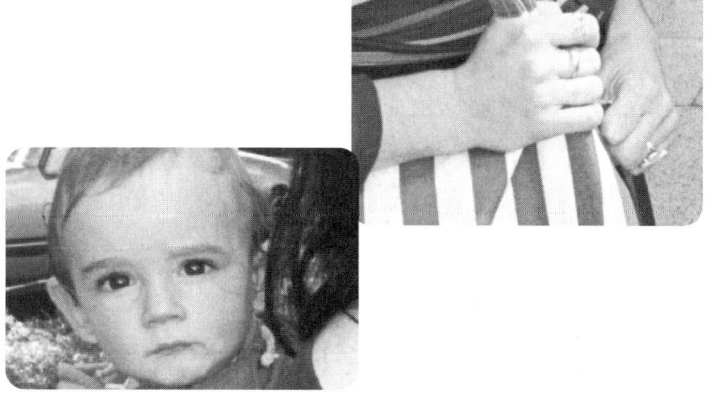

Spazierengehen und die Umgebung erkunden heißt im ersten Lebensjahr: tragen oder schieben! Von Anfang an ist wichtig, dass sich die Sinne des Babys betätigen können. Nicht umsonst sagt Thomas von Aquin: «Alle Erkenntnis beginnt bei der Sinneswahrnehmung.»

# Wäsche und Kleidung
## sollten vor allem praktisch sein

Ein Vergnügen für Sie als Mutter oder als Vater, für Großmütter, Tanten oder Freundinnen ist es, schon einige Zeit vor der Geburt die ersten Wäsche- und Kleidungsstücke für das Baby zu kaufen. Vor lauter Begeisterung für die niedlichen Sachen lässt man sich allerdings gern dazu verleiten, zu viel und oft auch unpraktische Dinge zu kaufen (achten Sie z. B. darauf, dass die erste Babygarderobe nicht zu klein gewählt wird und waschfest ist).

Bei der Auswahl der Kleidung spielt natürlich auch eine große Rolle, in welcher Jahreszeit Ihr Kind geboren wird. Wenn Sie es beispielsweise Ende August erwarten, ist es ziemlich überflüssig, noch Strampelanzüge mit kurzen Beinen zu kaufen. Anfang Oktober ist es wohl schon zu kalt für diesen luftigen Anzug, jedenfalls im Freien.

> **!** Tipp für junge Eltern: Machen Sie möglichst bald eine Liste mit allen Wäsche- und Kleidungsstücken, die Sie für Ihr Kind brauchen, und lassen Sie diese Liste unter den schenkfreudigen Großeltern, Tanten und Freunden kursieren.

## Zum Thema Windeln

### Wegwerfwindeln oder selber waschen?

Die meisten Eltern entscheiden sich heute für Wegwerfwindeln. Das zunächst einleuchtende Argument des umweltbewussten Verbrauchers, dass Stoffwindeln, die gewaschen werden, die Umwelt weniger belasten, stimmt in seiner Pauschalität nicht mehr. Auch das ständige Waschen der Windeln belastet die Umwelt (je nach Waschmaschine) durch einen erhöhten Waschpulver-, Wasser- und Stromverbrauch. Die dazu benötigte Arbeitszeit sollten Sie ebenfalls mit einkalkulieren.

Manche Mütter schwören auf Windeln, die gewaschen werden können. Regina Hilsberg, Autorin eines Ratgebers zur Schwangerschaft und Säuglingspflege, empfiehlt eine Kombination dieser Windeln mit Höschen aus nicht entfetteter Schafwolle, die den Geruch beim Lüften wieder rasch von sich geben, nicht jedes Mal gewaschen werden müssen und nach mehrmaligem Waschen mit Lanolin aus der Apotheke in warmem Wasser nachgefettet werden. *(Hilsberg 1988)*

Ein weiterer Vorteil gegenüber früher vielfach verwendeten «Plastik-Kombinationen»: Die Luft kann besser zirkulieren, und damit ist die Gefahr des Wundwerdens verringert.

Die Hersteller der Wegwerfwindeln haben sich indes in den letzten Jahren bemüht, die Produkte umweltfreundlicher zu machen, und sie haben dabei beachtliche Fortschritte erzielt.

### Umgang mit Windeln zum Waschen

Mit dem Gebrauch von Stoffwindeln lässt sich weniger bequem und praktisch das Kernproblem des Wickelns lösen: Die Nässe soll möglichst rasch von der Haut entfernt werden, sei es durch ausreichend häufigen Wechsel oder durch eine Windel, die tatsächlich die Nässe von der Haut absaugt!

Eine sorgfältige Säuberung des Windelbereichs beim Wickeln, am besten mit Öl, das die Haut zusätzlich stabilisiert, ist für Ihr Kind sehr wichtig.

Die schmutzigen Windeln geben Sie in einen Windeleimer mit Deckel, nachdem Sie sie vorher möglichst unter kaltem Wasser etwas ausgespült haben. Sie sollten in der Waschmaschine nicht mit den übrigen Babysachen zusammen gewaschen werden.

## Die richtige Garderobe für Ihr Kind

### Die erste Garderobe

Da Ihr Kind sehr schnell wächst, sollten Sie nicht allzu viele Kleidungsstücke in einer Größe anschaffen. Kaufen Sie lieber weniger, aber dafür gute Qualität (am besten aus reiner Baumwolle oder hautfreundlicher Wolle).

So sieht die erste Garderobe – jeweils auf die Körpergröße bezogen – aus:

- sechs Unterhemdchen nach Körpergröße (am besten Hemdchen, die mit einem Druckknopf oder Klettverschluss zu schließen sind, oder Hemdchen in Schlupfform, die einen großen Halsausschnitt haben),
- sechs Unterhöschen,
- vier bis sechs Bodys (für ihr Kind besonders praktische und «wärmesichere» Kleidungsstücke),
- sechs Strampler / Strampelhosen, im Sommer evtl. ein bis zwei davon mit kurzen Beinen (die zunächst «langen» Höschen sind später als lustig aussehende «Knickerbocker» weiter verwendbar),
- einige Paar Söckchen,
- sechs Jäckchen, davon einige in Raglanschnitt,
- zwei Ausfahrgarnituren aus Wolle, bestehend aus Jäckchen, Mützchen, evtl. Handschuhen (ohne Daumen) und kleinen Wollschuhen.

Vielleicht macht es Ihnen, einer Freundin oder einer der beiden Großmütter Spaß, Jäckchen, Mütze oder Babyschuhe selbst zu stricken. Warten Sie jedenfalls mit dem Kaufen bis nach der Geburt – vielleicht will jemand Sie mit so einer Garnitur im Krankenhaus überraschen.

**Wichtige Tipps:**
Je älter Ihr Kind wird, desto mehr Sachen braucht es natürlich, besonders wenn es ins Krabbelalter kommt. Reagiert Ihr Kind vielleicht allergisch auf ein bestimmtes Material? Dann werden Sie dies beim nächsten Kauf von Kleidungsstücken berücksichtigen. Bevor Sie aber ein bestimmtes Material ausschließen, sollten Sie prüfen, ob Sie vielleicht zu viel Waschpulver verwendet haben oder die Maschine nicht gut genug spült.
Babysachen sind zwar auch der Mode unterworfen, doch «Chic» sollte Ihnen bei Ihrem Baby im ersten Lebensjahr weniger wichtig sein als praktische Vorzüge.

▸ Denken Sie auch an die Sicherheit: Bänder sollten nicht länger sein als etwa zehn Zentimeter, ebenso sollten keine Knöpfe verwendet werden, die leicht abgehen und die Ihr Kind dann vielleicht verschluckt oder in die Luftröhre einatmet.

▸ Wenn Sie Ihrem Kind Hosen kaufen, nehmen Sie solche, die nicht an der Taille abschließen, sondern etwas höher geschnitten sind. Sonst rutschen beim Spielen Hemd und Pulli immer heraus, und Bauch und Rücken sind nackt. Praktisch sind Verstärkungen an den Knien, die den Stoff beim Herumrutschen schonen.

- So bequem Sie die Kleidung auch wählen, am schönsten ist es für Ihr Kind, nackt zu sein (wenn Sie für die entsprechende Zimmertemperatur sorgen).
- Jungen und Mädchen können ab dem siebten Monat ruhig ab und zu einige Zeit nackt herumkrabbeln. Wenn Ihr Kind «sein großes Geschäft» erledigt hat, können Sie es – zu seinem großen Vergnügen – ohne Windel spielen lassen.
- Ärgerlich sind Pullis mit zu engem Halsausschnitt, weil dann jedes An- und Ausziehen für Ihr Kind und auch für Sie zur Qual wird.
- Wenn Ihr Kind schon krabbeln kann, braucht es für nachts einen durchgehenden Schlafanzug. Sollte es sehr kalt im Kinderzimmer sein, ziehen Sie ihm zum Schlafen noch ein Wolljäckchen darüber.

Kein Kleidungsstück sollte «zu schade» sein zum kindgerechten Herumtoben und Spielen. Die Zeiten, in denen man die kleinen Kinder mit Staatskleidern herausputzte und ihnen einschärfte, sich bloß nicht schmutzig zu machen, sind vorbei. Achten Sie beim Kauf aller Kleidungsstücke darauf, dass Sie unbedenklich in der Waschmaschine gereinigt werden können.

Dann nehmen Sie es Ihrem Kind auch nicht übel, wenn es den frisch gewaschenen Pulli beim Essen gleich wieder beschmutzt.

Junge Eltern sind beim ersten Kind oft sehr besorgt, dass es sich erkälten könnte. Aus lauter Vorsicht ziehen sie es zu warm an und drehen die Heizung zu hoch. Zu dicke Kleidung ist jedoch ungesund und führt erst recht zu einer Erkältung. Besser ist es, wenn Sie Ihr Kind rechtzeitig an Temperaturen zwischen 17 und 21 Grad gewöhnen.

> **!** Bei 20 Grad Zimmertemperatur (30 cm über dem Boden gemessen) genügt es, wenn Ihr Kind ein Hemdchen, das Baumwolljäckchen und die Strampelhose anhat.

Zum Ausfahren ziehen Sie ihm an kühleren Tagen eine Strickgarnitur mit einem Mützchen an. Bei großer Kälte hält ein Fellsack Ihr Kind am besten warm. An heißen Sommertagen dagegen braucht es ein Leinenhütchen als Sonnenschutz.

Achten Sie auf die Anhaltspunkte, ob sich Ihr Kind in seiner Kleidung wohl fühlt:
- Testen Sie die Temperatur der Füße. Wenn sie sich kalt anfühlen, sollten Sie überprüfen, ob Sie es richtig angezogen haben.

▸ Falls Ihr Kind am Rücken schwitzt, ist es zu warm gekleidet.

## Schuhe

In den ersten Monaten sind Schuhe überhaupt nicht notwendig. Im Gegenteil: Je länger Ihr Kind mit Anti-Rutsch-Socken oder barfuß herumlaufen kann, desto besser. Manche Eltern glauben, die ersten Schuhe seien notwendig, sobald ihr Kind anfängt, sich im Laufstall aufzurichten und zu stehen. Viele Orthopäden raten jedoch dazu, die «Lauflernschuhe» nur dann anzuziehen, wenn es unumgänglich ist, das heißt dann, wenn das Kind auf der Straße oder auf steinigem Untergrund gehen muss.

In der Wohnung kann Ihr Kind also ruhig barfuß laufen (oder in Socken, wenn der Fußboden kalt ist). Bei glatten Böden, z. B. Parkett, sollten Sie darauf achten, dass die Fußbekleidung eine rutschfeste Sohle hat.

Wenn Sie die ersten Schuhe für draußen kaufen, achten Sie auf Folgendes:

▸ Bei einem guten Laufschuh ist die Sohle voll elastisch und passt sich jeder Bewegung des Fußes an.

▸ Die Schuhspitze muss breit sein, damit die Zehen viel Bewegungsfreiheit haben, außerdem soll ein Zentimeter Platz zwischen Zehen und Schuh sein, denn beim Auftreten vergrößert sich ja der Fuß etwas.

▸ Sandalen sind besonders geeignet, wenn sie alle Zehen frei lassen, aber hochgeschlossen sind, damit der Fuß einen Halt darin hat.

▸ Achten Sie darauf, dass der Schuh eine rutschfeste Sohle hat, dass er innen glatt verarbeitet ist und man die Nähte nicht fühlen kann.

▸ Schuhe sollten atmen können – lassen Sie deshalb Plastikschuhe oder Lackschuhe im Regal des Schuhladens.

# Im Bett soll sich Ihr Kind richtig wohl fühlen

## Korb, Wiege oder Wagen?

In den ersten sechs Wochen braucht Ihr Kind noch kein großes Bett, es kann in einer Wiege oder in einem Stubenwagen schlafen. Die Innenfläche sollte etwa 50 cm x 80 cm oder 60 cm x 90 cm betragen. **Wiegen** sind in den letzten Jahren aus der Mode gekommen, bei manchen Familien allerdings auch wieder besonders geschätzt wegen der Vorzüge: Mit dem sanften Wiegen und Schaukeln können Sie Ihrem Kind den Übergang vom Wachsein zum Schlafen erleichtern oder es besänftigen, wenn es tagsüber unruhig ist. Wenn Sie dazu eine Melodie summen, ist das Schaukeln für Ihr Kind noch angenehmer und beruhigender.
**Ein Wagen** hat den Vorteil, dass Sie ihn bequem von einem Raum in den anderen schieben können. Es gibt auch beides in einem: eine Wiege, die auf Druck hin Räder ausfährt.

Ein Baldachin in hellen, bunten Farben ist besonders hübsch für Ihr Kind. Und ein Mobile oder Ähnliches in Sichtweite bringt Abwechslung in sein Blickfeld. Genauso gut aber können Sie Ihr Kind auch in einen Wäschekorb legen.
Je nach Größe des Korbs, der Wiege oder des Stubenwagens müssen Sie zwischen dem zweiten und dem sechsten Monat zu einem Bettchen übergehen.

## Das richtige Bett

### Größe

Wählen Sie das Bettchen bitte nicht zu groß, damit Ihr Kind nicht zu lange durch einen Strampelsack oder Gurte festgehalten werden muss oder unter seine Bettdecke kriechen kann. Die richtigen Maße für ein Bett, das schon etwa vom dritten Monat an benützt wird, liegen bei 50 cm x 100 cm; wenn Sie es erst vom sechsten Monat an verwenden, sollte es 60 cm x 120 cm messen. Dieses Bett passt dann bis zum vierten Lebensjahr.

## Matratze und Auflage

Als Unterlage eignet sich am besten eine Matratze mit Rosshaarauflage, eine Latex-Matratze oder eine Federkernmatratze. Sie darf auf keinen Fall zu weich sein und sollte Elastizität behalten, sonst besteht die Gefahr einer Wirbelsäulenverkrümmung. Außerdem muss sie völlig eben sein. Darüber kommt eine Auflage mit hoher Saugfähigkeit zum Schutze der Matratze und ein Betttuch. Wichtig ist, dass Ihr Kind auf einem Material schläft, das es nicht zum Schwitzen bringt.

## Was ins Bett gehört

Ein Kopfkissen braucht Ihr Kind nicht – die ebene Lage bekommt ihm am besten. Wenn Sie dennoch ein Kopfkissen verwenden wollen, dann nur ein festes, flaches Kissen aus Rosshaar, keinesfalls ein bauschiges Federkissen (Erstickungsgefahr). Ein Schlaftier (Bär o. Ä.) kann Ihr Kind ohne Gefahr bekommen. Decken Sie Ihr Kind mit einer warmen Wolldecke zu oder mit einer aus verschiedenen Fasern zusammengesetzten Decke, die aber mindestens einen 70-bis 80-prozentigen Baumwollanteil haben sollte. Achtung: Wenn Ihr Kind auf dieses Material allergisch reagiert, müssen Sie nach einer anderen Lösung suchen. Ein Federbett ist in den ersten acht Monaten nicht zu empfehlen. Falls es in der Wohnung zu kalt sein sollte, lassen Sie Ihr Kind in einem besonders warmen Schlafsack schlafen. Später können Sie das Bett abends auch mit einer Wärmflasche anwärmen (die Sie jedoch herausnehmen, bevor Sie Ihr Kind ins Bett bringen). Eine Heizdecke sollten Sie nicht verwenden, weil sie es dadurch zu sehr verwöhnen.

## Gewöhnung an das Bett

Wenn Ihr Kind so groß geworden ist, dass im Körbchen oder in der Wiege oben und unten nur noch fünf bis sieben Zentimeter Platz sind, sollten Sie es an das neue, größere Bett gewöhnen. Mit etwa sechs Monaten ist es auch schon so lebhaft, dass es unter Umständen samt Stubenwagen umkippen könnte. Wenn es vorher in einer Wiege geschlafen hat, gewöhnen Sie ihm das Wiegen langsam ab, damit es den Wechsel nicht zu krass empfindet und dadurch vielleicht Einschlafstörungen bekommt.

## Übersicht über die Bettausstattung

Das sind die Dinge, die Sie für Ihr Kind im ersten Lebensjahr zum Schlafen brauchen:

- Korb, Stubenwagen oder Wiege, dazu passend:
  - Matratze,
  - zwei Matratzenbezüge,
  - drei Betttücher,
  - drei Betteinlagen als Matratzenschoner,
  - zwei Wolldecken,
  - drei Deckenbezüge.
- Kinderbett, dazu passend:
  - Matratze,
  - zwei Matratzenbezüge,
  - drei Betttücher,
  - drei Betteinlagen (aus Molton),
  - zwei Wolldecken,
  - drei Deckenbezüge,
  - eventuell Strampelsack.

## Wichtige Tipps rund ums Kinderbett

Für den Kauf des richtigen Kinderbettes beachten Sie bitte folgende Gesichtspunkte:

▸ Das Bett soll sich leicht reinigen lassen.
▸ Die Seitenwände müssen senkrechte Stäbe haben und mindestens 60 cm hoch sein (damit Ihr Kind nicht aus dem Bett kippen kann, wenn es sich aufrichtet).
▸ Die Abstände zwischen den Stäben dürfen nicht größer sein als sieben bis acht cm, damit es den Kopf nicht durchstecken kann.

▸ Das Bett muss vor allem sicher sein: gegen Umstürzen, Einklemmen, Durchbrechen des Rostes; es darf keine scharfen Ecken und Kanten haben.
▸ Der Lattenrost soll in der Höhe verstellbar sein. Das Bett sollte in einer freundlichen Farbe gestrichen oder in Naturholz (aber lackiert) sein.
▸ Vorteilhaft ist ein variables Bett: Zuerst können Sie zwei Gitterstäbe abmontieren, damit Ihr Kind allein aus- und einsteigen kann. Später werden die Gitter ganz entfernt.
▸ Die Stäbe oder Wände dürfen keine Aufstiegshilfen aufweisen, die Ihr Kind zum Hochklettern im Bett nutzen kann.

Für gesunden Schlaf und Sicherheit Ihres Kindes beachten Sie die folgenden Hinweise:

▸ Wiege, Stubenwagen oder Bett sollten möglichst so gestellt werden, dass das Kind nicht immer zur selben Seite hinausschaut (sich immer zur selben Seite hindreht). Auch sollten Sie mal von der einen, mal von der anderen Seite an das Bett herantreten können.
▸ Ein Kind soll bei leicht geöffnetem Fenster schlafen, jedoch keinen Zug bekommen und nicht von der Sonne geblendet werden.

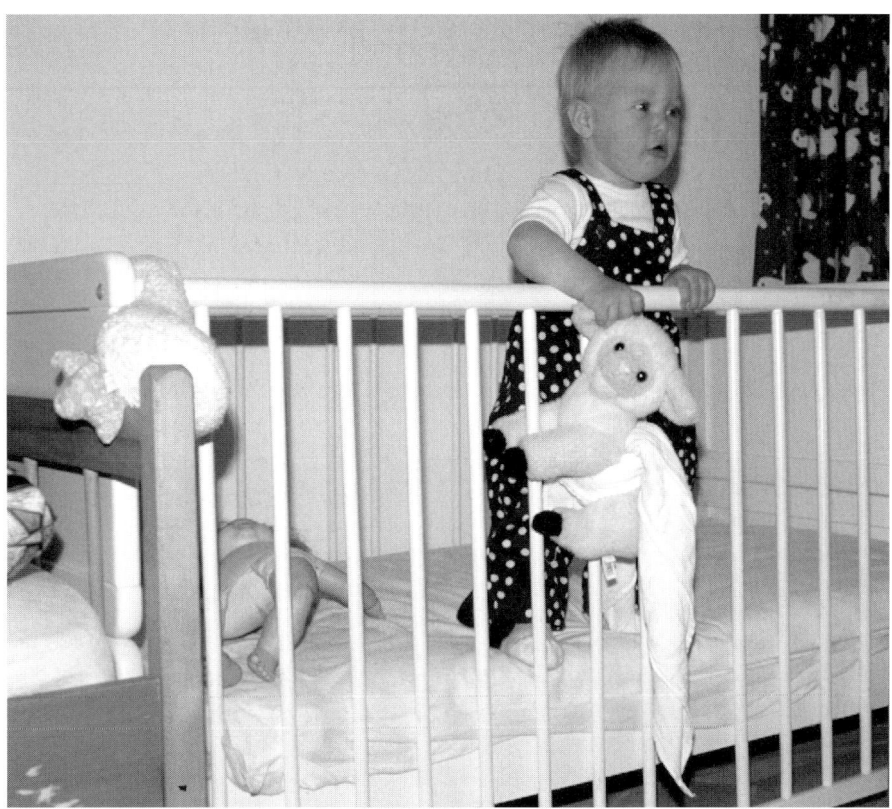

▸ Wenn Ihr Kind unruhig schläft, machen Sie die Decke sicherheitshalber mit zwei Bändern am Fußende des Bettes fest. So kann es sie sich nicht über den Kopf ziehen.

▸ Ein Stockbett, in dem ein Kind oben und eines unten schläft, sollten Sie in den ersten drei Jahren grundsätzlich nicht verwenden. Das ist für das oben schla-fende Kind zu gefährlich: Es könnte herunterfallen und sich eine schwere (Kopf-)Verletzung zuziehen.

▸ Etwa vom achten Lebensmonat an wird Ihr Kind sein Bett zwischendurch gern als Spielplatz benützen und sich auch an den Stäben hochziehen. Das ist eine gute Hilfe zum Stehen- und Gehenlernen.

# Ihr Kind braucht
## sein eigenes Kinderzimmer

Eine ganz wesentliche Voraussetzung für eine gesunde körperliche und psychische Entwicklung des Kindes ist das eigene Kinderzimmer. Nur dort hat es die notwendige Ruhe, den ausreichenden Platz zum Spielen (wo z. B. auch Bauwerke längere Zeit stehen bleiben können), es kann die Dinge, die ihm gehören, überblicken und ständig gebrauchen; nur dort kann es sein «eigenes Reich» aufbauen und sich über den vertrauten Nahraum in die Umgebung und weitere Umwelt einleben.

Orientieren Sie sich beim Kauf von Einrichtungsgegenständen und Spielmaterialien für das Kinderzimmer (das ein Kind jedenfalls ab dem zweiten Lebensjahr braucht) in Verbraucherzentralen, über die Stiftung Warentest oder bei anderen Verbraucherberatungsinstituten. Umweltfreundliche Materialien sind grundsätzlich vorzuziehen, auch bei Farben für die Wände.

## Größe und Lage

Bei der Wahl des Kinderzimmers sollten Sie folgende Gesichtspunkte berücksichtigen (achten Sie darauf, wenn Sie in absehbarer Zeit umziehen wollen):

▶ Vom medizinischen Standpunkt aus braucht Ihr Kind viel Licht, frische, sauerstoffhaltige Luft und auch Sonne.

▶ In einem Zimmer, das kleiner als zwölf Quadratmeter ist, wird sich Ihr Kind bereits nach wenigen Monaten – sobald es krabbeln kann – beengt fühlen. (Es sei denn, es darf die ganze Wohnung erobern.) Manche Eltern haben deshalb schon Kinderzimmer und Elternschlafzimmer vertauscht: Sie richteten im größeren Raum das Kinderzimmer ein. Dort hat das Kind dann eine freie Spielfläche.

▶ Gut und praktisch ist es, wenn das Kinderzimmer nicht zu weit vom Wohnzimmer und der

Küche entfernt ist; keinesfalls sollte es in einem anderen Stockwerk liegen. Die Nachteile liegen auf der Hand: In den ersten Wochen beunruhigt Sie dauernd das Gefühl, dass Sie vielleicht ein leises Weinen Ihres Kindes überhören könnten; später, wenn die Wachzeiten länger dauern, kann das Kind im isolierten Kinderzimmer gar nichts vom übrigen Familienleben mitbekommen. Und im Krabbelalter bleibt es ganz bestimmt nicht freiwillig im ersten Stock, wenn es die Mutter oder den Vater unten in der Küche oder im Wohnzimmer hantieren hört: es will wenigstens die Möglichkeit haben, sie durch die geöffnete Kinderzimmertür zu sehen.

Einige Vorteile des Kinderzimmers kann Ihr Kind in den ersten Lebensmonaten noch nicht voll ausnützen. Sollten Sie in dieser Zeit also noch kein Kinderzimmer haben, kann das Wohnzimmer oder Ihr eigenes Schlafzimmer ohne Schwierigkeiten als Zwischenlösung dienen. Sie müssen dieses Zimmer dann freilich immer gut durchlüften, und solange das Körbchen dort steht, darf natürlich nicht geraucht werden.

## Raumausstattung

Bei der Gestaltung, Ausstattung und Einrichtung des Kinderzimmers helfen Ihnen vielleicht die folgenden Tipps und Hinweise:

▸ Besonders zweckmäßig für das Kinderzimmer sind Kippfenster und Türen, die nach außen aufgehen. So kann Ihr Kind sich bei geöffnetem Fenster nicht den Kopf anschlagen und ungestört den ganzen Raum bis zur Tür benützen, ohne dass seine Finger beim Türöffnen unter der Türunterkante eingeklemmt werden können.

▸ Die Temperatur im Raum sollte zwischen 19 und 21 Grad betragen und nachts um einige Grad abgesenkt werden.

▸ Der ideale Fußboden für ein Kind ist ein versiegelter Holzboden. Da ein Teppichboden trotz regelmäßiger Pflege im Allgemeinen viele Bakterien und Keime enthält, sollten Sie eine Wolldecke, die mit einem Bettbezug geschützt ist, darüber legen. Der Bettbezug kann dann leicht gewaschen werden, und ab dem vierten Monat ist das in aller Regel eine brauchbare, warme Spiel- und Liegewiese für Ihr Kind, solange es noch nicht krabbelt.

▸ Für die Wände empfiehlt sich eine helle, wischfeste Wandfarbe oder eine abwaschbare Tapete. Praktisch ist es auch, wenn Sie für die ersten Lebensjahre eine große Hartfaser- oder Sperrholzplatte (etwa zwei Meter breit und eineinhalb Meter hoch, vom Fußboden beginnend) an der Wand anbringen. Zu Anfang können Sie dort Bilder ankleben, später streichen Sie dann die Platte mit grüner oder weißer Tafelfarbe. So kann Ihr Kind schon früh nach Herzenslust die Wand bemalen, ohne Ihnen Sorgen und Kosten zu machen.

▸ Vor einem hellen Hintergrund der Wände kommen alle anderen Dinge im Kinderzimmer, die leuchtende und kräftige Farben tragen sollten, voll zur Geltung. Bilder, Plakate und z. B. Zeichnungen älterer Kinder sollten Sie mit Klebeband an die Wand heften, Reißnägel und Ähnliches sind zu gefährlich.

▸ Wenn Sie für die elektrischen Geräte Steckdosen benützen, die in Griffhöhe Ihres Kindes sind, sollten Sie unbedingt schwer verrückbare Gegenstände zur Sicherung davor stellen, außerdem nur VDE-geprüfte, kindergesicherte

Steckdosen verwenden und die nicht benutzten durch Schutzstecker (Elektrofachhandel) verschließen.

Das gehört ins Kinderzimmer:
– ein Kleider- oder Wäscheschrank oder eine Kommode mit mehreren Schubfächern (dazu brauchen Sie allerdings im zweiten Lebensjahr noch einen Schrank mit Hängefach);
– ein Tisch, dessen Höhe man verstellen kann (Plattengröße sollte mindestens 120 cm x 70 cm);
– ein Hochsitz für Ihr Kind beim Essen, sobald es selbständig sitzen kann (Achten Sie darauf, dass Ihr Kind sich dabei weder klemmen noch die Verriegelung allein öffnen kann und stellen Sie den Stuhl so, dass er keinesfalls kippen kann, wenn Ihr Kind sich später mit den Füßen vom Tisch abstemmt!);
– ein Spielzeugregal und eine Spielzeugkiste, vielleicht auch ein paar Schubladen, um kleinere Spielsachen darin sammeln zu können.

Auch das gefällt Ihrem Kind: große Würfel aus weichem Material, kleinere und größere Kissen zum Darinwohnen und Herumtoben, vielleicht noch ein flauschiges Fell und ein Schaukelpferd.

## Laufstall

Wie Sie bei den Entwicklungsanregungen nachlesen können (vgl. S. 218), braucht Ihr Kind den Laufstall zum Laufenlernen keinesfalls, er ist eher hinderlich.

Der Laufstall trennt das Kind von der Mutter. Außerdem hemmt er es in seiner Entwicklung: Es sieht zwar interessante Dinge außerhalb, weiß aber von vornherein, dass es unmöglich ist, dorthin zu krabbeln, um sie genauer zu untersuchen: seine Initiative wird dadurch gebremst. Richten Sie also lieber den Raum so ein, dass Ihrem Kind bei seinen Entdeckungsreisen nichts passieren kann.

Ein Vorteil soll nicht verschwiegen werden: Wenn das Telefon läutet, wenn Sie zur Wohnungs- oder Haustür gehen müssen oder ein Gang in die Küche erforderlich ist – dann ist Ihr Kind im Laufstall für kurze Zeit sicher aufgehoben. (In diesem Fall ist ein Modell mit Stäben vorzuziehen: das Hinaufklettern ist nahezu unmöglich, und er ist im Allgemeinen größer als ein runder mit Netz.)

Zumindest als zeitweilige Alternative zum Laufstall im Kinderzimmer möchten wir Ihnen einen anderen Vorschlag machen: Überlegen

Sie, ob Sie nicht im Kinderzimmer auch für sich einen gemütlichen Platz einrichten können, um sich dort z. B. zum Lesen oder ähnlichen Beschäftigungen aufzuhalten, solange Ihr Kind spielt.

Entsprechend sollten Sie in Ihrem Wohnbereich (Wohn-, Ess-, Arbeitszimmer) immer ein kleines Schränkchen mit Spielsachen aufstellen bzw. die unteren Fächer Ihres Bücherregals oder Ihrer Schrankwand für Ihr Kind reservieren, damit es sich auch hier jederzeit gut beschäftigen kann, während Sie sich dort aufhalten.

## Wichtige Tipps:

▸ Einrichtungsgegenstände im Kinderzimmer sollten helle, bunte Farben haben, damit die Farbwahrnehmung und das ästhetische Empfinden Ihres Kindes gefördert werden. Auch Möbel, die über dem Naturholz nur leicht gebeizt sind, sodass Ihr Kind die Struktur und Maserung des Holzes sehen und fühlen kann, sind zu empfehlen.

▸ Viele Gegenstände werden nach einigem Gebrauch angeschmutzt sein. Achten Sie deshalb darauf, dass man alles leicht reinigen oder abwaschen kann. In jedem Fall sollten Sie nur Möbel von solider Qualität kaufen, da Ihr

Kind dann aktiv und gefahrlos mit den Sachen umgehen und toben kann.

▸ Überprüfen Sie alle Einrichtungsgegenstände im Hinblick auf ihre Sicherheit: Sie dürfen keine scharfen Ecken und Kanten haben und keine Stellen, an denen man sich einklemmen kann, keine herausstehenden Schrauben oder Nägel; die Oberfläche darf nicht spröde oder splittrig sein.

▸ Um das Kinderzimmer sehr Raum sparend einzurichten, nehmen Sie ein Regal, das die ganze Wand ausfüllt und das Fenster oder die Tür mit einbezieht (evtl. selbst herstellen). Einige Teile des Regals sollten durch einen Vorhang, eine Schiebetür o. Ä. geschlossen sein, sodass z. B. die Wäsche gegen Verstauben geschützt ist. Ohne große Kosten schneidet Ihnen jeder Schreiner entsprechende Regalteile nach einer Handskizze zu.

▸ Spätestens ab dem achten Monat sollten Sie alle Treppen, zu denen Ihr Kind unbeaufsichtigt krabbeln kann, durch zuverlässige Absperrungen sichern und, falls Sie einen Balkon besitzen, die Mauerbrüstung oder das Balkongitter um etwa 40 cm erhöhen (Netz, Gitter oder sonstige Abriegelung fest installieren).

# Unterwegs –
## mit Kind und Kegel

Frische Luft erhält Ihr Baby bei einem Spaziergang, auf dem zugfreien Balkon oder neben dem geöffneten Zimmerfenster. Schon ab den ersten Wochen können Sie das Kleine im Kinderwagen mit hinaus nehmen, z. B. zum Einkaufen (im Winter warm eingepackt, auch in der warmen Jahreszeit gegen Zugluft geschützt), bei Beachtung besonderer Sicherheitsvorkehrungen auch im Auto.

Wenn Ihr Kind mit sieben oder acht Monaten sicher und auch längere Zeit frei sitzen kann, können Sie einen Sportwagen benützen, ohne eine übermäßige Wirbelsäulenbelastung befürchten zu müssen.

### Kinderwagen – Sportwagen – Tragetasche

Ohne Kinderwagen werden Sie nicht auskommen, jedenfalls nicht zwischen dem dritten und zehnten Lebensmonat. Denken Sie beim Kauf daran, dass ein Kombiwagen den Kinderwagen, Sportwagen und die Tragetasche in einem enthält, Sie also nicht mehr verschiedene Einzelmodelle kaufen müssen (die nicht mit der raschen Entwicklung Ihres Kindes mitwachsen): Das Kombimodell ist insgesamt preisgünstiger als die drei Teile einzeln.

Die folgenden Punkte sollten Sie beim Kauf berücksichtigen (jede Verbraucherzentrale gibt Ihnen dazu aktuelle Informationen):
– Wirksamer Schutz gegen Kälte: z. B. eine Matratze, drei Betttücher, zwei Moltontücher oder andere Betteinlagen (möglichst ohne Gummierung), ein Fellsack (aus Schaffell oder Wollplüsch; aus Kunstfasern, wenn Ihr Kind gegen Haare allergisch ist); für große Kälte ein Deckbett mit Daunen- oder Halbdaunenfüllung und entsprechende Bettbezüge;

- aufklappbares Dach gegen Zugluft und leichten Regen sowie eine Regenschutzdecke; ein Sonnenschirm;
- zuverlässige Sicherung des Kinderwagenaufsatzes, sodass er sich keinesfalls von selbst lösen kann, bei Bedarf jedoch leicht abzunehmen ist; wenn Sie irgendwo einen Besuch machen, dient der Aufsatz gleichzeitig in den ersten Monaten als Ersatzbett;
- große Abstände zwischen den Rädern (je größer, desto sicherer steht der Wagen); die Bremsvorrichtung sollte auf mindestens ein Rad jeder Seite wirken.

Die Gesichtspunkte, die Sie beim Kauf eines Kombiwagens zugrunde legen müssen, gelten auch für den Kinderwagen oder den Sportwagen allein. Beim Sportwagen muss ein Anschnallgurt vorhanden sein, der um die Brust und über beide Schultern geführt werden kann, und ein warmer Fußsack, wenn Sie bei Kälte ausfahren.

Neben dem klassischen großen Sportwagen gibt es noch kleinere Buggys, die nicht sehr hoch über der Straße liegen und den Vorteil haben, dass sie leicht und wendig sind und Raum sparend zusammengeklappt werden können. Auf verkehrsreichen Straßen ist Ihr Kind darin allerdings noch weniger gegen Lärm, Abgase und unerwünschte Übergriffe aus der Umwelt (z. B. Hundenasen) geschützt.

Eine Baby-Tragetasche – kombiniert auch als Schalensitz für Autofahrten verwendbar – ist ebenfalls zu empfehlen, weil Sie Ihr Kind anfangs darin leicht fast überall hin mitnehmen können. Sie ist jedenfalls besonders geeignet bis zu einem Alter von etwa drei bis vier Monaten. Danach können Sie Ihr Kind gut in einem Tragetuch mitnehmen, später dann in einem Kinderrucksack.

## Tragetuch und Rucksack

Im ersten Lebensjahr sollte Ihr Kind möglichst viel und intensiven Kontakt mit Ihnen haben können – das ist auch unterwegs gut möglich. Tragetücher, die es in Fachgeschäften für Baby- und Kleinstkindbedarf gibt, erlauben es einer Mutter oder einem Vater, Ihr Kind dicht am Körper zu tragen. Die meisten Babys mögen das sehr.

Wie Sie Ihr Kind im Tragetuch tragen, lassen Sie sich am besten von einer erfahrenen Mutter, die Sie ansprechen, zeigen. Hier gilt wirklich: Grau ist alle Theorie. Es kommt jedenfalls auf folgende Punkte an:

▸ Ihr Kind kann sicher getragen werden (und Sie fühlen sich auch dabei sicher). Tragen Sie es jedoch nicht allzu lange darin.

▸ Es kann seinen Kopf schon gut halten (beim Gehen rüttelt sein Kopf ganz beachtlich).

▸ Das Tragetuch darf nicht zu weit gebunden sein, sonst hängt der Rücken Ihres Kindes durch, und das schadet seiner Wirbelsäule.

▸ Sie dürfen Ihr Kind erst dann länger im Tragetuch mitnehmen, wenn es schon gut sitzen kann.

▸ Ihr Kind muss überall hinreichend warm eingepackt sein – die Füße können sonst unterkühlt werden (es kann sich im Winter sogar Erfrierungen zuziehen).

So schön praktisch und kuschelig das Tragetuch auch ist, wenn man als Erwachsener zu arbeiten hat oder beide Hände frei haben will, ist das Kind natürlich dabei eingeengt. Wenn Sie später einen Rucksack verwenden bei etwas längeren Ausflügen, wird sich der Vater des Kindes gern betätigen. Der Rucksack mit dem Kind kann vorne oder hinten getragen werden, sodass guter Kontakt mit dem Kleinstkind möglich ist.

## Sicherheit im Auto

Die Hersteller von Kindersitzen haben in den letzten Jahren wesentliche Verbesserungen hinsichtlich der Sicherheit erreicht. Gegenwärtig wird die Sicherheitsnorm ECE – R 44/03 zugrunde gelegt, bezogen auf ein Alter der Kinder bis drei Jahre bzw. 36 kg Körpergewicht. An der verbesserten (strengeren) Norm ECE – R 44/04 wird noch gearbeitet. Die Sicherungsmaßnahme ISO-FIX setzt sich für Autos weiter durch. ISOFIX reduziert die Fehler, die häufig beim Anbringen von Kindersicherungssystemen gemacht werden. Das Kindersicherungssystem wird fest mit dem Fahrzeug verbunden, sodass die bei einem Unfall vorgesehenen Knautschzonen parallel auch für das Kind wirksam werden.

Diese Gesichtspunkte sollten Sie beim Transport eines Babys berücksichtigen:

▸ Ein Baby muss in einem geeigneten Kindersicherungssystem transportiert werden, in aller Regel in einer Baby-Sicherheitsschale oder Babywanne (das nicht angeschnallte Baby ist ca. siebenmal mehr gefährdet).

▸ Für ein Baby sind besonders Babyschalen der Gruppe 0 (bis 10 kg) und 0+ (bis 13 kg) sowie 0/1 (Reboard-Sitze bis 18 kg) zu empfehlen.

▸ Babys sollten immer mit einem Reboard-System befördert werden, d. h., dass sie bei der Fahrt nach hinten sehen.

▸ Fährt ein Baby auf dem Beifahrersitz mit, kann der Beifahrer-Airbag eine große Gefahr für das Baby darstellen – insbesondere bei Reboard-Kindersitzen (Gefahr des Genickbruchs). Er muss daher deaktiviert werden (mechanisch und ggf. elektronisch)! Fragen Sie dazu genauer in Ihrer Werkstatt nach. Verletzungen von Kleinstkindern bei scheinbar deaktiviertem Airbag (beim Unfall hatten z. B. getrennte Kabel wieder Kontakt bekommen, die die Deaktivierung aufgehoben haben) lassen den Transport auf der Rückbank deutlich sicherer erscheinen.

▸ Die anerkannt (technisch) sicherste Transportmöglichkeit ist auf dem Platz hinter dem Beifahrersitz gegeben.

▸ Allerdings hat der Transport eines Kindes auf dem Vordersitz den Vorteil, dass die Mutter oder der Vater sich besser mit dem Baby verständigen kann – allerdings ist das zugleich auch eine Ablenkung (das Zurückblicken nach hinten ist jedoch noch gefährdender).

- Wegen der unterschiedlichen Größe der Fahrzeuge, der Gestaltung der Sitze (Sitzbank) und der Gurtlängen werden im Folgenden keine Sitze einzelner Hersteller empfohlen. Achten Sie beim Kauf auf den Nachweis von Sicherheitsprüfungen. Die Sitzschalen der meisten Hersteller haben die TÜV-Plakette; probieren Sie vor dem Kauf, ob der Einbau nach Vorschrift möglich ist.
- Die Autohersteller empfehlen für ihre Fahrzeuge Kindersicherheitssysteme, bezogen auf das Körpergewicht des Kindes.
- Achten Sie unbedingt darauf, wann Ihr Kind aus einem Kindersicherheitssystem herauswächst!
- Beim Kauf eines älteren Fahrzeugs sollten Sie genaue Erkundigungen im Hinblick auf die Sicherheit für Ihr Kind starten (z. B. Airbag-Deaktivierung, wenn das Baby vorne mitfährt).

Schließlich ist neben Ansprüchen an den Sitz noch wichtig: Lüften Sie Ihr Auto gut während der Fahrt. Ihr Kind ist wesentlich empfindlicher gegen Sauerstoffmangel als ein Erwachsener. Ohne es der Gefahr von Zugluft auszusetzen, ist das Lüften im Auto durch den gut kontrollierten Einsatz von Gebläse, Schiebedach und Fenstern möglich.

> **!** Ihr Kind braucht auch zwischendurch Bewegung. Lassen Sie Ihr Kind bei Sonneneinstrahlung nie allein im Auto sitzen!

## Einige Tipps für den Kauf der «Transportgeräte»

- Achten Sie in erster Linie darauf, dass die Modelle praktisch sind, und erst in zweiter Linie darauf, dass sie modisch sind. Nur ein solides Modell lässt sich auch später, bei einem zweiten Kind, weiterverwenden. Die Federung des Kinder- bzw. Sportwagens muss so gut sein, dass Ihr Kind nicht jeden Stoß und jede Erschütterung spürt. Das können Sie im Laden selbst testen, indem Sie mehrere Wagen etwas fester antippen und dabei auf die unterschiedliche Federung achten. Sie sollten den Wagen mit einem Finger leicht schieben können, anderenfalls überlasten Sie Ihre Wirbelsäule.
- Die Griffhöhe ist dann richtig für Sie, wenn Sie Ihre Arme beim Schieben leicht anwinkeln können.
- Kaufen Sie von vornherein einen Einkaufskorb mit, der, an der Unterfläche des Wagens befestigt, diesem zusätzlich Stabilität verleiht. Wenn Sie ein Einkaufsnetz

am Griff des Wagens befestigen, genügt bei voll gepacktem Netz schon ein geringes Schaukeln Ihres Kindes, um den ganzen Wagen zum Umstürzen zu bringen.

## Auch daran sollten Sie denken

Ziehen Sie beim Überqueren einer Autostraße den Kinderwagen möglichst hinter sich her, insbesondere, wenn Sie nicht vermeiden können, zwischen parkenden Autos hindurchzugehen: Autofahrer sehen sonst den Kinderwagen zu spät. Lassen Sie beim Einkaufen Ihr Kind im Wagen niemals unbeaufsichtigt vor dem Laden stehen.

Versuchen Sie hochspringenden Hunden, anderen Kindern, die mit Erkältungskrankheiten an den Wagen herantreten, und fremden Gesichtern, die das Kind erschrecken, auszuweichen. Abgesehen davon, dass wirklich etwas passieren kann, bekommt Ihr Kind Angst, es fängt vielleicht zu schreien an, seine Einstellung zur fremden Umwelt wird ungünstig beeinflusst.
Ein Schutzfenster vor dem Kinderwagendach behindert die Sauerstoffzufuhr. Deshalb sollten Sie es nur bei einem Platzregen für kurze Zeit schließen. Ein Kopfkissen ist meist überflüssig.

## Reisen mit Kleinstkindern

Beim Fliegen können Sie abwägen, ob Sie zwischen den Tragflügeln sitzen möchten; dort macht ein Flugzeug auch bei Windböen die geringsten Schwankungen (deshalb reisen Sie auch mit Schiffen möglichst mittschiffs). Oder Sie lassen sich beim Einchecken die Plätze vor den Trennwänden geben, wo Sie mehr Platz und Ruhe (besonders auf Langstreckenflügen) finden.

Benutzen Sie in der Eisenbahn nur Nichtraucherabteile und achten Sie darauf, dass es nicht zieht.

Kleinkinder neigen selten zu Reisekrankheiten. Sie brauchen Ihrem Kind also keine Beruhigungsmittel zu geben.

Machen Sie im ersten Lebensjahr mit Ihrem Kind möglichst nicht gerade Urlaub im Hotel oder gar mit dem Zelt. Allenfalls in der ruhigen Umgebung einer Ferienwohnung mit ausreichenden sanitären Einrichtungen fühlt es sich wohl – weil auch Sie dort kaum zusätzliche Probleme mit Hygiene usw. haben.

# Mitwelt

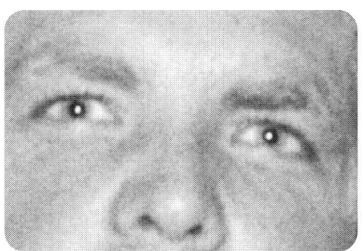

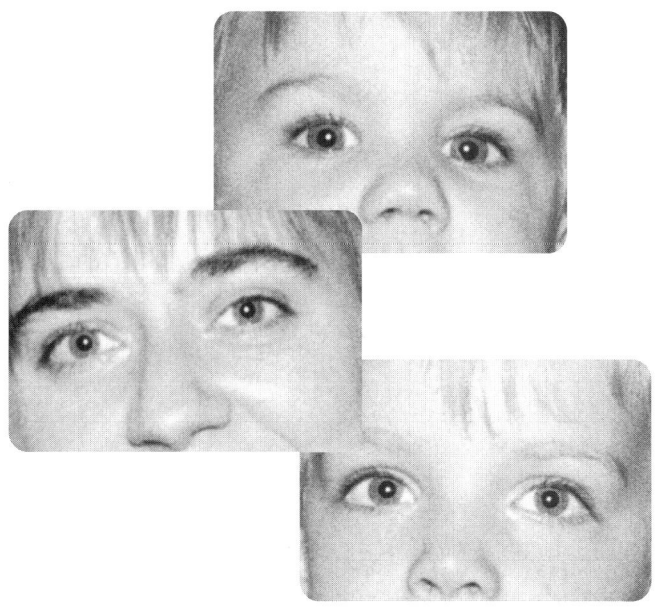

*Das Baby lebt in der ersten Zeit fast ausschließlich im Familienkreis. So wie es dabei seine Mitmenschen, die Eltern und Geschwister, erlebt – freundlich, aufgeschlossen und hilfsbereit oder auch aggressiv und konfliktbereit –, ist für die Entwicklung seines sozialen Verhaltens entscheidend.*

# Vater und Mutter, meine besten Freunde

## Familie heute

Die meisten Kinder wachsen heute in Kleinfamilien auf, Familien also, die aus Vater, Mutter und einem bis höchstens drei Kindern bestehen. Früher lebten demgegenüber Kinder, Eltern, Großeltern und andere Verwandte häufig unter einem Dach (oft wirklich nur unter einem Dach). Damit waren genügend «Seelentröster» für die Kinder vorhanden, Personen, die für Beruhigung, Stabilisierung und Ausgleich sorgten, wenn Spannungen auftraten. Natürlich entstanden dadurch zwangsweise viele unerwünschte Beziehungen und damit Konflikte, unter denen auch Kinder zu leiden hatten. Insgesamt gesehen war diese Situation für viele Familien jedoch günstiger, vor allem deshalb, weil die Kinder in einem Netzwerk von verschiedenen festen Bezugspersonen lebten.

Viele junge Menschen haben in den vergangenen 25 Jahren auf der Suche nach alternativen Lebensformen versucht, in größeren sozialen Gruppierungen zusammenzuleben. In den wenigsten dieser Wohngemeinschaften besteht allerdings eine ausreichende Kontinuität der Zusammensetzung und ein gemeinsamer Konsens, wie er in den früheren Großfamilien gegeben war. Nur unter der Voraussetzung, dass die Bezugspersonen nicht zu häufig wechseln und dass sich alle Beteiligten ihrer Rolle und Verantwortung bewusst sind, können Kinder in einer solchen alternativen Lebensgemeinschaft auch von den besseren Kontakt- und Aussprachemöglichkeiten profitieren.

In der Realität zeigt sich aber eine ganz andere Entwicklung in unserer Gesellschaft: die wachsende Zahl Alleinerziehender. In diesen «Ein-Eltern-Familien» muss die Mutter oder der Vater als (zumeist) alleinige Bezugsperson neben allen sonstigen Belastungen ein besonderes Augenmerk auf ausreichende und regelmäßige Kontakte richten.

## Die Bedeutung der Eltern für das Kind

Die meisten Bedürfnisse des Kindes sind nur begrenzt aufschiebbar. So darf man es nicht lange warten lassen, wenn es Hunger oder Durst hat. Da es in jeder Hinsicht abhängig ist von Personen, die auf seine physischen und auch psychischen Bedürfnisse eingehen, braucht es Bezugspersonen, auf die es sich verlassen kann.

Wenn ein Kind etwa unregelmäßig versorgt wird, wenn es keine gleichmäßige oder zu wenig Zuwendung erhält, kann es kein Vertrauen in die Welt und keine dauerhaften Kontakte zu seinen Mitmenschen entwickeln; ein solches Kind wird später erhebliche Schwierigkeiten haben, befriedigende emotionale Beziehungen aufzubauen. Deshalb müssen Eltern (beide!) die Bedürfnisse ihres Kindes so weit wie nur irgend möglich befriedigen. Vater und Mutter sollten sich aufeinander abstimmen und gegenseitig bei der Erziehung unterstützen.

Die gleichmäßige Befriedigung der kindlichen Bedürfnisse ist jedoch

nicht nur durch persönliche Spannungen und Interessen der Eltern gefährdet, sondern auch durch äußere Einflüsse: Die Umweltbedingungen und auch die Lebensgewohnheiten, die Anschauungen und Erziehungsvorstellungen der Erwachsenen können sich ändern – manchmal auch zu rasch (z. B. lange Zeit viel Freiheit – dann plötzlich der heftige Versuch, neue Regeln und Ordnung einzuführen, wenn es den Eltern «zu viel» wird).

Die tägliche Beeinflussung der Eltern durch Medien und Werbung ist oft widersprüchlich und kann sich auf die Pflege und Erziehung des Kindes negativ auswirken. Zu den Einflussfaktoren zählen auch größere Veränderungen, wie etwa der Arbeitsplatz- oder Berufswechsel eines Elternteils, ein größerer Urlaub, ein Umzug oder Ähnliches. Damit ein Kind mit solchen Veränderungen fertig wird, ist entscheidend, dass es wenigstens bei täglich wiederkehrenden Erlebnissen ein gewisses Gleichmaß erfährt, also etwa beim Essen, Trinken und Waschen, beim Wickeln und Spielen. Auch eine negative Stimmungsänderung der Mutter oder des Vaters – Hast und Nervosität oder ein ungewohnt lauter Satz – stören die vertrauten Lebensgewohnheiten und das Familienklima. Kleine Kinder

sind ja noch wenig in der Lage, Veränderungen zu verarbeiten; Fremdes und Ungewohntes empfinden sie daher oft als bedrohlich und beängstigend, vor allem, wenn sie nicht über genügend positive Erfahrungen verfügen.

Nur wenn die Eltern ausreichend Zeit und Geduld für ihr Kind aufbringen, können sie die jeweilige Stimmungslage des Kindes beobachten und auf sie eingehen. Eltern mit mehreren Kindern können sich da schon schwer tun. Einerseits haben sie beim ersten Kind Erfahrungen gesammelt, die sie vielleicht allzu selbstverständlich auf nachfolgende Geschwister übertragen – «so haben wir es bisher gemacht, und so ist es auch für dieses Kind am besten» –, andererseits haben sie durch die Mehrarbeit häufig nicht mehr die Zeit, die Bedürfnisse des einzelnen Kindes zu erfassen und danach zu handeln. Mit ihrer Routine und der strafferen Organisation des Haushalts laufen die Eltern manchmal Gefahr, die Wünsche ihrer Kinder zu «überfahren». Fast jeder neue Lebenstag des Kindes erfordert Umstellungen und feine Anpassungen: Die Ernährung des Kindes muss verändert werden, es braucht immer wieder neue Formen der Zuwendung, es verlangt nach neuen Spielformen, anderen Begrüßungsriten. Eltern, die diese sich wandelnden Ansprüche des Kindes nicht berücksichtigen, beeinträchtigen die Entwicklung des Kindes.

## Die Beziehung der Eltern untereinander

Die Eltern sind für ihr Kind die erste und lange Zeit wichtigste Orientierung, ihr Verhalten wird vom Kind unmittelbar aufgenommen und verinnerlicht, ohne dass die Eltern dies sofort wahrnehmen. Das Kind registriert feinfühlig die Art, in der sich Vater und Mutter miteinander unterhalten, Probleme besprechen oder totschweigen, es spürt nicht nur größere Spannungen, sondern auch kleinere Reibereien. Bei Auseinandersetzungen zwischen den Eltern gerät es in Konflikte: Es nimmt den Gegensatz zwischen den beiden wahr, ohne ihn zu begreifen, da es ja beide liebt – und als Orientierung, Hilfe und Schutz braucht.

Wenn ein Kind häufiger Auseinandersetzungen zwischen den Eltern oder anderen Bezugspersonen erlebt, kann es die dabei entstehenden Spannungen nicht verarbeiten, es wird verunsichert und verkrampft.

Sein Vertrauen in die Welt wird erschüttert und die Entwicklung der Selbstsicherheit gefährdet.

Sehr wichtig ist, dass die Eltern miteinander über die Erziehung und Entwicklung des Kindes sprechen, über seine Fortschritte und die Veränderungen seines Verhaltens, dass sie sich Gedanken über neue Spiele machen und sich gemeinsam überlegen, welche Entwicklungsanregungen sie durchführen wollen und welche ihnen nicht geeignet erscheinen. Bei solchen Gesprächen haben sie die Möglichkeit, sich gegenseitig Anregungen zu geben, einen gemeinsamen Weg zu entwickeln, sich auch zu korrigieren, wenn das nötig ist. Wenn beide von Anfang an die Verantwortung gemeinsam übernehmen, kommt es später kaum zu Auseinandersetzungen über Erziehungsmethoden.

Natürlich sollen Erziehungsfragen nicht zum einzigen Gesprächsthema der Eltern werden. Häufig wird es sich gar nicht vermeiden lassen, dass Alltagsärger – etwa im Beruf – innerhalb der Familie besprochen wird; das ist auch besser, als wenn der Betroffene diesen Ärger in sich «hineinfrisst». Doch denken Sie bitte daran, dass gerade Ärger im Beruf in erster Linie am Ort seiner Entstehung, nämlich am

Arbeitsplatz selbst, ausgetragen und gelöst werden muss. Gespräche zwischen den Ehepartnern darüber können jedoch zur besonnenen Beurteilung und Klärung einer zugespitzten oder verfahrenen Situation beitragen.

Eine weitere Möglichkeit, Spannungen zu lösen, ergibt sich auch, wenn die Familie gute Beziehungen zu Nachbarn oder Freunden pflegt, möglichst mit einem oder zwei Kindern desselben Alters. Eine solche Erweiterung der sozialen Kontakte schafft in jedem Fall einen gewissen Ausgleich zu den bekannten Nachteilen der Kleinfamilie. Kommunikation soll schließlich auch über alle Alltagsfragen geführt werden, die ein Kind für beide Eltern nun einmal mit sich bringt:

- Welche Aufgaben sind zu erfüllen?
- Wie sehr nehmen diese Aufgaben die Eltern (im ersten Lebensjahr im Wesentlichen die Mutter) in Anspruch?
- Ist die Pflege eines Kindes im ersten Lebensjahr nicht anstrengender als etwa eine durchschnittlich anstrengende Erwerbstätigkeit?
- Wo ergeben sich Möglichkeiten, die Arbeit gemeinsam zu erledigen, wann und wie kann der Vater die Mutter entlasten, und in

welchem Umfang ist das möglich (nur aushilfsweise oder regelmäßig, z. B. an den Wochenenden)?

Um die zeitliche Kontinuität für Ihr Kind zu wahren, sollten Sie möglichst keinen längeren Urlaub ohne Ihr Kind machen. Durch besonders gesunde und umsichtige Lebensführung können Sie vielleicht eine Krankheit – mitunter auch einen Unfall – vermeiden, sodass Sie als wichtige Bezugsperson nicht dadurch plötzlich Ihrem Kind fehlen.

Außerordentlich wichtig ist die gute Kooperation der verschiedenen Bezugspersonen eines Kindes. Auch sollten sich die Eltern trotz der im Vordergrund stehenden Sorge um das Kind gegenseitig nicht vernachlässigen. Viele Männer erleben die Veränderungen gerade durch das erste Kind oft als problematisch. Bisher konnte der männliche Partner vielleicht die ganze Freizeit mit seiner Partnerin verbringen, jetzt muss er sich bei allen Unternehmungen in erster Linie nach dem Kind richten, und sie hat nicht mehr so viel Zeit für ihn. Eine Mutter dagegen kann so eingespannt sein in ihre neuen Pflichten – besonders, wenn der Vater sie nicht unterstützt –, dass sie weder Zeit noch Lust aufbringt, seinen Wünschen und Interessen gegenüber aufgeschlossen zu sein. Das gilt für die gemeinsame Freizeitgestaltung ebenso wie für sexuelle Intimität.

Einige Außenreize können Eltern auch bewusst zurückdrängen oder sich dagegen abschirmen, z. B. gegenüber zu viel Fernsehkonsum oder gegenüber manch anderer Verführung, die u. a. durch die Werbung ins Haus flimmert oder flattert. Die ruhige und umsichtige Einstellung auf die wichtigen Aufgaben rund ums Kind trägt dazu bei, dass sich ein Kind zu einer aktiven, emotional ausgeglichenen und selbständigen Persönlichkeit entwickeln kann.

## Helfer berufstätiger Eltern

Für eine Frau, die vor der Geburt ihres Kindes gern in ihrem Beruf gearbeitet hat, ist der Verzicht auf diesen Lebensbereich nicht immer leicht. In diesem Fall sollte die Mutter spätestens bis zum dritten oder vierten Lebensjahr des Kindes ihre Berufstätigkeit wieder aufnehmen, im Idealfall zunächst halbtags.

Voraussetzung dafür muss immer die gesicherte Betreuung und Versorgung des Kindes durch eine kompetente und vertrauenswürdige Tagesmutter oder durch einen entsprechenden Platz in einer Kinderkrippe (Kleinkinderhort) sein. Insofern ist die Entscheidung für oder gegen die Fortsetzung der Berufstätigkeit auch in unserer modernen Gesellschaft immer noch vom wechselnden, oft unzulänglichen Angebot an Betreuungsplätzen abhängig.

Manche Ehepaare versuchen auch, bereits ab dem zweiten Lebensjahr des Kindes je eine Halbtagsstelle anzunehmen, der eine vormittags, der andere nachmittags. Das ist eine besonders günstige Lösung, wenn sie von beiden akzeptiert wird. Das Kind wird dann in seinen ersten Lebensjahren nicht einseitig auf das traditionelle Rollenverhalten festgelegt: Der Vater arbeitet außerhalb, die Mutter ist zu Hause.

Frühere Aussagen von Psychologen zur Bedeutung einer Bezugsperson für das Kleinstkind müssen revidiert werden. So wurde (vor allem aufgrund von Untersuchungen zur Krippenerziehung von R. Spitz) argumentiert, dass Kinder in Krippen Schädigungen erfahren aufgrund der fehlenden persönlichen Bezugsperson, auch bei akzeptablen äußeren Verhältnissen. Heute gilt demgegenüber, dass die Tagespflege in einer Kinderkrippe – vorausgesetzt, dass sie qualitativ als gut eingeschätzt werden kann – bis zu 20 oder 30 Stunden pro Woche sind unbedenklich. Die Bezugspersonen eines Kindes können sich durchaus ergänzen, sie sollten allerdings über längere Zeit (wenigstens einige Monate) für das Kind da sein. Eine Personalausstattung von einem Erwachsenen (z. B. Erzieherin) auf vier bis fünf Kinder in einer Tageseinrichtung erfüllt die gegenwärtigen Qualitätsstandards (für Kinder unter drei Jahren).

Neben der Kinderkrippe finden noch zwei Prozent der Eltern (ELTERN, 1999) in einer (statistisch erfassten) Tagesmutter oder einer Au-pair-Hilfe eine Unterstützung in den ersten Lebensjahren ihres Kindes. Insbesondere wenn Berufstätigkeit von beiden Eltern oder einer Alleinerziehenden sehr gewünscht oder auch aufgrund der finanziellen Lage erforderlich ist, kann eine Tagesmutter zu einer weiteren wichtigen Bezugsperson des Kindes werden.

Die Entscheidung für eine Tagesmutter ergibt sich oft als notwendiger Schritt, z. B. weil die evtl. bevorzugten Großeltern zu weit entfernt wohnen, sie sich nicht für diese Aufgabe einsetzen können (gesundheitliche Gründe) oder wollen (u. a. wegen unterschiedlicher Erziehungsansätze) oder auch, weil kein Krippenplatz zur Verfügung steht. Der zunächst erkennbare Vorteil der persönlichen Beziehung wird deutlich gemindert durch die Unbeständigkeit von Tagesmüttern. Krankheit, die Notwendigkeit eines Umzugs und zu große Belastung auf Dauer aufgrund eigener Kinder sind häufige Gründe für den Wechsel einer Tagesmutter. Damit wird der konstante Bezug zum Kleinstkind unterbrochen, und das bedeutet eine erhebliche emotionale Belastung für dieses.

In diesem Punkt ist die Kinderkrippe wesentlich zuverlässiger: Die Kinder dort kennen nach der Eingewöhnungsphase immer mehrere Erziehungskräfte, haben zu ihnen guten Kontakt, und auch der Bezug zu den anderen Kindern bleibt bei einem Wechsel einer erwachsenen Betreuungskraft konstant.

Bei der Mitwirkung einer Au-pair-Hilfe wird oft Belastung und Unterstützung als gleichgewichtig empfunden. Manche Eltern klagen darüber, dass sie nun ein weiteres Kind im Hause hätten, andererseits findet natürlich das Kleinkind häufig auch eine kinderliebe Betreuungsperson.

Bevor Sie sich als Eltern oder auch als allein erziehender Elternteil auf die Hilfe einer Tagesmutter oder eines Au-pair-Gastes einlassen, sollten Sie zwei oder drei Eltern mit einschlägiger Erfahrung ansprechen. Berichte anderer Eltern können Sie in Ihrer Absicht bestärken oder auch auf etwas aufmerksam machen, was Ihnen zunächst als weniger wichtig erscheint. Auch die finanzielle Belastung und die Organisation einer Vertretung im Krankheitsfall muss bedacht sein.

Nur in Ausnahmefällen sollten Sie für Ihr Kind im ersten Lebensjahr eine fremde Person als Babysitter engagieren. Dafür müssen bestimmte Voraussetzungen erfüllt sein:

– Ihr Kind sollte den Babysitter möglichst schon einige Tage vorher kennen lernen. Am besten ist es, wenn Sie zur Einführung einige Tage vorher zu Hause eine kleine Generalprobe machen: Tun Sie so, als seien Sie nicht da, während Ihr Babysitter zwei bis drei Stunden ohne Ihre Hilfe das Kind pflegt und beschäftigt.
– Der Babysitter muss besondere Voraussetzungen mitbringen: Ruhe, Geduld, Freude und Sicherheit im Umgang mit Kindern und die Fähigkeit, Ihr Kind trösten zu können, gehören dazu. Außerdem müssen Sie sicher sein, dass sie oder er auch mit Problemsituationen fertig wird, nicht gleich aus der Fassung

gerät oder gar heftige Aggressionen gegen Ihr Kind entwickelt.
– Der Babysitter muss so viel Vertrauen zu Ihnen haben, dass sie oder er es Ihnen sagt, wenn dem Kind in Ihrer Abwesenheit einmal etwas zugestoßen ist, wenn es besonders anhaltend geschrien oder sich verletzt hat.
– Kinder unter 14 Jahren eignen sich in der Regel noch nicht als Babysitter.

Am Abend, wenn Sie weggehen, sollten Sie folgende Vorbereitungen treffen:
– Zeigen Sie dem Babysitter noch mal Ihre Wohnung, vereinbaren Sie, ob er fernsehen oder Musik hören kann, und sagen Sie ihm, was er sich aus dem Kühlschrank nehmen darf.
– Wichtig ist eine Liste mit Telefonnummern der Polizei, der Feuerwehr, eines Arztes und natürlich die Nummer, unter der Sie notfalls zu erreichen sind.
– Schreiben Sie dem Babysitter außerdem auf einen Zettel, wann Ihr Kind gewickelt wird, wann es sein Fläschchen bekommt usw. Rufen Sie nach Möglichkeit zwischendurch auch einmal zu Hause an!

# Mutti, spielst du jetzt
## nicht mehr mit mir?

## Geschwister wollen informiert sein

Einige Monate vor der Geburt des Geschwisterchens haben Sie Ihrem Kind schon erzählt, dass es jetzt einen Bruder oder eine Schwester bekommt. Für die Geschwister ist diese Information sehr wichtig, sie erfahren auf diese Weise u. U. zum ersten Mal, wie sie selbst auf die Welt gekommen sind.

Nützen Sie die Gelegenheit für einen neuen Abschnitt der Sexualerziehung und beantworten Sie alle Fragen eines älteren Kindes, die sich dabei ergeben: Lassen Sie es z. B. Mutters Bauch vor der Geburt befühlen und die Herztöne abhören. Ihr Kind darf selbstverständlich auch den Bauch streicheln und so schon eine erste Botschaft an das kommende Geschwister senden. Erzählen Sie, wie ein Kind entsteht und welche Veränderungen es in den Monaten vor der Geburt mit-

macht. Nach der Geburt können Sie dann auch erzählen, wie die Geburt verlaufen ist und mit welchen ersten Lebensäußerungen sich der Neuankömmling «vorgestellt» hat.

## Ängste älterer Geschwister

Ältere Geschwister brauchen in dieser für sie schwierigen Zeit besonders intensive Zuwendung, damit sie die Ankunft des neuen Geschwisterchens spannungsfrei erwarten und es gerne aufnehmen. Denn mit der Geburt eines weiteren Kindes verändert sich die Situation sehr. Bisher galt dem älteren Kind alle Liebe und Zuneigung der Eltern. Jetzt wird sich besonders die Mutter längere Zeit vorwiegend mit dem Neugeborenen beschäftigen. Speziell Einzelkinder können stark unter dieser Umstellung leiden. Jetzt sollte sich der Vater bewusst mehr Zeit für das Erstgeborene oder die anderen Geschwister nehmen und sie

durch seine Anwesenheit und Zuwendung ein bisschen entschädigen. Falls das nicht möglich ist, wäre es gut, wenn Ihnen z. B. eine der beiden Großmütter helfen könnte – allerdings nur, wenn Sie sich sehr gut verstehen. Sonst holen Sie sich Spannungen und Auseinandersetzungen ins Haus, die Sie in dieser Zeit nicht brauchen können.

Wünschenswert ist, dass sich beide Eltern, wenigstens solange ihr Jüngstes schläft, mit besonderer Aufmerksamkeit dem älteren Kind zuwenden. Bremsen Sie nicht seine zum Teil stürmischen Annäherungsversuche. Schon der Gedanke, dass Sie überhaupt ein weiteres Kind haben, bedrückt es vielleicht. Es überlegt sich z. B.: «Warum wollten meine Eltern denn noch ein Kind? Sind sie mit mir nicht zufrieden?»

Es ist möglich, dass sich das ältere Kind aus Eifersucht aggressiv gegen sein jüngeres Geschwister wendet, wieder in die Babyrolle flüchtet, nachts gelegentlich einnässt oder auch wieder aus der Flasche trinken möchte, um auf diese Weise die Aufmerksamkeit der Eltern auf sich zu lenken. Sie sollten dann nicht ungehalten sein, sondern ihm verständnisvoll beweisen, dass seine Eifersucht unbegründet ist und Sie es genauso lieb haben wie das Neugeborene.

Zeigen Sie ihm an einigen Beispielen, wie vorteilhaft es ist, schon so groß und «vernünftig» zu sein (mehr Spielmöglichkeiten, größere Selbständigkeit, mehr Kontakte zu anderen Kindern, keine schmutzigen Windeln usw.). Spielen Sie nach Möglichkeit viel mit ihm und seien Sie nicht zurückhaltend mit Zärtlichkeiten. Wenn es Ihnen aber trotzdem nicht gelingt, alle Eifersucht abzubauen, sollten Sie Ihr Jüngstes gut im Auge behalten und darauf achten, dass es vom älteren Kind nicht gezwickt, geärgert oder gar ernsthaft gefährdet wird.

Wenn das ältere Geschwister eifersüchtig ist, geben Sie ihm nicht die Aufgabe, auf den kleinen Bruder oder die kleine Schwester aufzupassen. Dann würde nämlich zum Gefühl der Eifersucht noch der Ärger darüber kommen, dass es durch den Neuankömmling nun auch noch zusätzliche Aufgaben übernehmen muss. Wenn Ihr älteres Kind einige Wochen bis Monate ein auffälliges Verhalten zeigt, lassen Sie sich ggf. einige Tipps in einer Familien- oder Erziehungsberatungsstelle geben.

### So helfen Sie Ihrem älteren Kind

Das ältere Kind befürchtet jetzt vielleicht, dass es neben der ungeteilten Aufmerksamkeit seiner Eltern z. B. auch seine Spielsachen an das Kleine abtreten muss. Zerstreuen Sie diese Sorge, versichern Sie ihm, dass es selbstverständlich alle Sachen behalten kann und dass es auch weiterhin neues Spielzeug bekommt. Wenn es quengelig ist, Sie ärgert oder nachts wieder einnässt, so tut es das ja keinesfalls aus Bosheit, sondern aufgrund seiner Angst, dass Sie es vielleicht nicht mehr so gern haben wie vorher.

Mit etwas diplomatischem Geschick können Sie im älteren Kind nach und nach ein Gefühl der Mitverantwortlichkeit für das Jüngste erzeugen. Erklären Sie ihm, wie hilflos das Neugeborene anfangs ist, bitten Sie es beim Baden oder Wickeln, Ihnen einen vergessenen Gegenstand zu holen, aber beharren Sie nicht darauf, wenn es keine Lust dazu hat. Erzählen Sie ihm auch, wie es selbst als Baby z. B. im Badewasser gestrampelt oder beim Nuckeln geschmatzt hat. So kann es leicht einen Bezug zwischen sich und dem Geschwisterchen aufbauen.

Wenn sich das ältere Geschwister vor Hilfsbereitschaft überstürzt, sagen Sie ihm, dass Sie nicht erwarten, dass es z. B. sein Spiel unterbrechen muss (allerdings kann Ihr älteres Kind auch Spaß daran haben, Ihnen zu helfen – ein solches Angebot dürfen Sie natürlich nicht ausschlagen). Versetzen Sie sich in die Lage des Kindes und versuchen Sie, es zu verstehen. Auf diese Weise werden sie am ehesten mit den Problemen fertig, ohne zusätzliche Schwierigkeiten zu schaffen.

## Altersabstand zwischen Geschwistern

Wenn der Altersabstand zwischen Geschwistern nur ein bis zwei Jahre beträgt, können Sie meistens vermeiden, dass es zu größeren Eifersuchtskonflikten kommt. Jedes der beiden Kinder nimmt das andere als selbstverständlichen Teil seines Lebensumfeldes auf, und die unterschiedlichen Leistungen zwischen den Kindern führen noch nicht zu Auseinandersetzungen.

Bei einem Abstand von zweieinhalb bis vier Jahren entstehen leicht ernsthafte Konkurrenz- und Rivalitätsprobleme. Meist kämpft das jüngere Kind um dieselben Privilegien und versucht auch die Leistungen des älteren Geschwisters zu erreichen – und das schafft Probleme. Umgekehrt orientiert sich das ältere Kind gelegentlich am jüngeren Kind (weil das ja ersichtliche Vorteile zu bringen scheint) und entwickelt wieder frühere Verhaltenstendenzen. Sie können das ausgleichen, wenn Sie die Freundschaft des älteren Kindes zu gleichaltrigen oder etwas älteren Kindern unterstützen.

Bei einem Altersabstand von vier Jahren und mehr besteht kaum noch die Gefahr der Konkurrenz, die Geschwister können einander trotzdem gute Spielgefährten sein. Allerdings finden sich dann schon weniger verbindende Interessen, die Kinder wachsen mehr oder weniger wie Einzelkinder auf.

### Spezieller Tipp:
Vielleicht sind Sie in der glücklichen Lage, dass Sie sich eine Haushaltshilfe leisten können. So haben Sie auf jeden Fall genügend Zeit, sich einerseits voll Ihrem jüngsten Kind widmen zu können und andererseits die älteren Kinder nicht zu vernachlässigen. Nutzen Sie ansonsten jede Möglichkeit zur Entlastung von der Hausarbeit und setzen Sie Ihre Maßstäbe für Ordnung und Reinlichkeit nicht zu hoch an. Bei vielen Arbeiten können Sie Kontakt zu den Kindern halten, z. B. durch Singen oder Erzählen, und die größeren schon ein bisschen mithelfen lassen, auch wenn es dann wohl etwas länger dauert. Wichtig ist, dass Sie die Zeit gemeinsam mit Ihren Kindern verbringen.

# Jeder Zwilling
## ist eine eigene Persönlichkeit

Sind in Ihrer Familie oder in der Ihres Mannes Zwillinge geboren worden, ist eine erhöhte Wahrscheinlichkeit dafür gegeben, dass auch Sie Zwillinge bekommen können: Die Veranlagung zu Mehrlingsgeburten ist erblich. Schon bei der ersten Ultraschalluntersuchung nach Feststellung der Schwangerschaft kann Ihr Arzt erkennen, ob Sie Zwillinge bekommen werden.

Statistisch kommt auf ca. 80–85 Geburten eine Zwillingsgeburt, eine Drillingsgeburt auf ca. 6800 Geburten. Zwillinge entstehen entweder durch die Teilung eines befruchteten Eis (eineiige Zwillinge) oder durch die Befruchtung von zwei Eiern. Eineiige Zwillinge haben deshalb das gleiche Geschlecht und die gleichen Erbanlagen und sehen sich so ähnlich, dass Außenstehende sie kaum unterscheiden können. Zweieiige Zwillinge dagegen können gleich- oder verschiedengeschlechtlich sein und haben in Aussehen und Veranlagung nicht mehr und nicht weniger Ähnlichkeiten als andere Geschwister auch. Allerdings haben diese beiden Geschwister dann die ersten neun Lebensmonate in einem fast identischen Umfeld gelebt – ein Grund dafür, weswegen sich auch zweieiige Zwillinge ähnlicher sind als Geschwister, die in größerem zeitlichen Abstand geboren sind.

Falls Ihnen der Arzt gesagt hat, dass Sie mit ziemlicher Sicherheit Zwillinge bekommen werden, müssen Sie sich früher als andere Frauen für die Klinik bereithalten, etwa vom Beginn des achten Monats an. Denn 50 bis 75 Prozent aller Zwillinge werden schon um diese Zeit geboren.
Lassen Sie sich Ihre Vorfreude auf zwei Babys nicht von dem Gedanken an die doppelte Arbeitsbelastung schmälern. Das Wichtigste ist jetzt, dass Sie sich nach jemandem umsehen, der Ihnen wenigstens in

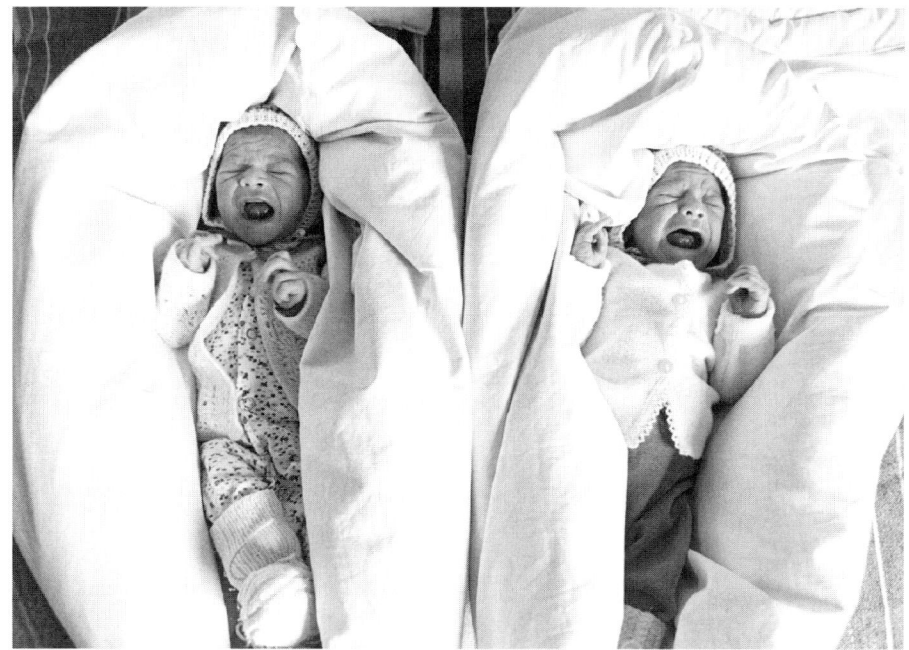

den ersten Wochen nach der Geburt im Haushalt und bei der Pflege hilft.

### Tipps für die Eltern von Zwillingen

**Stillen.** Das Stillen von Zwillingen ist kein Problem, denn die Brust stellt sich auf den erhöhten Bedarf ein. Wichtig ist, wie auch beim Stillen eines Kindes, dass die Brust leer getrunken wird. Legen Sie deshalb zunächst den einen Zwilling an und lassen Sie ihn sich satt trinken. Ist die Brust dann noch nicht leer getrunken, legen Sie den anderen Zwilling an dieselbe Brust an, und erst wenn diese Brust leer getrunken ist, geben Sie Ihre andere. Bei dieser Methode wird die Milchproduktion Ihrer Brüste dem tatsächlichen Bedarf am besten angepasst. Beide Zwillinge gleichzeitig zu stillen, führt ziemlich sicher dazu, dass Sie sich nicht voll auf jedes der beiden Zwillinge einstellen können. Damit Ihren Kindern jedoch die notwendige Aufmerksamkeit zuteil wird, ist das Stillen nacheinander vorzuziehen. Wechseln Sie von Mahlzeit zu Mahlzeit ab, wen Sie zuerst anlegen, damit Sie sich nicht unbewusst daran gewöhnen, einen Zwilling zu bevorzugen.

**Flaschenkost.** Auch mit der Flasche füttern Sie die Zwillinge am besten nacheinander (vgl. oben). Wenn das wartende Kind zu unruhig wird oder sogar vor Hunger schreit, kann vielleicht der Vater oder eine andere Vertrauensperson einspringen.

**Essenszeiten.** Damit Sie Ihr Arbeitspensum bewältigen können, werden Sie etwas mehr auf regelmäßige Essenszeiten drängen müssen, als Sie das bei einem Einzelkind vielleicht getan hätten. Wenn Sie früher auf Fertigkost umstellen, sparen Sie möglicherweise Zeit. Falls eines der beiden etwas schwächer ist als das andere (das kommt bei Zwillingen häufig vor), braucht es vielleicht pro Tag eine Mahlzeit mehr.

**Tägliches Baden** der Zwillinge ist nicht erforderlich – zwei- bis dreimal pro Woche genügt. An den anderen Tagen waschen Sie bloß Gesicht und Po.

**Kinderwagen und Bett** gibt es in Zwillingsgrößen. Da diese Modelle deutlich teurer sind als diejenigen für ein Kind, lohnt es sich vielleicht, per Inserat einen «second hand»-Kinderwagen zu erwerben.

**Spielgemeinschaft.** Wenn Sie auch mit der Pflege von Zwillingen mehr zu tun haben – in Erziehungsfragen haben Sie es etwas leichter als die Eltern von Einzelkindern. Zwillinge sind einander meistens prima Spielgefährten: Sie können sie länger allein spielen lassen als ein einzelnes Kind. Freilich brauchen Sie dafür genügend Platz, z. B. ein größeres Kinderzimmer (Tipp: Elternschlafzimmer und Kinderzimmer später tauschen). Es muss auch besonders kindersicher eingerichtet sein, denn zwei Kinder kommen auf mehr Ideen als eines und zetteln oft etwas Gefährliches an. Schließen Sie die Tür mit einem Scherengitter, damit Sie Ihre Zwillinge immer im Auge behalten können. Beim Kauf von Spielzeug müssen Sie besonders darauf achten, dass die Kinder sich nicht damit gegenseitig verletzen können. Das ist besonders bei größeren Spielsachen möglich, weil das spielende Kind zwar auf sich selbst achtet, aber zu wenig darauf, was seinem Geschwisterchen durch das Herumhantieren und Experimentieren passieren könnte.

**Ähnlichkeit und Individualität.** Das Hauptproblem bei der Erziehung von Zwillingen ist die Versuchung, sie zu gleichartig aufwachsen zu lassen, der natürlichen Ähnlichkeit noch zusätzlich nachzuhelfen. Das kann so weit führen, dass einer von beiden sich später ohne seinen Bruder oder seine Schwester nur «wie ein halber Mensch» vorkommt. Damit solche Kinder zu einem stabilen Ich-Gefühl und größerer Selbständigkeit gelangen, sollten Sie diese Punkte beachten:

– Kaufen Sie nicht lauter gleiche Kleidungsstücke.
– Geben Sie den Kindern nicht ähnlich klingende Namen oder Kosenamen.
– Schenken Sie jedem von ihnen seine eigenen, von denen des anderen gut unterscheidbaren Spielsachen.
– Versuchen Sie Unterschiede im Äußeren zu betonen, z. B. beim Kämmen.

Viele Leute finden es zwar «süß» und «drollig», wenn sich zwei Kinder gleichen wie ein Ei dem anderen. Für die Kinder selbst ist das jedoch eine Belastung. Schließlich ist es für ihre Entwicklung wichtig, dass sie als eigenständige Persönlichkeiten angesehen werden und nicht nur als Duplikat des anderen. Vor allem eineiige Zwillinge, die sich ja völlig gleichen, leiden u. U. darunter und werden weniger selbständig.

**Isolation.** Sie müssen auch darauf achten, dass die beiden Kinder nicht zu isoliert aufwachsen. Zwillinge neigen dazu, eine eigene Sprache untereinander zu entwickeln und sich mit Zeichen zu verständigen, die kein anderer versteht. Geben Sie ihnen daher von Anfang an immer wieder Möglichkeiten, auch Kontakte zu anderen Kindern zu halten.

# Verwandte,
## Freunde und Bekannte

Spätestens nach dem Klinikaufenthalt setzt gewöhnlich ein großer Besucheransturm ein.
Achten Sie darauf, dass das Neugeborene von den Besuchern, besonders von Kindern, nicht mit Krankheiten infiziert wird.

Vielleicht kommen Besucher, die Ihr Kind zwar bewundern, aber erwarten, dass Sie Ihren Gästen ganz zur Verfügung stehen, statt das Kind zwischendurch zu stillen, zu wickeln oder mit ihm zu spielen. Ihr Kind geht jedoch in jedem Falle vor.

Ein Gast, der sich wirklich für Ihr Kind interessiert, wird es ruhig in seinem Bettchen betrachten und – falls es wach ist – versuchen, Kontakt aufzunehmen.

Wenn Sie noch andere Kinder haben, sollten Sie Ihren Besuch nicht jedes Mal gleich zum Jüngsten führen: Das ältere Kind bekommt sonst schnell das Gefühl, dass es jetzt unwichtig geworden sei.
Lassen Sie sich nicht irritieren, wenn manche Leute sagen, Ihr Kind sei zu still und andere sich wieder über sein übermäßiges Temperament auslassen. Genauso wenig sollten Sie sich von den zahlreichen gut gemeinten Ratschlägen beeinflussen lassen, die man Ihnen großzügig anbietet. Die einen werden Sie vielleicht zu absoluter Pünktlichkeit in der Pflege überreden wollen, die anderen pikiert feststellen, dass Ihr Kind am Ende des ersten Lebensjahres den Löffel noch nicht richtig hält. Sagen Sie ihnen dann ruhig, was Sie darüber denken, und erklären Sie, warum Sie Ihre eigene Erziehungsweise für richtig halten.
Wenn es Verwandte oder Bekannte gibt, die Ihr Kind aus unerklärlichen Gründen nicht akzeptiert und die sich deshalb zurückgesetzt fühlen, dann sprechen Sie mit ihnen darüber.

Das beste Mittel, ein Kind für sich zu gewinnen, ist, sich mit ihm zu beschäftigen und auf seine Wünsche einzugehen, anstatt über es zu bestimmen. Wenn sich der Betreffende beispielsweise auf den Fußboden setzt und mit Puppen spielt oder Bauklötze baut, krabbelt Ihr Kind sicher bald neugierig in seine Nähe, um mitzuspielen.

Eine andere bewährte Methode der Annäherung für Erwachsene ist, sich ruhig in der Nähe hinzusetzen und in einer Zeitung zu schmökern. Da bietet sich nach kurzer Zeit an, ein wenig über den Zeitungsrand zu blinzeln und so das Kind zu ermuntern. Wenn sich der Erwachsene wenig aufdrängt, ergreift das Kind eher die Initiative und überwindet dabei auch seine Scheu.

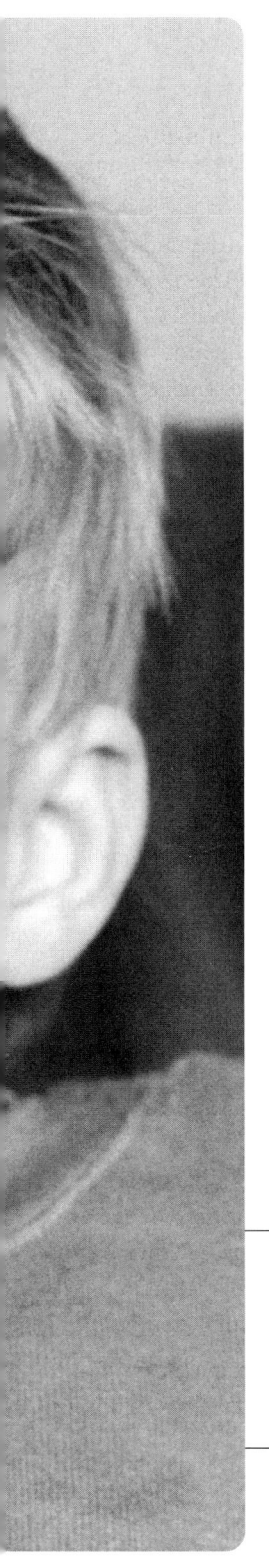

# Psychische Entwicklung

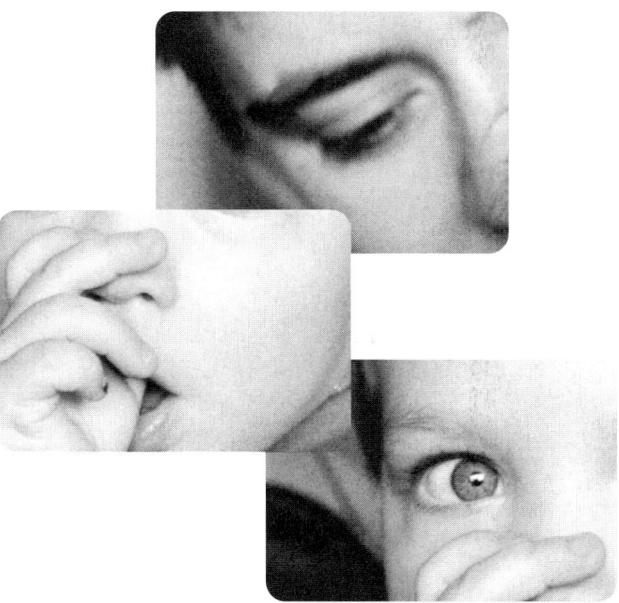

Entscheidend beim Heranwachsen des Kindes sind die körperliche, die psychische und die geistige Entwicklung. Keiner der drei Bereiche darf als weniger wichtig vernachlässigt werden. Eine Entwicklungsverzögerung in einem Bereich wirkt sich auch in den anderen nachteilig aus.

# Das erfährt Ihr Kind

## im ersten Lebensjahr

### Was Entwicklung bedeutet

Noch vor einigen Jahrzehnten war die Meinung verbreitet, die Entwicklung des Menschen sei weit überwiegend durch Erbanlagen vorbestimmt, man werde von vornherein z. B. als Mathematikgenie oder als Verbrecher geboren. In den Jahren um 1920–1930 hielt man dann umgekehrt das Neugeborene für ein unbeschriebenes Blatt – unbegrenzt durch seine Umwelt formbar.

Erst spätere Untersuchungen an Zwillingen und verschiedenaltrigen Geschwistern unter einerseits nahezu gleichen und andererseits sehr unähnlichen Umweltbedingungen zeigten, dass sowohl Erbanlagen als auch die Umweltbedingungen für die Entwicklung von entscheidender Bedeutung sind (Konvergenztheorie).
Unter dem Einfluss dieser beiden Faktoren vollzieht sich die Entwicklung eines Kindes als eine Art Spiralprozess, in dem das Kind immer auch schon Steuermann seiner eigenen Entwicklung ist durch die ihm eigene Umsetzung seines individuellen Erfahrungsschatzes.
Jedes Kind entwickelt im Laufe seines Heranwachsens eine eigene, individuelle Sichtweise, die bestimmt, welche Umweltausschnitte aufgenommen und wie die neuen Erfahrungen verarbeitet werden. Selbst eineiige Zwillinge schaffen sich auf diese Weise ihre jeweils eigene unverwechselbare Welt.
Der wechselseitige Prozess der Beeinflussung des Kindes durch seine Umwelt auf der einen Seite und der selbständigen Auswahl und Verarbeitung dieser Eindrücke durch das Kind auf der anderen Seite (also seine eigene Persönlichkeit) bringen schon von Anfang an die Entwicklung voran. Sie ist also weder nur ein Erziehungsprozess noch ausschließlich ein Reifungsprozess. Die Bedeutung der Erziehung im Sinne von Manipulation wurde seit den

70er Jahren immer mehr in den Hintergrund gedrängt. Kinder erhalten heute häufig zu viel Freiraum. Das Kind soll jedoch keineswegs manipuliert werden, es bedarf sowohl der Lenkung und Anregung durch die Mitwelt als auch des persönlichen Freiraums. Das richtige Maß liegt irgendwo in der Mitte. In der Praxis bedeutet das: Der Erwachsene sollte sich zurückhalten, wenn er bei Beschäftigungen des Kindes nicht gebraucht wird, also sein selbständiges Spiel nicht stören (das ist ja zugleich der psychische Raum des Kindes, in dem es seine stimulierenden und beeinträchtigenden Erfahrungen verarbeitet).

Wenn ein Kind andererseits nach Hilfe oder Beteiligung des Erwachsenen ruft, bietet das eine gute Gelegenheit, sowohl über das eigene als Vorbild dienende Verhalten als auch direkt Einfluss zu nehmen.

Wenn man einem Kind bei seiner Entfaltung helfen will, ist es wichtig, folgende Bedingungen zu kennen:
– Sie müssen wissen, wie die Entwicklung normalerweise verläuft.
– Sie müssen die individuellen Stärken und Schwächen des Kindes sehen (und an den Stärken anknüpfen!).

- Sie sollten Umweltbedingungen schaffen, unter denen diese Entwicklung optimal verlaufen kann.
- Ihnen muss klar sein, dass die Individualität des Kindes eine wichtige Rolle spielt.

## Das Neugeborene und seine Mutter

Spannungen und Missverständnisse zwischen Mutter und Kind sind weitgehend vermeidbar. Sie entstehen zum Teil dadurch, dass wir unsere eigenen Vorstellungen auf den Säugling übertragen: Wir deuten sein Innenleben, das, was das Kind vermeintlich denkt, fühlt und will. Doch das ist nur in einem sehr begrenzten Rahmen möglich, denn das Neugeborene hat noch kein klares, zuverlässig orientierendes Bewusstsein:
- Was innen und außen, hier und dort, jetzt und später ist, lernt es erst nach und nach.
- Alles, was für uns selbstverständlich ist – sehen, hören, fühlen, denken, zwischenmenschlicher Kontakt –, entwickelt sich beim Kind langsam und darf nicht von Anfang an vorausgesetzt werden.

Sie werden dem vielleicht spontan entgegenhalten: «Ich verstehe mein Kind trotzdem!» Die Sicherheit, mit der viele Mütter die Bedürfnisse ihrer Kinder erahnen, ist tatsächlich erstaunlich. Schon bei der kleinsten Lautäußerung ihres Sprösslings sind sie alarmiert, übrigens bevorzugt beim eigenen Kind. Ist ein anderes Kind unruhig, wacht eine schlafende Mutter nicht so schnell auf: Es ist, als wären Mutter und Kind noch durch eine unsichtbare Nabelschnur verbunden.

Aber auch der Säugling erlebt die Mutter anfangs wohl nicht als eine von ihm getrennte Person. Es gibt für ihn nur Spannung und Entspannung, Behagen und Unbehagen, ausgelöst durch Empfindungen, die im Körper entstehen und körpernah erlebt werden. Hungergefühle, Wärme, Berührungen und der Gleichgewichtsreiz spielen vorerst die dominierende Rolle im Leben des Kindes. Deshalb sollten Sie, wenn Sie mit Ihrem Kind kommunizieren wollen, diese Gefühlsvermittlung benutzen, Sie müssen es füttern, warm halten oder streicheln, wiegen und schaukeln. All das geschieht in idealer Weise z. B. beim Stillen. Je bereitwilliger Sie jetzt auf die Bedürfnisse Ihres Kindes nach Körperkontakt eingehen, desto harmonischer wird es sich entwickeln.

## Das erfährt ein Kind beim Stillen

Glück und Unglück, Vertrauen in die Mitmenschen und Bindungsfähigkeit oder Kontaktarmut und Bindungsschwäche, das alles nimmt beim Stillen seinen Anfang. Beim Stillen wird die Verbindung zwischen dem kindlichen und dem mütterlichen Organismus wiederhergestellt. Was ihm sonst durch die Nabelschnur zufloss, nimmt der Säugling jetzt durch den Mund auf. Die Liebe geht buchstäblich durch den Magen.

Die Nahrungsaufnahme ist zugleich auch der erste und intensivste Kontakt mit der Umwelt. Alle Wahrnehmungen beginnen in der Mundhöhle und durch die Haut. In ihr und durch sie sind Geschmacks-, Berührungs-, Geruchs-, Temperatur- und Schmerzempfindungen möglich. Diese erste Kontaktwahrnehmung durch Mund und Haut, insbesondere durch die Hände, bildet die Grundlage für alles spätere Begreifen.

Seitdem die gleichmäßige Versorgung durch die Nabelschnur aufgehört hat, erlebt das Kind immer wieder, dass es nicht immer gleich gestillt wird, wenn es hungrig ist. Diese unvermeidlichen Versagungen sind für die Weiterentwicklung der kindlichen Persönlichkeit wichtig. Es fühlt seine Abhängigkeit und muss gezwungenermaßen die Außenwelt beachten und sein Verhalten auf sie einzustellen lernen. Dieser Prozess der Ablösung des Lustprinzips durch das Realitätsprinzip dauert lang an. Man muss schon früh lernen, dass nicht alle Wünsche erfüllt werden und die Mutter eine andere Persönlichkeit mit eigenen Bedürfnissen ist. Das Kind ist nicht allein auf der Welt. Es muss sich anpassen und warten können, und dabei lernt es, sich selbst zu helfen.

## Was Wahrnehmen mit Wünschen zu tun hat

Das Streben nach Selbständigkeit wird durch die ständig zunehmenden Fähigkeiten und Fertigkeiten des Säuglings gefördert. Parallel zur hautnahen Kontaktwahrnehmung (der Geruchssinn spielt dabei eine besondere Rolle) wird die Fernwahrnehmung als wichtiges Mittel zur Umweltbewältigung ausgebildet. Als Informationsquellen dienen Augen und Ohren. Schon zwei Wochen alte Babys können hell und dunkel, laut und leise und sogar Figuren vor einem Hintergrund unterscheiden. Bedeutung und Sinn des Gesehenen oder Gehörten müssen natürlich erst gelernt werden.

Was das Kind interessiert, lernt es schnell: Anfangs bemerkt es die Mutterbrust nur, wenn es hungrig ist. Ab dem Ende des ersten Monats bereits beginnt es dann, auf einzelne Personen aus seiner Umgebung unterschiedlich zu reagieren. Tritt die Mutter an sein Bett, wird es aktiv und scheint freudig erregt. Dies geschieht unabhängig davon, ob es hungrig ist oder nicht.

Diese Reaktionen werden von Woche zu Woche immer deutlicher und gipfeln schon im zweiten bis dritten Monat im ersten Lächeln des Kindes, was allerdings noch nicht heißt, dass es die Mutter als Person bereits deutlich erkennt – denn fast alle freundlich lächelnden Personen wird das Baby seinerseits anlächeln.

Dass ein Baby bereits im Alter von einigen Wochen bestimmte Personen erkennt – zumindest von anderen unterscheidet –, weiß jede Mutter und jeder Vater: Nicht jeder kann es gleich zuverlässig und schnell trösten. Das scheint ein klarer Hinweis dafür, dass es bestimmte Verhaltensweisen einer bestimmten Person zuordnet und sie von einer anderen nicht erwartet.

Das menschliche Gesicht und die menschliche Stimme sind die ersten optischen und akustischen Reize, die für das Kind bedeutungsvoll werden. Es kann der Mutter in zunehmendem Maße mit den Augen folgen und ist über ihre Stimme sogar noch außerhalb des Raumes mit ihr verbunden. Das stärkt sein Gefühl, nicht allein zu sein.

## Das Kind und der Erwachsene

Das Kind erschließt seine Umwelt über den Erwachsenen, der ihm den Zugang zu den Dingen vermittelt. So wird z. B. ein bereits uninteressantes Spielzeug plötzlich wieder beachtet, wenn jemand es in die Hand nimmt. Dadurch vertieft sich zugleich der Kontakt des Kindes zu dem Erwachsenen.

Bis zum sechsten und siebten Monat lächelt ein Kind fast jeden ebenfalls freundlich lächelnden Erwachsenen an. Danach allerdings ist es imstande, Gesichter voneinander zu unterscheiden. Dann lächelt es für einige Zeit fast ausschließlich seine wichtige Bezugsperson, häufig die

Mutter, an. Mit diesem Lächeln drückt es seine Zuneigung und das persönliche Erkennen aus.

Beim Anblick fremder, vor allem aktiver Personen dagegen wendet es sich oft demonstrativ ab oder weint sogar. Dieses Fremdeln (Achtmonatsangst – häufig zwischen dem sechsten und neunten Monat) ist wohl als allgemeine Fremdreaktion aufzufassen: «Den oder die kenne ich nicht.» Auch wenn die Mutter in der Nähe ist, reagieren Kinder in diesem Alter meistens abweisend auf Fremde. Die Reaktion verliert sich ganz von selbst bis spätestens zum 15. Lebensmonat, denn die kindliche Neugierde auf andere Menschen nimmt ständig zu.

## Die Sprechentwicklung

Mit dem stärkeren Wunsch des Kindes nach sozialen Kontakten und mit einigen Erfahrungen auf diesem Gebiet nehmen die Lautäußerungen immer mehr zu. Kinder auf der ganzen Welt produzieren anfänglich die gleichen Laute.

Doch ab dem dritten Lebensmonat zeigt sich der Umwelteinfluss. Aus dem Gebrabbel lassen sich bald eindeutige Silben erkennen, die der Sprache der Umgebung immer ähn-

Von A. Grimm und S. Wilde (1998) wurden 91 Mütter nach den Wörtern befragt, die ihre Kinder im Alter von zwölf Monaten äußern (Angabehäufigkeit in Prozent):
Mama (66), Papa (63), nein (23), Hund (15), Ball (14), danke (12), Baby (8), Puppe (7), Auto (7), bitte (7), Bär (6), Kuh (4), Schaf (3), Ente (3); essen (2)

licher werden. Lautkombinationen, auf die keine positive Reaktion erfolgt, verlernt das Kind. Es ist also wichtig, dass man mit dem Kind viel spricht, und zwar bereits zu einem Zeitpunkt, zu dem es noch nichts zu verstehen scheint.

Es lernt darüber hinaus zuzuhören, verschiedene Tonfälle zu unterscheiden und allmählich auch einzelne Wörter aufzunehmen. Die Sprache wird als angenehm empfunden, wenn die Lautäußerungen in angenehmen Situationen, beim Streicheln oder beim Füttern, aufgenommen werden.

Bereits ab der achten Lebenswoche kann man mit einem Kind Zwiesprache halten. Der Erwachsene wiederholt den oder die Laute des Kindes, oder er provoziert selbst den einen oder anderen Laut, den

das Kind aufgreift. Das kann bis zu mehreren Minuten anhalten, wenn Kind und Erwachsener sich ständig weiter stimulieren. Die Lautäußerungen nehmen kontinuierlich zu, werden differenzierter und von gesprochenen Gesten der Zuwendung begleitet – Erwachsene können also viel tun, um die Sprechentwicklung zu fördern.

Um eine Verbindung zwischen Wort und Bedeutung herstellen zu können, muss das Kind die bezeichneten Gegenstände eindeutig wahrnehmen. Der bezeichnete Gegenstand muss jeweils gut sichtbar von der Umgebung abgehoben und vom Erwachsenen interessant gemacht werden: Das Wort verbindet sich nur dann eindeutig mit dem Gegenstand, wenn er in verschiedenen Situationen und Perspektiven gezeigt wird. Dann lernt das Kind auch, ihn mit den Augen zu suchen; und das wiederum stellt eine höhere Stufe seiner Wahrnehmungsfähigkeit dar.

Etwa ab dem neunten Monat gelingt dann durch Nachahmung die Bildung von Lautkombinationen und ihre Anwendung auf Gegenstände in bestimmten Situationen, in denen sie das Kind von anderen gehört hat. Erst gegen Ende des ersten Lebensjahres entstehen im Allgemeinen Gedankenverbindungen zwischen Wort und Bedeutung auch unabhängig vom unmittelbaren optischen Eindruck.

Die ersten gesprochenen Wörter bezeichnen sicher manchmal einzelne Objekte, sie haben aber oft schon die Bedeutung eines ganzen Satzes. «Auto» heißt nicht nur «Auto», sondern oft auch «Da fährt ein Auto», «Ich will das Auto haben», «Nimm das Auto» usw. Ihr Kind redet ab dem 18. – 21. Monat also in «Ein-Wort-Sätzen» – es versteht aber weit mehr, als es sprechen kann. Es reagiert auf Ihren Tonfall und die Gesamtsituation, wird aktiver, wenn Sie mit ihm sprechen, hält aber auch inne, wenn Sie es durch entsprechende Worte dazu auffordern.

## Die Bandbreite der Entwicklung

Reagieren Sie nicht mit Enttäuschung gegenüber Ihrem Kind, wenn es nicht den erwarteten Verhaltensweisen entspricht. Jedes Kind entwickelt sich anders. Auch Stillstand und scheinbare Rückschritte gehören dazu. Was lange nicht gelingen will, wird oft in Windeseile wieder aufgeholt. Allerdings sollten Sie trotzdem die kindliche Entwicklung sorgfältig beobachten,

weil es sich ja auch um eine Störung handeln könnte, deren rechtzeitige Behandlung spätere Probleme vermeiden helfen kann.

Am zuverlässigsten entwickelt sich Ihr Kind, wenn Sie ihm alle notwendigen Anregungen geben und es besonders im ersten Lebensjahr in einer geordneten und ausgeglichenen Atmosphäre aufwachsen lassen. Was in der frühen Kindheit versäumt wird, kann später nur schwer, in manchen Fällen nie mehr, nachgeholt werden. Denken Sie an folgende Grundsätze:

- Begabung heißt auch Lernen können und hängt vom Lernen mögen ab. Lernen mögen kommt von guten Erfahrungen beim Lernen.
- Lernen beginnt schon im Uterus, nicht erst nach der Geburt.
- Wie gern Ihr Kind lernt, was und wie viel es lernt, bestimmen Sie wesentlich durch Ihr persönliches Verhalten.

Ein Beispiel: Viele Kinder machen kurze Zeit nach dem ersten Geburtstag die ersten freien Schritte. Unterschiede gibt es aufgrund der genetischen Anlagen eines Kindes sowie aufgrund der Anregung seiner motorischen Entwicklung, auch durch die Angebote seiner Eltern. Wie Sie in einem anderen Kapitel erfahren, heißt das bei der Förderung des freien Laufens gerade nicht, es immer wieder auf seine Beine zu stellen oder ihm ein Lauflerngerät zu geben – vielmehr sollte das Kind selbst Spaß daran finden, immer wieder zu üben, und zwar möglichst unabhängig vom Erwachsenen. Anerkennung zeigen und Anreize schaffen sind dabei die geeigneten Hilfen.

Was heißt nun «normale» Entwicklung, bezogen auf das freie Laufen? Wenn 50 Prozent der Kinder eine bestimmte Fähigkeit oder Leistung zeigen, ist das der sog. Mittelwert der Entwicklung (der Median). Ärzte geben vielfach als untere Grenze des Normbereichs («das ist noch normal») an, was lediglich fünf oder zehn Prozent der Kinder nicht erreichen (z. B. zu geringe Reflexbereitschaft) oder was 90 oder 95 Prozent der Kinder zu einem gegebenen Zeitpunkt erreichen. Bezogen auf das freie Gehen heißt das:
- 50 Prozent der Kinder machen bis zum Ende der zweiten Woche nach dem ersten Geburtstag die ersten freien Schritte.
- Fünf Prozent der Kinder gehen die ersten Schritte mit 10 1/2 Monaten.
- Fünf Prozent der Kinder laufen erst mit 17 1/2 Monaten.

Die Grenze nach oben ist bei klei-

nen Kindern meist weiter als die nach unten – deshalb schwanken die Angaben von zwei Monaten unter dem Mittelwert (Median) bis zu fünf Monaten darüber. Zu früh geborene Kinder liegen in bestimmten Entwicklungsbereichen zunächst zurück – sie können in den meisten (und entscheidenden) Bereichen jedoch im Laufe von Monaten oder Jahren aufholen.

Für nur wenige Entwicklungsbereiche sind Mittelwerte mit Grenzen nach oben und unten genau bekannt; sie machen übrigens auch Veränderungen im Laufe der Jahre durch, u. a. aufgrund des Wandels der Lebensbedingungen in einer Gesellschaft, z. B. waren die Kinder in den 90er Jahren bei der Geburt durchschnittlich zwei Zentimeter länger als noch 1970. Im Jahr 1966 konnten die Kinder in Schweden im Schnitt mit zwölf Monaten frei laufen, in Paris erst mit 14 Monaten. Es gibt also auch große regionale Unterschiede (abhängig allerdings auch von nationalen Erziehungsstilen).

Die Entwicklung verläuft natürlich nicht in allen Bereichen gleichzeitig oder parallel (synchron). Die motorische Entwicklung kann z. B. rascher oder langsamer verlaufen als die Sprechentwicklung und umge-

kehrt. Manche Entwicklungsbereiche sind zeitweilig verzögert –
manchmal wird diese Verzögerung
dann rasch aufgeholt.

Für die Anregung und Förderung
der Entwicklung kann daraus vor
allem Folgendes abgeleitet werden:

Während die Abweichungen vom
Mittelwert im ersten Lebensjahr
noch klein sind (von Monat zu Monat und in verschiedenen Entwicklungsbereichen unterschiedlich!),
sind sie bei Drei- oder Fünfjährigen
oft deutlich größer.

Setzen Sie immer da an, wo das Kind
gegenwärtig in seiner Entwicklung
steht – nicht bei starr vorgegebenen
Angaben, die Sie allenfalls als Mittelwert ansehen sollten und die für Ihr
Kind nicht zutreffen müssen. Setzen
Sie sich selbst (und mittelbar Ihr Kind)
also durch das Vergleichen mit der
Entwicklung anderer Kinder nicht unter Druck.

# Die häufigsten Ursachen
## für Fehlentwicklungen

## Feste Bezugspersonen sind wichtig

Nicht nur die körperliche, auch die psychische Entwicklung des Kindes hängt ganz entscheidend davon ab, wie gut der Kontakt zwischen Mutter, aber auch zwischen Vater und Kind ist. Kinder, die nach der Geburt keine Bezugsperson(en) haben, bleiben in ihrer Entwicklung weit hinter Gleichaltrigen zurück. In einer viel beachteten Untersuchung stellte René Spitz fest, dass Kinder aus Findelhäusern mit vier Jahren weder sprechen noch laufen und auch keine emotionalen Beziehungen zu anderen Personen mehr aufnehmen konnten. Sie waren «seelisch verhungert». Die sonstigen Bedingungen waren übrigens nicht ideal, aber akzeptabel, also Ernährung, Hygiene usw. Was den Kindern fehlte, war die persönliche Ansprache. Da die Betreuungspersonen hoffnungslos überlastet waren (über 40 Kinder pro Betreuungsperson), konnten sie keinerlei persönlichen engeren Kontakt zu den Kindern aufnehmen. Fazit der damaligen Untersuchung:

> Entscheidend für die Entwicklung eines Kindes ist nicht nur die Ernährung oder die hygienische Pflege, die materielle Fürsorge, sondern darüber hinaus die Qualität der persönlichen Kontakte. Ein Kind braucht eine wichtigste und möglichst noch andere Bezugspersonen für seine gesunde körperliche und psychische Entwicklung. Vermeiden Sie deshalb im ersten Lebensjahr, wenn irgend möglich (und es ist fast immer möglich!), eine länger dauernde Trennung von Ihrem Kind. Ist dies jedoch unvermeidbar, muss anstelle von Mutter oder Vater eine andere Person diese Hauptrolle einnehmen. Eine sorgfältig eingeführte Großmutter, eine Pflegemutter oder eine andere liebevolle Person können erhebliche Entwicklungsverzögerungen oder -störungen vermeiden helfen.

In fast allen Kinderkrankenhäusern ist es heute im Gegensatz zu früher möglich, den Kontakt zwischen Mutter bzw. Vater und Kind zu halten. Sie können Ihr Kind, sooft sie wollen, besuchen oder sogar dort übernachten (u. a., wenn Sie stillen).

Vielfach wird noch angenommen, dass der Besuch einer Kinderkrippe (Tageseinrichtung für kleine Kinder) ein Kind schädigen könne. Dies hängt natürlich zunächst von der Qualität der Kinderkrippe, der personellen Ausstattung, Qualifikation und Motivation der Betreuer ab und auch von der Dauer pro Tag, die ein Kind dort verweilt. Ist Ihr Kind noch klein – zwischen sechs Monaten und zwei Jahren –, sollte eine Betreuerin nicht mehr als drei, höchstens vier Kinder zu versorgen haben. Bei älteren Kindern von zwei bis drei Jahren sollten es nicht mehr als vier bis fünf Kinder pro Betreuerin sein. Unter diesen und auch räumlich günstigen Bedingungen ist keine Schädigung zu erwarten, eher eine Anregung für Kinder, die z. B. ohne Geschwister aufwachsen.

Zu Störungen der normalen Entwicklung kann es kommen, wenn ein Kleinstkind trotz der Anwesenheit der Mutter (oder des Vaters) nicht bekommt, was es braucht. Das kann viele Ursachen haben:

– Die Mutter oder der Vater berücksichtigen zu wenig die geäußerten Bedürfnisse des Kindes – sie orientieren sich z. B. an veralteten Regeln (u. a. Schreien stärkt die Lungen), oder sie haben zu wenig Zeit, um auf ihr Kind einzugehen.
– Es gibt heftige Auseinandersetzungen zwischen den Eltern, dabei bewusste oder unbewusste Ablehnung des Kindes.
– Krankheit oder Trauerfälle belasten die Familie, Arbeitslosigkeit, materielle Sorgen, Raumnot oder z. B. Ärger mit einem kinderfeindlichen Vermieter bedrängen die Eltern: dann sind sie u. U. verunsichert oder überreizt.
– Das Kind leidet unter einer körperlichen Störung, ist deswegen schwieriger, und Mutter oder Vater sind dadurch belastet und verkrampft, d. h., das Kind wird evtl. zu wenig liebkost, oder möglicherweise entwickelt sich eine ambivalente Einstellung der Eltern: Zuneigung und Ablehnung zeigen sich zugleich oder in raschem Wechsel.

Auf solche oder ähnliche Konflikte, die ein Kind noch nicht verarbeiten kann, reagiert es unter Umständen mit heftigen körperlichen (psychosomatischen) Symptomen, mit Erbrechen, Zittern oder Schlafstörungen usw.

## Schädliche Haltungen und Einstellungen

Trotz der ganz individuellen Art eines kleinen Kindes, seinen Körper sprechen zu lassen, hat man einen Zusammenhang zwischen körperlichen Störungen und der Einstellung der Mutter zu ihrem Kind gefunden (entsprechende Untersuchungen schließen die Väter bisher nicht mit ein).

### Übertriebene Fürsorge

Eine überfürsorgliche und überängstliche Mutter (gilt auch für Väter!), die sich völlig für ihr Kind aufopfert, hegt insgeheim oft eine Abwehr gegen das Kind: Vielleicht hat sie es gar nicht gewollt, es passte eigentlich nicht in ihren Lebensplan, und nun versucht sie, aus einem unbewussten Schuldgefühl heraus alles für das Kind zu tun. Das Kind, von zu vielen Angeboten überflutet, wird unruhig, verkrampft und schläft schlecht. Die dadurch alarmierte Mutter bemüht sich noch mehr um das Kind: Der Teufelskreis ist geschlossen, die Symptome verschlimmern sich.

Ausdrucksformen einer solchen übermäßigen Umsorgung können sein:
– Jeder Schrei wird als Hungerschrei empfunden, das Kind viel zu oft gefüttert.
– Es wird übertriebene Hygiene betrieben mit ständigem Waschen und Baden des Kindes, Fernhalten vom Fußboden und von jedem Staubkorn, Schmutz oder Sand.
– Das Kind wird eingeengt durch ständiges Beschützen, sodass es zu wenig Selbständigkeit entwickelt.

### Erdrückende Liebe

Ganz anders verhält sich die unbefriedigte Mutter, die ständig sagt, ihr Kind sei ihre einzige Freude, ihr einziger Lebensinhalt. In Wirklichkeit tut sie nicht alles für ihr Kind, sondern sie sinnt unbewusst auf Vorteile für sich. Sie «investiert» Gefühle in das Kind, damit dieses ihr geben soll, was ihrem unausgefüllten Leben fehlt: Anhänglichkeit und Liebe. Das führt zum Teil bis zu gegenseitigen sexuell getönten Zärtlichkeiten.
Solche Mütter erdrücken das Kind mit ihrer Liebe. Es protestiert gegen das Zuviel unter Umständen mit Nahrungsverweigerung, Erbrechen, übermäßigem Schreien oder Schlafstörungen. Zu starke Verwöhnung

### Verhätscheln oder auf Ordnung dringen?

Zu dieser Frage sind schon viele und im Einzelnen sehr unterschiedliche Antworten gegeben worden. Eine kurze und überzeugende Aussage findet sich bei D. Morris (1992): «Babys, die verhätschelt und liebkost, mit zärtlichen Worten umgarnt und getröstet werden, sind als Erwachsene meist sehr widerstandsfähig, wohingegen die disziplinierten Babys sich im späteren Leben oft zu scheuen, unsicheren Persönlichkeiten entwickeln. Das liegt daran, dass das behütete Baby von Anfang an das Gefühl bekommt, beachtenswert zu sein. Es fühlt sich geliebt und schließt daraus, dass es liebenswert sein muss. Mit dieser inneren Stärke kann es guten Mutes die Welt erobern und seinen Horizont erweitern …
Für das überdisziplinierte Kind sieht die Zukunft nicht so rosig aus. Es hat die Erfahrung gemacht, dass das Leben grausam sein kann. In Momenten vollkommener Hilflosigkeit hat ihm niemand eine schützende Hand gereicht, niemand hat es liebevoll in den Arm geschlossen. Für das geliebte Baby steht die Kindheit unter dem Motto: Wer nicht wagt, gewinnt nicht; für das disziplinierte Baby lautet das Motto: Wer nicht wagt, verliert nicht.» Allerdings bedeutet das nicht, dass Sie keine Regeln einführen sollten …

vonseiten der Mutter hält das Kind in künstlicher Abhängigkeit und verhindert, dass es selbständig wird. So macht sie es zu einem passiven, «braven» Kind, das sich nicht von der Mutter trennen kann, oder zu einem kleinen Haustyrann, der ohne Mutters Fürsorge verloren ist.

### Weitere Typen von Fehleinstellung

Die kühle Mutter hat ihr Kind zwar gern, zeigt diese Liebe aber nicht kindgemäß durch Zuwendungen wie Streicheln, In-den-Arm-Nehmen und Wiegen. Einige Mütter lehnen ihr Kind auch mehr oder weniger unverhüllt ab (weil z. B. aus dem sehnlichst erwarteten Mädchen «nur» ein Junge geworden ist). Ein Kind kann darauf mit verschiedenen Symptomen reagieren: Es zieht sich in sich selbst zurück, isst zu wenig oder schläft sehr unruhig. Im Extremfall kann aus einem solchen Kind später ein Mensch werden, der aus Misstrauen jeder Gefühlsbeziehung aus dem Wege geht und dazu neigt, völlig allein und abgekapselt zu leben.

Außerdem gibt es Mütter, die eine ständig schwankende Einstellung zu ihrem Kind haben: Mal lieben und verwöhnen sie es, mal vernachlässigen sie es. Solch ein Kind kann auf sein Hin- und Hergerissensein mit Verhaltensauffälligkeiten wie z. B. mit stundenlangem rhythmischem Schaukeln und Rollen des Kopfes reagieren.

### Daran sollten Sie denken:

▸ Sie sollten Ihr Kind nicht überängstlich beobachten. Gelegentliches Spucken, wechselnder Appetit und kleine Eigenheiten sind bei einem Säugling normal. Erst wenn diese Erscheinungen zu häufig auftreten oder zu stark ausgeprägt sind, kann es sich um eine Verhaltensstörung handeln.

▸ Schieben Sie bei Auffälligkeiten keinesfalls alles auf eine organische Erkrankung oder auf die Veranlagung Ihres Kindes – manche Symptome sind psychisch bedingt.

▸ Versuchen Sie sich ehrlich über die Gefühle klar zu werden, die Sie Ihrem Kind entgegenbringen. Dazu gehören, wie in jeder menschlichen Beziehung, auch ablehnende Gefühle. Jede Mutter fühlt sich hin und wieder durch ihr Kind übermäßig belastet. Erst wenn Sie Ihre negativen Gefühle erkennen, können Sie sie beherr-schen und kontrollieren. Im gegebenen Fall finden Sie Hilfe in einer Familien- oder Erziehungsberatungsstelle.

▸ Jede einseitig übersteigerte Haltung der Mutter kann sich ungünstig auf die psychische Entwicklung des Kindes auswirken.

▸ Wenn Sie etwas Auffälliges oder Ungewohntes an Ihrem Kind beobachten, versuchen Sie den Grund dafür herauszufinden: Sie entdecken dabei vielleicht, dass die (unerwünschte) Auffälligkeit durch Sie oder Ihren Partner bedingt ist – damit haben Sie bereits den ersten Schritt zur Veränderung eingeleitet …

▸ Lassen Sie sich zwischendurch auch von anderen Menschen sagen, was diese an Ihrem Verhalten und an Ihrem Kind beobachten. Manchmal sind darunter Hinweise, die Ihnen weiterhelfen können (das heißt allerdings nicht, dass Sie sofort jeden Hinweis beherzigen und jeden Ratschlag befolgen sollten!).

# Ihr Kind will von Anfang an spielen

## Spielen ist lernen

In den ersten Jahren gibt es für Ihr Kind noch keinen Unterschied zwischen Spielen und Lernen. Es tut beides aus dem gleichen Grund: Es möchte möglichst viele neue Dinge kennen lernen und damit Erfahrungen machen. Ähnlich verhält es sich beim Spielzeug: Ihr Kind weiß gar nicht, was Spielzeug ist – es spielt mit allen möglichen Gegenständen gern. Manche Kinder bevorzugen allerdings bald individuell verschieden entweder weiche oder härtere, (grell)farbige oder leicht getönte Gegenstände, von den Eltern besonders nahe gelegte oder eher selbst gewählte Lieblingssachen.

Durch das Spielen werden immer mehrere Lernbereiche angeregt und die natürliche kindliche Neugier befriedigt. An einer Rassel z. B. übt Ihr Kind das Greifen, gleichzeitig wird seine Denktätigkeit angeregt, wenn es erkennt, dass die Rassel klappert, und zwar lauter oder leiser, je nachdem, wie kräftig man schüttelt usw.

> Spielen fördert das Denken, das Wissen, die Motorik, die Wahrnehmung, die Selbstsicherheit und die Lernfähigkeit überhaupt. Bei wiederholter Beschäftigung mit demselben Spielzeug macht Ihr Kind zwei Grunderfahrungen:
> – Manche Dinge bleiben von Tag zu Tag unverändert, andere lassen sich verändern.
> – Auch an vertrauten Dingen kann man immer wieder etwas Neues entdecken oder sie in einem neuen Zusammenhang verwenden, so z. B. den Kochlöffel, um zu rühren, aber auch als Musikinstrument, als Last für ein Auto oder als Kamin mit Rauch bei einem Haus aus Bauklötzen. Und das alles macht ihm immer wieder neuen Spaß.

## Geeignetes Spielzeug

Spielsachen prägen die Wahrnehmung Ihres Kindes und damit auch sein ästhetisches Empfinden. Deshalb ist es nicht gleichgültig, womit es spielt. Vielleicht können Sie Ihre Verwandten, von deren ästhetischem Geschmack sie zu wenig überzeugt sind, dafür gewinnen, das Geld, das sie für Geschenke ausgeben würden, in eine Spielzeugkasse zu geben (oder Sie beim Einkauf als Begleiter/in mitzunehmen). So können Sie dann selbst die Spielsachen kaufen oder mit aussuchen, die Ihren Vorstellungen entsprechen und die Ihr Kind jetzt braucht.

Ein anderer Gesichtspunkt, an den Sie beim Spielzeugkauf unbedingt denken müssen, ist die Sicherheit. Achten Sie auf folgende Punkte:
- Tiere und Puppen dürfen keine Knöpfe, Augen o. a. haben, die Ihr Kind abdrehen und dann verschlucken könnte.
- Ein Schlaftier können Sie Ihrem Kind schon ab dem ersten Lebensmonat mit ins Bettchen geben.
- Spitze oder scharfe Gegenstände sind natürlich tabu.
- Lassen Sie es nicht mit Dingen spielen, die es sich in die Ohren, die Nase oder in den Mund stecken könnte.

- Glas und anderes zerbrechliches Material eignen sich ebenfalls nicht als Spielzeug.

1972 wurde vom Deutschen Normenausschuss erstmals die Norm DIN 66070 geschaffen. Sie stellt Richtlinien dafür auf, wie sicheres Spielzeug beschaffen sein soll. So muss beispielsweise das Füllmaterial von Puppen ungefährlich sein. Bauklötze und andere Spielsachen müssen speichelechte Farben haben, und Kanten und Ecken müssen abgerundet sein.

! Die Qualität eines Spielzeugs hängt ganz wesentlich mit vom Material ab.

Achten Sie beim Kauf nicht nur darauf, dass die Dinge ungefährlich sind und einfache, natürliche oder ihrer Funktion entsprechende Formen haben, sondern auch auf das Material:
▶ Puppen und Tiere aus Stoff sollten waschbar sein und wenigstens während des ersten Lebensjahres alle zwei bis drei Wochen gewaschen werden. Allerdings sollten Sie beim Lieblingskuscheltier abwägen: Nach dem Waschen riecht es anders als vorher, und sie entfremden Ihrem Kind also möglicherweise ein geliebtes Objekt!
▶ Holz ist angenehmer für ein

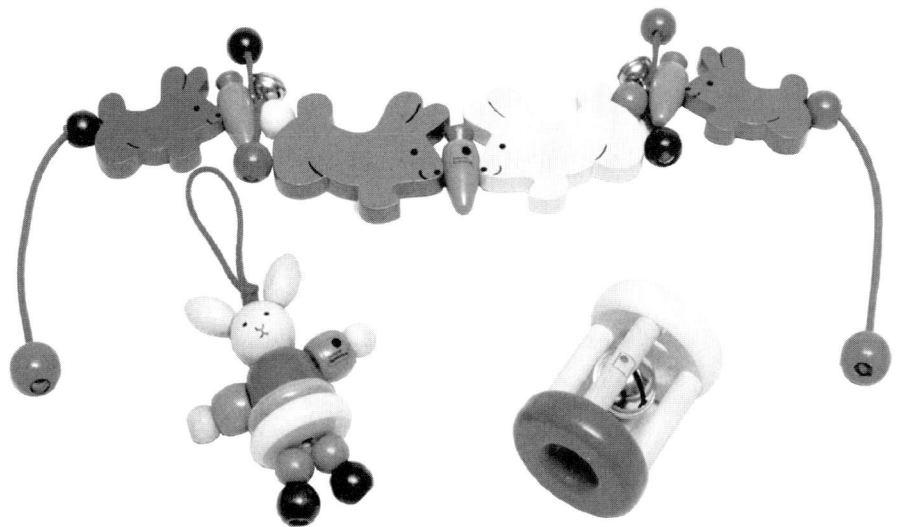

Kind als Metall, außerdem ist es leichter. Wenn Sie Ihrem Kind bevorzugt Spielzeug aus Holz geben, verstärken Sie damit den selbstverständlichen Bezug zu einem Naturbaustoff.

▶ Plastikspielsachen sollten auf jeden Fall nur aus Weichplastik bestehen. Ihr Kind kann sich daran kaum verletzen. Allerdings lassen Sie sich unbedingt beraten, ob das Spielzeug garantiert nur gesundheitlich unbedenkliche Chemiezusätze enthält: Im Fachhandel gekauftes Spielzeug muss kindgeeignet, also auch chemisch einwandfrei sein!

**!** Ein Spielzeug ist nur dann sinnvoll, wenn es dem Alter des Kindes entspricht. Ein Kind von neun Monaten braucht andere Dinge als ein Kind von drei Monaten. Wenn Sie merken, dass Ihr Kind mit einem bestimmten Spielzeug noch nichts anzufangen weiß, legen Sie es eine Weile weg. Probieren Sie es jedoch von Zeit zu Zeit wieder, um zu sehen, wann es reif dafür ist, damit Sie den richtigen Zeitpunkt nicht verpassen.

Ihr Kaufverhalten bestimmt den Markt und das, was angeboten wird, entscheidend mit. Wählen Sie deshalb jeweils sorgfältig aus, kaufen Sie umweltfreundliche Artikel (z. T. sind die Preise bestimmter, umweltfreundlicher Artikel höher, weil noch zu wenig davon gekauft wird), fragen Sie die Verkäufer nach entsprechenden Artikeln, damit das Kundeninteresse erkennbar wird.

An der folgenden Auflistung von Spielsachen können Sie sich orientieren.

### Ab 1. Monat

– Ein farbiger Ball,
– ein angenehm klingendes Glöckchen,
– ein Seidentuch,
– ein Ring aus Holz – aufgehängt in der Mitte über dem Bettchen.

### Ab 3. Monat

– Zwei bis drei Schwimmtiere aus Weichplastik in verschiedenen Farben und natürlichen Formen,
– ein oder zwei Stofftiere (sie sollten nicht zu klein sein, naturgetreu aussehen und so dicke elastische Beine haben, dass sie auch nach mehrmaligem Verbiegen wieder gerade werden; es sollte ein Tier dabei sein, das Ihr Kind bald auch in Wirklichkeit kennen lernt);
– ein Beißring;
– für den Kinderwagen eine Kette mit bunten Kugeln usw.

### Ab 5. Monat

– Ein oder mehrere Bälle (in verschiedenen Farben und Größen);
– ein weicher Stoffball;
– ein Klingelstab;
– ein Kugelring;
– ein Kugelball;
– farbige Bauklötze aus Holz in verschiedenen Formen.

### Ab 7. Monat

– Leporellos mit Bildern;
– ein stabiles Bilderbuch;

– Körbchen mit großen bunten Wäscheklammern;
– eine Mundharmonika;
– mit Wasser gefüllte Plastikkugeln, in denen Enten oder Fische usw. schwimmen.

### Ab 9. Monat
– Eine Becherpyramide;
– Scheibenfiguren;
– ein Tamburin.

### Ab 12. Monat
– Eimer und Schaufel zum Spielen im Freien;
– ein Holztier zum Ziehen, wenn Ihr Kind schon Laufversuche macht.

**So basteln Sie selbst Spielzeug**

Einige Spielsachen können Sie leicht selbst basteln, auch wenn Sie glauben, nur wenig Geschick dafür zu haben. Verwenden Sie jedoch nur Materialien dazu, die Ihr Kind auch in den Mund nehmen darf.

Eine Stoffpuppe z. B. muss nicht unbedingt so schön wie gekauft aussehen. Hauptsache, sie ist weich und strapazierfähig. Und so wird's gemacht: Zeichnen Sie auf ein Papier ein Schnittmuster und schneiden Sie danach aus Stoff zweimal den Puppenkörper mit Kopf, Rumpf, Armen und Beinen aus. Nähen Sie einmal ringsum und füllen Sie den Puppenkörper mit Wolle oder verschiedenen, nicht mehr benötigten Stoffen (Bett-

tücher), evtl. auch mit geschnittenem Schaumstoff; besonders lustig wird die Puppe, wenn Sie verschiedene Stoffreste dazu nehmen.

Zum Basteln besonders geeignet ist Karton. Sie können die verschiedensten Dinge daraus machen, z. B. einen bunten Stern oder eine große runde Scheibe, die Sie bemalen oder mit bunten Bildern oder Stoffen bekleben.

Sogar ein Bilderbuch ist ganz einfach herzustellen: Nehmen Sie dazu eigene Zeichnungen oder Ausschnitte aus Zeitschriften. Sie halten die Doppelseiten in der Mitte mit Heftklammern oder Faden zusammen und falten sie dann wie ein Heft.

Falls von älteren Geschwistern noch ein Holzbaukasten mit Stangen, Schrauben und Muttern vorhanden ist, bauen Sie ein paar einfache Figuren damit zusammen, ein Pferd, ein Auto, eine Sonne oder einen Baum.

Mit Keksschachteln und kleinen Pappkartons, die Sie jede Woche mit anderem Material (Erbsen, Reiskörnern, Bauklötzen) füllen und mit Klebeband rundherum verschließen, lassen sich einfache Geräuschdosen herstellen.

Ein zylinderförmiger Behälter, z. B. für Waschpulver, eignet sich ausgezeichnet als Pauke, auf der Ihr Kind mit einem Kochlöffel Schlagzeug spielt.

Sicher entdecken Sie in Ihrem Haushalt auch noch viele andere Dinge, mit denen Ihr Kind spielen kann: Esslöffel und Kochlöffel in verschiedenen Größen, Waschlappen und andere ungefährliche Gegenstände.

## Spielen Sie mit Ihrem Kind

Machen Sie es sich zur Regel, bevor Sie mit Ihrem Kind zu spielen beginnen, es kurze Zeit zu beobachten – was es gerade macht, wie es mit den Dingen spielt usw. Spielt es gut und selbständig, lassen Sie es weiterspielen. Andernfalls bringen Sie sich ins Spiel ein – greifen Sie auf, was Ihr Kind gemacht hat, versuchen Sie in dieser Weise, das Spiel fortzusetzen und verwenden Sie Gebrauchsgegenstände immer wieder auch anders als vorgesehen. Das regt Ihr Kind zum Beobachten an, es kommt damit auch auf neue Ideen, seine Phantasie und sein Einfallsreichtum werden angeregt.

Eine Becherpyramide, ein Klingelstab, Bauklötze und viele andere Spielsachen haben wenig Sinn, wenn sie Ihrem Kind nicht zeigen, wie es damit spielen kann. Vater und Mutter sollten sich oft Zeit nehmen, mit ihrem Kind zu spielen. Machen Sie ihm mit wenigen Bauklötzen vor, wie es einen Turm bauen kann, wie die Becher ineinander passen. Vermutlich wird es bald versuchen, Ihre Handgriffe nachzumachen.

Noch etwas: Zeigen Sie nicht alles auf einmal. Geben Sie lieber nur einen Anreiz als mehrere und greifen Sie auch Spielweisen auf, die Ihr Kind schon verwendet. Sie zeigen ihm damit, dass Sie seine Spiele akzeptieren und gut finden. Manchmal genügt es schon, wenn Sie sich zu Ihrem Kind setzen und ihm zusehen, wie es spielt. Dann macht ihm die Beschäftigung mit seinen Spielsachen wieder neuen Spaß, und Sie können dabei gleichzeitig die Fortschritte in seiner Entwicklung beobachten, die Ihnen sonst vielleicht entgehen würden. Wenn Ihr Kind sich jedoch langweilt, sollten Sie auf jeden Fall eine Weile mit ihm spielen und ihm neue Anregungen geben (vgl. Entwicklungsanregungen).

Wenn Sie mit Ihrem Kind unterwegs sind und es plötzlich zu weinen beginnt, geben Sie ihm sein Lieblingsspielzeug. Falls Sie es nicht mitgenommen haben, können Sie das Kind aber auch mit anderen Gegenständen ablenken und beschäftigen, mit einem Brillenetui, einem Schlüsselbund oder mit anderen Sachen, die Sie gerade dabeihaben.

# Entwicklungs-
# anregungen

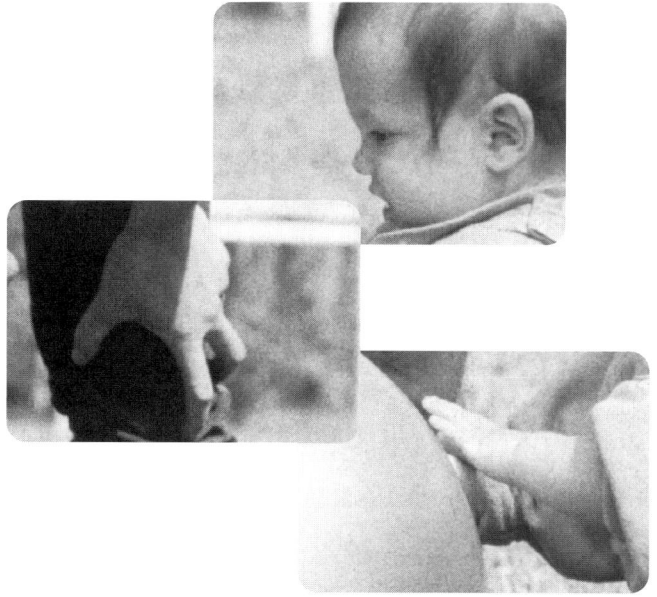

Schon für das Kind im ersten Lebensjahr gilt: Alleine spielen ist gut – zu zweit macht's aber deutlich mehr Spaß. Ein weiterer Vorteil ist, dass auch die Eltern dabei munter und beweglich bleiben. Lassen Sie sich also anstecken.

# Was Sie über die Entwicklungs- anregungen wissen sollten

Die Erbanlagen, die Umweltbedingungen und die eigene Aktivität des Kindes, die im Laufe der Zeit immer deutlicher als eigene Einflussgröße erkennbar wird, sind für seine Entwicklung wichtig. Bitte gehen Sie diesen Überlegungen einmal etwas intensiver nach:

Die Erbanlagen sind in jeder Körperzelle vorhanden, und utopische Pläne, sie beim Menschen zu verändern, sind aus ethischen und technischen Gründen vorerst nicht durchführbar. Man hätte zwar einerseits die Möglichkeit, Erbkrankheiten zu vermeiden, andererseits wäre die Gefahr der gewissenlosen Manipulation am Menschen sehr groß. Eine gezielte Änderung der Erbanlagen beim Menschen gibt es derzeit jedenfalls noch nicht.

Veränderbar sind demnach nur die äußeren Einflussfaktoren: die Umwelt des Kindes und in begrenztem Maß seine Fähigkeiten, seine Persönlichkeit. Zu den Umweltbedingungen gehören z. B. die Wohnverhältnisse, seine Nahrung, seine Spielsachen und vor allem das Verhalten seiner Eltern und der Menschen in seiner nächsten Umgebung. Alle Entwicklungsanregungen, die Sie auf den folgenden Seiten finden, dienen im weiteren Sinne der Umweltgestaltung (auch Sie selbst sind für Ihr Kind ein – wichtiger – Teil seiner Umwelt, nicht nur Mutter oder Vater.

Die Entwicklungsanregungen stellen aus zweierlei Gründen einen umfangreichen Teil des Elternbuchs dar:
– Sie können damit die Umwelt Ihres Kindes günstig verändern.
– Sie können auf sein Verhalten und seine Fortschritte unmittelbar Einfluss nehmen.

Die Entwicklung Ihres Kindes vollzieht sich einerseits nach dem Rahmenprogramm, das mit den Erbanlagen festgelegt ist, andererseits entsprechend der Lernanreize und -inhalte, die Sie ihm nahe bringen (und mit denen Sie sogar manche weniger erwünschten Anlagen ausgleichen und positive außerordentlich unterstützen können).

Wenn Sie die vorgeschlagenen Anregungen aufgreifen, Ihrem Kind anbieten und sie mit ihm durchspielen, fördern Sie damit seine Entwicklung vom ersten Lebenstag an. Das kostet nicht viel Geld, aber eines brauchen Sie: Zeit!

Zur besseren Orientierung sind alle Anregungen nach ihrer Bedeutung gekennzeichnet:

⬛ Wenn Sie nur wenig Zeit haben, suchen Sie sich nur die wichtigsten Übungen mit diesem Zeichen aus.

⬛ Wenn Sie sich Ihrem Kind intensiver widmen möchten und können, nehmen Sie die so gekennzeichneten Anregungen hinzu.

⬛ Wenn Sie viel Zeit für die Förderung Ihres Kindes haben, übernehmen Sie auch die Übungen mit diesem Zeichen.

Selbstverständlich werden die Entwicklungsanregungen einseitiger, wenn Sie nur die wichtigsten Übungen aufgreifen. Bestimmte Fähigkeiten und Fertigkeiten Ihres Kindes

werden dann weniger angeregt und andere mehr und intensiver. Forschungen haben ergeben, dass die Nutzung aller Gehirnzellen von Anfang an wichtig ist: Wenn sie nicht genutzt werden, bleiben sie auf Dauer unaktivierbar. Das bedeutet nicht, dass ein Kind dann nicht immer noch eine beinahe unerschöpfliche Anzahl von Gehirnzellen zur Verfügung hat – aber bestimmte Schwerpunkte zu bilden, z. B. die Entwicklung des möglichen musikalischen oder ästhetischen Potentials, kann dadurch bereits eingeschränkt werden.

Abgesehen von der Zeit gehört auch noch etwas anderes dazu: Feingefühl und Gespür für die Wünsche Ihres Kindes. Es kann durchaus vorkommen, dass Ihr Kind manche Spiele und Lernanregungen mehr oder weniger deutlich ablehnt. Richten Sie sich dann nach ihm und zwingen Sie ihm nichts auf. Es muss die Freiheit haben, selbst unter verschiedenen Angeboten auswählen zu können. Nur so bleibt es flexibel und gewinnt an Selbständigkeit und Selbstsicherheit.

Wenn Sie diese Selbständigkeit fördern, indem Sie auf seine Wünsche eingehen, werden Sie die Erfahrung machen, dass es bald von sich aus neue Spielvariationen erfindet, dass es lebhaft und phantasievoll bleibt. Mit anderen Worten: Es bleibt ein kreatives Kind, das von Jahr zu Jahr aktiver wird. Und genau dabei wollen wir Ihnen helfen. Damit kommen wir bereits zu einem entscheidenden Entwicklungsfaktor: der Persönlichkeit Ihres Kindes.

Gelegentlich kommt es vor, dass Ihr Kind Ihre Anregungen bereitwillig, gern und direkt aufnimmt – aber wie es wahrnimmt, wie es denkt und fühlt, das liegt nur zu einem kleinen Teil in Ihrer Hand. Je mehr Sie es zu Aktivität und Selbständigkeit erziehen, umso geringer wird Ihr Einfluss im Laufe der Jahre werden. Seine Selbstsicherheit und sein eigener Wille nehmen immer mehr zu, während Ihr Einfluss abnimmt. Was das Kind lernt, wird zu einem wichtigen Ausgangspunkt für sein weiteres Lernen.

Vergegenwärtigen Sie sich, dass das Entwicklungsalter eines Kindes der Maßstab für die geeigneten Anregungen ist: Ihr Kind kann in einigen Entwicklungsbereichen der Norm genau entsprechen, es kann aber auch im einen oder anderen Bereich deutlich einen Vorsprung oder eine Verzögerung aufweisen: kein Grund zu besonderer Freude oder Panik – nach einigen Monaten kann sich das geändert haben. Sollte der Entwicklungsvorsprung oder die -verzögerung in einem Bereich besonders groß sein, sprechen Sie zum Vergleich einmal mit den Eltern zweier oder dreier anderer Kinder darüber oder fragen Sie in einer Familien- oder Erziehungsberatungsstelle nach.

Es empfiehlt sich, dass Sie das Kapitel Entwicklungsanregungen eine Zeit lang zu Ihrer Hauptlektüre machen. Dann haben Sie die vielen Anregungen und Übungen im Kopf und brauchen beim Spielen nicht jedes Mal neu nachzublättern.

Die einzelnen Abschnitte sind jeweils den Lebensmonaten Ihres Kindes zugeordnet. Machen Sie es sich zur Regel, dass Sie auch jeweils die davor und danach aufgeführten Passagen ansehen. Sie merken dann bald, was wiederholt werden sollte, oder ob Sie schon zu den Anregungen für die folgenden Monate übergehen können.

## Die wichtigsten Lernregeln

! Ein Kind lernt vor allem durch Vorbilder!

Das wichtigste Vorbild sind Sie selbst, zunehmend sind es auch seine Spielfreunde und andere Erwachsene in seinem Lebensumfeld.

Von diesen Menschen übernimmt Ihr Kind die meisten Verhaltensweisen, gute und schlechte (je nachdem). Sie selbst beeinflussen also weitgehend, ob Ihr Kind ausgeglichen oder nervös, unternehmungslustig oder passiv werden wird.

> **!** Jedes Spiel, jede Übung sollte nur so lange durchgeführt werden, wie es Ihrem Kind Spaß macht!

Ob es Freude daran findet, liegt wesentlich an Ihnen bzw. an der Art, wie Sie dabei vorgehen. Wir können Ihnen eigentlich nur drei Tipps dazu geben: Machen Sie's spannend, machen Sie's lustig, machen Sie's abwechslungsreich. Dann dürfte eigentlich nichts schief gehen. Und wenn eine bestimmte Übung einmal keine Begeisterung auslöst, dann versuchen Sie es ein anderes Mal wieder.

Oft lässt sich kaum unterscheiden, ob es sich im Einzelnen um eine Anregung, ein Spiel oder eine Übung handelt – dies hängt wesentlich davon ab, wie Sie etwas anbieten, aber auch vom Entwicklungsstand des Kindes: Ziel ist jedenfalls die bewusste Anregung, das Lernen im Spiel, die wiederholte Beschäftigung mit einer Sache, um sie mehr und mehr zu beherrschen.

Berücksichtigen Sie bei den Entwicklungsanregungen immer die Reaktionen Ihres Kindes. Es wäre völlig falsch, wenn Sie sich an irgendwelche starren Regeln hielten und dem Kind dadurch den Spaß an der Sache verderben würden. Manche Übungen gefallen ihm besonders gut, wiederholen Sie diese öfter. Und wenn das Kind sich vielleicht mehr für die Knöpfe an Ihrem Hemd oder für seine eigenen Zehen interessiert, dann lassen Sie es eben diese untersuchen und machen daraus ein lustiges Spiel.

> **!** Wiederholen Sie alle Übungen!

Die Wiederholungen können Sie über einige Tage, manchmal auch über Wochen hinziehen – bis Ihr Kind die Aufgabe beherrscht. Nach einigem zeitlichen Abstand bieten Sie nochmals dieselbe Anregung an, um zu sehen, ob Ihr Kind die Übung noch kann. Pausen von mehreren Stunden bis Tagen zwischen Wiederholungen sind günstig: Bei jedem neuen Anlauf ist der Lerneffekt größer.

> **!** Sparen Sie nicht mit Zuspruch und Anerkennung!

Dann macht das Lernen doppelt Spaß (das wissen Sie aus eigener Erfahrung). Wenn Ihr Kind etwas

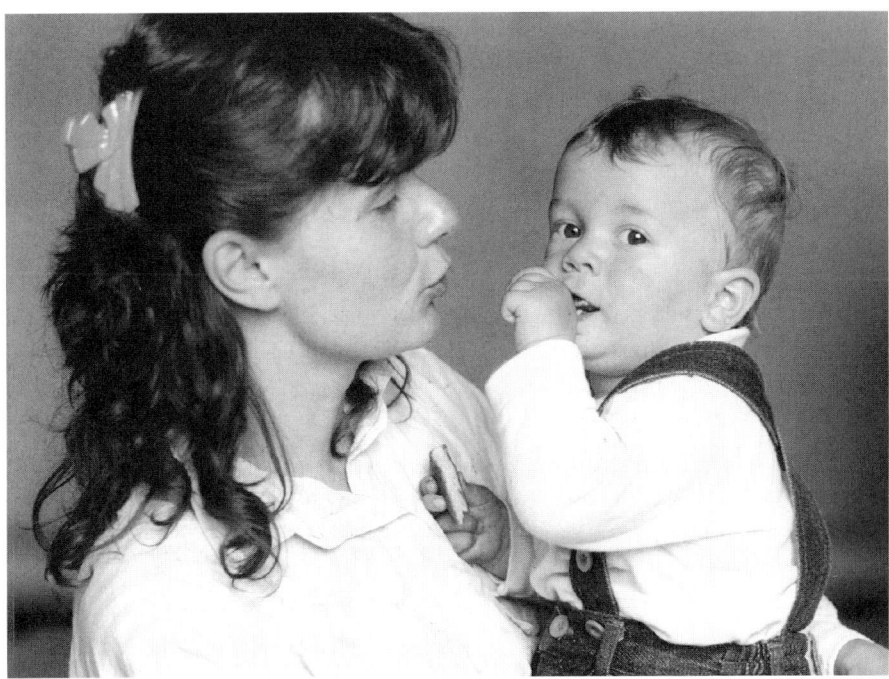

Neues geschafft hat, bremsen Sie Ihre Begeisterung nicht: Zärtlichkeiten und Spontanäußerungen nimmt Ihr Kind gern entgegen. Ihre positive Reaktion ist sehr wichtig!

Bringen Sie einen Plan ins Lernen! !

Dazu gehört, dass Sie jeden Tag etwas Neues in Ihr Angebot aufnehmen, dass Sie Bekanntes wiederholen und bestimmte Übungen von Mal zu Mal etwas anspruchsvoller gestalten – aber immer so, dass Ihr Kind sie noch gut bewältigen kann, denn jeder Misserfolg verdirbt den Spaß am Lernen. Denken Sie bitte daran, dass alle Spiele und Übungen erst ab einem bestimmten Alter angeboten werden sollten.

Alle Aufgaben, die sich ein Kind selbst stellt, frustrieren es kaum, auch wenn es scheitert, jedenfalls nicht nachhaltig (es wiederholt Lösungsversuche oft unermüdlich!). Falls der Erwachsene etwas von ihm erwartet, was es nicht oder noch nicht leisten kann, führt das wesentlich eher zur Entmutigung, auch schon im ersten Lebensjahr. Verhindern Sie also negative Lernerfahrungen, indem Sie Ihr Kind nicht überfordern.

### Wählen Sie den richtigen Zeitraum! ❗

Am besten ist es, wenn Sie die Spielübungen jeweils ein- oder zweimal vormittags und ein- oder zweimal nachmittags mit Ihrem Kind durchführen. Sie werden bald herausfinden, dass es zu bestimmten Tageszeiten besonders aufgeschlossen und kontaktfreudig ist: Es strahlt Sie an oder plappert vor sich hin («Lallmonologe»). Nützen Sie diese Zeiten, die regelmäßig wiederkehren, zum Lernen aus. Die Dauer sollten Sie vom Alter des Kindes abhängig machen:

- In den ersten drei Monaten genügen für die gezielten Anregungen insgesamt zehn bis 20 Minuten pro Tag.
- Zwischen dem dritten und sechsten Monat sollten es 20 bis 30 Minuten sein.
- Zwischen dem sechsten und zwölften Monat können Sie 30 bis 40 Minuten pro Tag üben.

### Machen Sie sich Notizen! ❗

Ein paar Gedächtnisstützen, die Sie sich notieren, helfen Ihnen, den Überblick zu bewahren. Halten Sie fest, wann und wie oft Sie was gemacht haben. Nach einiger Zeit sehen Sie dann, ob Sie manche Übungen vielleicht vernachlässigt und andere zu oft wiederholt haben.

Auch am Rand des Buches können Sie sich entsprechende Notizen machen. (Bei der Überarbeitung des Elternbuchs wurde überlegt, ob für diese Eintragungen bei jeder Übung ein oder zwei kleine Kästchen abgedruckt werden sollten – wir haben letztlich darauf verzichtet, weil es zu überhöhtem Ehrgeiz bei Eltern führen könnte. Und es geht nicht um Vollständigkeit, sondern um Angebote, solange Ihr Kind dazu gern bereit ist.)

### Verfügen Sie über die Anregungen! ❗

Die Spielübungen sind als Vorschläge gedacht. Sicher werden Sie einige von ihnen nach Ihren eigenen Vorstellungen weiterentwickeln. Je abwechslungsreicher Ihr Spielangebot ist, desto besser. Zwar sollten Sie jedes Mal drei bis fünf Übungen durchführen, aber bitte nicht stur «nach Vorschrift». Vielleicht bringt das Verhalten Ihres Kindes Sie auf Ideen, die in diesem Buch nicht zu finden sind.

Um für Sie die Arbeit mit diesem Buch so übersichtlich wie möglich zu gestalten, sind Anregungen und Übungen nach wichtigen Lernbereichen geordnet. Damit haben Sie einen guten Überblick. Sie können ausgewählte Bereiche intensiver als andere berücksichtigen, besonders

auch, wenn Sie glauben, dass die Entwicklung in einem Bereich verzögert verläuft.

Die Einteilung nach derartigen Lernbereichen ist natürlich anfechtbar – erstens wegen der zahllosen Überschneidungen, die nicht zu vermeiden sind, zweitens, weil ein Kind bei einer Anregung, die eigentlich die Wahrnehmung schulen soll, vielleicht einen größeren Lernschritt in der Motorik macht. Zwei Beispiele: Wenn Sie Ihrem Kind einen Gegenstand in die Hand geben, bedeutet das zugleich eine Anregung für das Sehen, das Tasten und – wenn Sie etwas dazu sagen – auch für die Sprache. Oder: Sie lassen einen Ball durchs Zimmer rollen, und Ihr Kind krabbelt hinterher – gedacht als Anregung für die Wahrnehmung, kann doch das Krabbeln bedeutsamer angesprochen werden, vor allem, wenn die Wahrnehmung schon sehr gut ist.

**Nutzen Sie Gelegenheiten zu passenden Übungen!**

Die Spielübungen sollten nicht wie ein Spezialtraining auf Ihr Kind zukommen – versuchen Sie vielmehr, möglichst viel in sinnvolle Zusammenhänge und Handlungsabläufe einzubetten. Bewegungsübungen kann man z.B. leicht beim Wickeln machen; während Sie kochen, kann Ihr Kind in der Küche Gegenstände kennen lernen und mit ihnen spielen; Sie können jederzeit Ihrem Kind erzählen, was Sie gerade tun, und es so im Sprechen fördern usw. Die Anregungen und Übungen sollen in Sinnzusammenhängen erfolgen – sie sind lediglich der besseren Darstellungsweise wegen in einzelne Lerngruppen gefasst.

**Spielen und üben Sie möglichst oft am gleichen Platz in der Wohnung!**

So begreift Ihr Kind schneller, dass Sie in den Spielzeiten etwas Besonderes mit ihm vorhaben. Wenn Sie es in die Lernspielecke locken, weiß es sofort: «Mama oder Papa unternehmen jetzt etwas mit mir – gleich ist was los!» – und freut sich. Das Spielzeug sollte dort in einer oder mehreren großen Schachteln oder in einem Regal aufbewahrt werden, damit Sie es immer griffbereit haben.

## Das Verhalten Ihres Kindes

Gehen Sie davon aus, dass Ihr Kind viel Neues kennen lernen will, dass es neugierig ist. Es möchte alles können, was Sie und größere Kinder machen. Das ist mit der wichtigste Antrieb der Entwicklung, an den Sie anknüpfen können. Lernen macht Ihrem Kind grundsätzlich Spaß. Bestätigen Sie seine guten Fortschritte. Bemühen Sie sich, die Lernatmosphäre so angenehm wie möglich zu gestalten. Dazu gehört nicht nur die Art, wie Sie die Spiele anbieten – Ihr Kind sollte auch ausgeruht, satt und frisch gewickelt sein.

Jedes Kind ist anders – vergleichen Sie Ihres also nicht mit anderen im Sinn einer Bewertung oder eines Leistungsvergleichs. Überlegungen, wie «Warum kann Felix von nebenan schon allein sein Fläschchen halten? Warum sitzt er viel früher? Warum kann er schon stehen und mein Baby noch nicht?», sind unangebracht und beeinträchtigen die so wichtige positive Einstellung Ihrem Kind gegenüber. Ihr Kind wird das alles schon zur rechten Zeit lernen. Vergleichen Sie es auch nicht mit seinen Geschwistern; manche Kinder entwickeln sich langsamer, andere schneller. An manchen Tagen macht es eifrig mit, an anderen Tagen wirkt es unkonzentriert und lernt nicht besonders gut. Die Art des Angebots muss sich immer nach Ihrem Kind und der gegenwärtigen Situation richten.

## Ihr eigenes Verhalten

Machen Sie die Übungen nur, wenn Sie entspannt und gut gelaunt sind. Sonst bekommt Ihr Kind womöglich den Eindruck, dass Spielen und Lernen etwas Unangenehmes, etwas Lästiges sei. Und das wäre gerade das Gegenteil von dem, was Sie erreichen wollen. Wenn Sie lustlos sind, besteht die Gefahr, dass Sie die Spielübungen langweilig anfangen, und damit würde jede noch so hübsche Anregung ihren Reiz verlieren. Also: Setzen Sie lieber einen Tag ganz aus, wenn Sie keine Lust zum Spielen haben. Ihr Kind braucht einen gewissen gleichmäßigen Rhythmus, auch bei seinen ersten Spielen und Übungen. Schon jetzt werden die ersten Weichen gestellt für seine spätere Lern- und Aufnahmebereitschaft.

Nicht nur ein Elternteil sollte sich intensiv mit seinem Kind beschäftigen, sondern auch der andere bzw. ein oder zwei andere Erwachsene. Vielleicht kann z. B. der berufstätige Vater wenigstens am Wochenende regelmäßig mit dem Kind spielen. Ein Vater, der von Anfang an mit seinem Kind etwas anzufangen weiß und guten Kontakt zu ihm aufbaut, entwickelt ihm gegenüber Gefühle, die ihm den Zugang auch in späteren Jahren erleichtern.

# Gymnastik und Bewegung
## machen Ihr Kind vergnügt

### Ab dem ersten Monat

■ Für Ihr Kind war Ihr Körper während der Schwangerschaft die schützende Hülle. Erleichtern Sie ihm den Übergang in die «raue Wirklichkeit»: Lassen Sie es möglichst oft Ihre warme Haut spüren und die Bewegungen Ihres Körpers erleben.

■ Nehmen Sie Ihr Kind bei Sonnenschein oder im warmen Zimmer möglichst oft nackt auf den Arm, drücken und reiben, streicheln und liebkosen sie seine Arme, seinen Körper, seine Hände, seine Beine und Arme, solange es ihm Spaß macht. Probieren Sie aus, welche Art des Streichelns oder sanften Massierens ihm besonders zusagt. Summen, singen, glucksen oder sprechen Sie dazu, auch wenn Ihr Kind noch nichts zu verstehen scheint – seine Hörbereitschaft, sein emotionales und soziales Erleben und Verhalten werden dadurch an-

gesprochen, es sammelt schon jetzt wichtige Eindrücke für die spätere Ausbildung der Sprache.

### Ab dem zweiten Monat

■ Regen Sie Ihr Kind immer wieder dazu an, in der Rückenlage die Mittellage einzunehmen: Dabei liegen beide Schultern auf der Unterlage auf, die Nase zeigt in die Höhe. Die Körperlängsachse soll also eine Symmetrieachse der Körperlage darstellen. Dazu muss das Kind lernen, seinen Kopf in diese gerade Lage zu bringen und ihn auch so zu halten. Kurze Zeit später kann es dann auch die beiden Hände auf dieser Mittellinie zusammenführen, es lernt mit den Händen zu spielen. Ein genau über dem (unteren) Ende des Brustbeins an einem Gummiband aufgehängter, kleiner, farbiger Ball, der von der Decke herunterhängt, also ein langes Pendel bildet, unterstützt diese Mittellage: Ihr Kind wird ihn bald (jedoch noch nicht gezielt) anschubsen und hat dann etwas zu beobachten. Allgemein erleichtert die Rückenlage den sozialen Kontakt, ermöglicht dem Kind das Rundum-Schauen, auch das Spielen mit Händen und Füßen oder mit einem Spielzeug, das Sie über seinem Bettchen aufgehängt haben.

⬛ Vieles spricht dafür, Kinder ruhig auch öfter einmal auf den Bauch zu legen. Folgende Vorteile dieser Lage werden genannt:
– Die Nahrung wird leichter verdaut.
– Die Bauchlage regt das Kind an, Arme und Beine zu bewegen, sich mit den Armen auf- und abzustützen, später auch zu krabbeln.
– Bauchlagen-Kinder heben den Kopf früher, und das stärkt ihre Rückenmuskulatur; sie können die Umgebung besser sehen und erhalten dadurch mehr Anregungen.
Allerdings sollte Ihr Kind nicht immer auf dem Bauch liegen, da dann wiederum die Gefahr besteht, dass es ein Hohlkreuz bekommt. Neuerdings warnen allerdings auch aus einem anderen Grund Ärzte vor dem Schlafen in Bauchlage: Sie begünstige die Gefahr des plötzlichen Kindstods (siehe S. 95). Nachts sollten Sie daher Ihr Kind besser seitlich oder auf dem Rücken schlafen lassen.

⬛ Es gibt verschiedene Methoden, wie Sie Ihr Kind sein Bäuerchen nach einer Mahlzeit machen lassen können. Eine sehr gute Haltung ist die folgende: Sie sitzen bequem mit übereinander geschlagenen Oberschenkeln und legen das Kind mit seiner Brust quer auf Ihren höher gelegenen Schenkel, sein Körperschwerpunkt ruht auf Ihrem tiefer gelegenen Bein. Das Kind blickt, wenn Sie den linken Schenkel höher legen, nach links, die Arme sind nach vorne gestreckt. Nach einiger Zeit versucht es, sowohl den Kopf zu heben, um aktiv herumzuschauen, als auch, sich auf die Arme bzw. Ellbogen zu stützen. Diese Haltung stärkt die Nacken- und Rückenmuskulatur. Auch hier ist die Richtungsänderung wichtig: Nach jeder Mahlzeit nehmen Sie den anderen Oberschenkel nach oben und lassen Ihr Kind in die andere Richtung blicken.

⬛ Ihr Kind wird es genießen, wenn Sie es vor dem Wickeln manchmal einige Minuten nackt auf eine geeignete Unterlage (z. B. ein Frottiertuch) legen. Angenehme Temperierung des Raums ist dafür natürlich Voraussetzung. Massieren Sie dabei sanft den ganzen Körper und sagen Sie ihm, welche Körperteile Sie gerade berühren oder wie es lacht, wie es sich bewegt, was es bewegt usw. Kinder, die bei jedem Wickeln wenigstens 15 Sek. gezielt angesprochen worden sind, sind im 2. Lebenshalbjahr aktiver in ihrem Verhalten gegenüber der Bezugsperson. Trauen Sie sich ruhig, dazu auch Lieder zu singen oder zu summen. Das regt Wahrnehmung, Fühlen und Denktätigkeit Ihres Kindes an.

■ Bevor Sie Ihrem Kind nach dem Entfernen der schmutzigen Windeln die frischen anlegen: Lassen Sie es ruhig fünf bis zehn Minuten lang ohne das hemmende Windelpaket. Legen Sie es leicht bekleidet auf eine weiche Unterlage und machen Sie ein wenig Gymnastik mit ihm:

– Ihr Kind liegt auf dem Rücken, Sie führen seine Hände und Arme mehrmals über seinem Kopf senkrecht in die Höhe, dann wieder auf die Seite neben dem Körper.
– Jetzt kommen die Beine dran: Zeigen Sie, wie man sie gleichzeitig anzieht und wieder streckt.
– Dann üben Sie gegenläufige Bewegungen: Einen Arm führen Sie nach oben, den anderen gleich-

zeitig nach unten und umgekehrt. Kreuzen Sie schließlich die Arme vor der Brust und breiten Sie sie dann wieder aus.
– Bei diesen Übungen sollten Sie ein wenig singen – das gefällt Ihrem Kind, und Turnen und Gymnastik machen dann noch mehr Spaß!

■ Achten Sie darauf, dass Sie immer mal wieder von einer anderen Seite an das Bettchen Ihres Kindes herantreten. Es wird dann versuchen, sich so zu drehen, dass es Sie sehen kann – es übt also, seinen Kopf in verschiedene Richtungen zu wenden und nicht immer wieder dasselbe Bewegungsmuster zu wiederholen. Damit werden alle Muskeln geübt, und auch die Kopfform wird ausgeglichener durch die unterschiedlichen Lagen.

## Ab dem vierten Monat

■ Wenn Ihr Kind die Mittellage gut einnehmen kann und sich auch schon geschickt nach beiden Seiten wendet (und wieder zurück), spielt es jetzt auch gerne mit den Füßen und steckt die Zehen in den Mund. Aus dieser Lage rollt es u. U. in die Seitenlage und weiter in die Bauchlage, bald danach wieder zurück in die Rückenlage (und das

wiederum nach beiden Seiten). Geben Sie Ihrem Kind ausreichend Gelegenheit zu diesen Bewegungsentdeckungen.

● Wenn Sie sich für die folgende Übung täglich ein bis zwei Minuten Zeit nehmen, kann sich Ihr Kind schon im fünften Monat auf den Händen aufstützen:

Ab dem dritten Monat legen Sie es bäuchlings auf ein dickes Handtuch oder eine Decke auf den Fußboden, Sie selbst legen sich einen halben Meter gegenüber auf den Bauch. Stützen Sie sich auf die Ellbogen und zeigen Sie Ihrem Kind, wie das geht. Wie bei allen Übungen gilt auch hier: Loben Sie Ihr Kind bei all seinen Anstrengungen. Und hören Sie auf, wenn es keine Lust (mehr) zeigt oder sich sträubt!

● Beim Baden kann Ihr Kind eine ganze Menge lernen, vor allem den Spaß am Wasser. Lassen Sie es spritzen und planschen. Anfangs erschrickt es zwar, wenn ihm Wasser ins Gesicht spritzt, aber bald freut es sich darüber. Wenn Sie Ihr Kind schon früh ans Wasserplanschen gewöhnen, wird es auch später kaum wasserscheu sein. (Es sei denn, Sie tauchen es einmal versehentlich in zu kaltes Badewasser. Das kann den ganzen Erfolg wieder zunichte machen! Benützen Sie daher immer ein Badethermometer. Das Wasser sollte etwa 34 Grad haben.)

Spaß macht es Ihrem Kind auch, wenn Sie einen Becher Wasser über seine Hände und über seinen Bauch gießen oder einen nassen Waschlappen über ihm ausdrücken. Beim Abtrocknen rubbeln Sie es zuerst sanft, zwischendurch aber zur Abwechslung auch ein bisschen fester ab. Ihr Kind sollte den Unterschied spüren, das regt seine Sinnesnerven an.

Und noch ein herrliches Vergnügen zum Abschluss des Bades: Legen Sie Ihr Kind auf ein großes Badetuch und ziehen Sie eine der beiden seitlichen Längskanten vorsichtig in die Höhe. So können Sie Ihr Baby auf den Bauch und wieder zurück wälzen!

## Ab dem sechsten Monat

◼ Sobald Ihr Kind gelernt hat, sich vom Rücken über die Seite und die Bauchlage zu drehen, wird es auch bald entdecken, dass es sich durch Rollen fortbewegen kann. Diesen Lernprozess können Sie durch Zureden oder das Locken mit einem Spielzeug unterstützen. Achten Sie darauf, dabei nur gelegentlich die Entfernung zu vergrößern, wenn Ihr Kind sich genähert hat – es will den Erfolg der Annäherung erleben und nicht getäuscht werden!

◼ Ähnlich wichtig wie das Rollen über die Körperlängsachse ist auch das Drehen um den Nabel – ein wesentliches Bewegungsgrundmuster. So können Sie diese Drehung provozieren: Ihr Kind stützt sich in Bauchlage mit den Händen auf, und Sie zeigen ihm etwas von der Seite: Es wird versuchen, sich zu Ihnen zu wenden, seine Beinchen helfen ab einem bestimmten Zeitpunkt dabei, und das führt nach vielen Versuchen zur Rundum-Drehung. Fördern Sie auch die andere Richtung durch Anlocken, Anerkennung und freundliches Zureden.

◼ Für das Lernziel Rückwärts- und Vorwärtsrobben soll sich Ihr Kind in der Bauchlage befinden und aufstützen. Bald beginnt es, abwechselnd die beiden Hände nach hinten zu bewegen – es robbt zurück und ohne große Mühe auch nach vorn. Warten Sie, bis Ihr Kind von alleine diese Bewegungen entdeckt – locken und loben Sie es.

 Ein weiterer, wichtiger Schritt ist das Vor- und Zurückwippen mit (aufgestützten) ausgestreckten Armen und auf Knien. Achtung: Auch bei dieser Körperübung, die Ihr Kind erprobt, sollten Sie nicht durch das Führen von Händen oder Füßen den natürlichen Entwicklungsgang zu beschleunigen versuchen. Jede Bewegung, die Ihr Kind selbst und aus eigenem Antrieb unternimmt, ist wesentlich günstiger für seine Entwicklung als Ihre Hilfe, z. B. durch ausgestreckte Finger oder Unter-die-Arme-Greifen. Anerkennen und Loben ist prima, auch die Richtung zu beeinflussen – vermeiden Sie aber direkte Hilfen, die Ihr Kind eher passiv machen!

 Bitten Sie Ihr Kind zum Tanz! Aber nicht gleich zu stürmisch, denn es muss sich erst daran gewöhnen, dass sich die Möbel vor seinen Augen bewegen! Legen Sie Tanzmusik in Zimmerlautstärke auf, nehmen Sie Ihr Kind auf den Arm und drehen Sie sich langsam, später auch schneller. Bald wird es bei diesem neuen Spiel vor Vergnügen quietschen!
Übrigens lernt es auch eine ganze Menge dabei: wie sich das Gleichge-

wicht beim Drehen verändert, welche Gegenbewegungen man machen kann, damit der Körper bei dieser Übung doch einigermaßen im Lot bleibt, und wie Musik und Bewegung zueinander passen. Allerdings dürfen Sie Ihr Kind dabei nicht zu fest an sich drücken, sonst kann es die Bewegungen des eigenen Körpers zu wenig empfinden und die notwendigen Ausgleichsbewegungen nicht mitüben.

■ Auf einer Decke – eventuell sogar im Freien – können Sie Ihr Kind zu vielen kräftigenden Übungen anregen:
Kriechen Sie langsam um es herum – es wird versuchen, Ihnen mit den Augen zu folgen und seinen Körper so weit wie möglich mitzudrehen.
Heben Sie es hoch in die Luft, stellen Sie es dann vorsichtig auf die Füße oder setzen es auf den Po und lassen Sie es schließlich sanft auf den Rücken sinken.
Schieben Sie von der Seite her beide Arme unter den Rücken und heben Sie es langsam an. Nach mehreren Versuchen kann es sich dann so steif machen, dass es beim Anheben waagerecht auf Ihren Händen liegen bleibt.
Fassen Sie Ihr Kind an den Beinen und ziehen Sie es langsam hoch, bis es ganz frei hängt (etwa eine Sekunde lang). Dann lassen Sie es

ebenso langsam wieder auf die Unterlage zurückgleiten.

■ Aus dem Wippen nach vorne und zurück und in Verbindung mit dem Vorwärtssetzen zunächst des einen Arms und der einen Hand, schließlich des anderen Arms und der anderen Hand, entwickelt sich das Krabbeln vorwärts. Es setzt freilich noch das Abwechseln zwischen links und rechts und die richtige Reihenfolge des gesamten Bewegungsablaufs voraus – eine insgesamt schwierige Aufgabe und eine große Leistung.
Krabbeln Sie selbst auch hemmungslos vor den Augen Ihres Kindes herum – damit geben Sie ihm sicher hilfreiche Impulse für diese Bewegungsart!
Übrigens: Die von der wissenschaftlichen Psychologie noch wenig akzeptierte Kinesiologie misst dem Krabbeln des Kindes sehr hohe Bedeutung zu. Dabei wird die selbstverständliche und lockere Koordination der rechten und linken Körperseite und der entsprechenden (gegenläufigen) Hirnhälften optimal angeregt. Das Zusammenspiel von linker und rechter Hirnhälfte gilt als das A und O für reibungsloses geistiges Arbeiten in späteren Jahren.

## Ab dem achten Monat

■ Es ist wichtig, dass sich ein Kind in der ganzen Wohnung frei bewegen kann und viele Möglichkeiten zum Krabbeln hat. Denn dabei lernt es die Bewegungen der Arme, der Beine und die Kopfhaltung zu koordinieren und sein Gleichgewicht zu halten, zugleich übt es auch, mit seinen Händen und Fingern geschickt umzugehen! Locken Sie Ihr Kind mehrmals am Tag zu sich, mit einem Spielzeug oder auch dadurch, dass Sie mit Klötzen bauen oder auf einem Topf trommeln. Wenn Ihr Kind bei Ih-

nen ankommt, wird es mit dem Spielzeug belohnt oder darf auch trommeln.

Ein Laufstall im eigentlichen Sinne dieses Wortes ist eher abzulehnen, weil er das Kind beim Krabbeln behindert und auch seine sonstige Entwicklung hemmt. Für kurze Zeit kann ein Laufstall natürlich auch sehr nützlich sein – z. B. wenn Sie gerade die Wohnungs- oder Haustür öffnen müssen. Am besten ist jedoch, wenn ein Kind den Laufstall möglichst nur von außen sieht. Wenn Sie dann hie und da einen interessanten Gegenstand hineinlegen, versucht Ihr Kind, diesen herauszuziehen: Von welcher Seite her ist dies am leichtesten möglich? – Nebenbei ein wenig Denksport …

⊡ Geben Sie bei den Mahlzeiten Ihrem Kind jetzt ruhig mal den Löffel zum Selberessen in die Hand – auch wenn diese ersten Versuche etwas mühsam für Sie sind. Der Löffel ist ein schwieriges Werkzeug, das Ihr Kind erst richtig zu verwenden lernen muss. Während es übt, den Löffel waagerecht zu halten und zum Mund zu führen, macht es einen wesentlichen Fortschritt in seiner Entwicklung.

## Ab dem zehnten Monat

⬛ Aus dem geschickten Krabbeln, also dem abwechselnden Voransetzen von Händen (Armen) und Knien, entwickelt sich das aufrechte Stehen am leichtesten. Das Kind bewegt sich auf Stühle, Tische, Regale und Schränke zu und zieht sich an allem Greifbaren hoch, wobei Beine und Füße abwechselnd die größte Arbeit vollbringen – nicht das Hochziehen mit den Armen ist entscheidend! Eine oft beobachtbare Zwischenphase vor dem Stehen ist der Halbkniestand. Wichtig beim Erlernen all dieser Dinge ist nicht das Erreichen eines oder mehrerer Ziele in einem bestimmten Monat, sondern die Aktivierung des Kindes, das Fördern seiner Selbständigkeit, sein eigenes Erproben der Bewegungsabläufe, die selbständige Leistung bei möglichst geringer aktiv-manueller Unterstützung durch den Erwachsenen (Anerkennung und Lob, also Unterstützung durch Worte ist immer sinnvoll).

Stützende Maßnahmen, unter die Arme greifen beim Stehen, an den Händen zum Stehen hochziehen o. Ä. sind eher entwicklungshemmende Verhaltensweisen zu eifriger oder ehrgeiziger Erwachsener.

⊡ Täglich gewinnt Ihr Kind jetzt neue Sicherheit beim Krabbeln. Es wird nun schon versuchen, einige niedrige Treppenstufen zu erklettern. Bleiben Sie hinter ihm, damit Sie es bei einem Ausrutscher festhalten können. Je weniger Misserfolge Ihr Kind bei den ersten Versuchen erlebt, desto mehr Spaß hat es später beim Treppensteigen und desto eher gewinnt es die nötige Sicherheit. Die Treppensicherung ist jedoch noch längere Zeit erforderlich.

⬛ Legen Sie jeden Tag ein paar Dinge, die Ihr Kind gern mag, nach und nach immer höher hinauf: auf ein Schemelchen, eine 30 cm hohe Kartonschachtel, auf einen Stuhl, einen Tisch. Machen Sie Ihr Kind dann auf die Spielsachen aufmerksam. Natürlich versucht es nun, sie zu holen. Beim Tisch ist das etwas schwierig – helfen Sie mit Ihrer Hand stützend nach oder mit einem Besenstiel, an dem es sich hochhangeln kann (dabei müssen Sie ihn natürlich gut festhalten), damit der Erfolg auf jeden Fall garantiert ist!

und das Gleichgewichthalten erfährt eine Unterstützung. Nichts spricht dagegen, dass Sie die Seitwärtsbewegung durch gutes Zureden, durch das Angebot eines Spielzeugs am Ende der Griffleiste oder ähnliches Locken anregen. Die ersten tastenden Schritte, das freie Gehen, sind bei vielen Kindern ein bis drei Wochen nach dem ersten Geburtstag zu beobachten.

## Ab dem zwölften Monat

⬛ Wenn Ihr Kind schon gut stehen kann, können Sie für eine Griffleiste in der Höhe seiner Armbeuge sorgen – es wird sich daran festhalten und mit dem Oberkörper parallel zur Griffleiste oder Stange wandern. Dabei wird zugleich das seitliche Abrollen der Füße geübt,

# Wer viel sieht,
## lernt viel

## Ab dem ersten Monat

⬛ Das Bettchen sollte so stehen, dass Ihr Kind nicht eine kahle Wand sieht, sondern das eine oder andere Bild, eine anregende (nicht erdrückende) Tapete, einen an die Wand gehängten Gegenstand, jedenfalls unterschiedliche Farben und Formen. Solange es wach ist, sollte es Licht von wenigstens zwei Seiten haben.

Achten Sie besonders darauf, dass Ihr Kind nicht von der Sonne oder einer grellen Lampe geblendet wird. Anregend und freundlich sind farbige, gemusterte Bezüge. Sie ahnen kaum, mit welcher Ausdauer Ihr Kind solche Muster (z. B. Blumen oder auch Tiere) betrachtet! Beziehen Sie sein Bett deshalb von Zeit zu Zeit immer wieder anders. Denken Sie auch daran, sich Ihrem Kind immer wieder von einer anderen Seite zu nähern – so wird es aktiv, es versucht, sich Ihnen zuzuwenden, sich zu drehen.

## Ab dem dritten Monat

⬛ Gehen Sie zusammen auf Entdeckungsreise in der nächsten Umgebung, in der Wohnung oder im Haus. Jeden Tag lernt Ihr Kind einen Teil seiner Umwelt besser kennen: das Zimmer, in dem es sich meistens aufhält, die Küche, die anderen Räume. Bei solchen Rundgängen können Sie ihm auch Gegenstände zeigen: das Windelpaket, Handtücher, die Cremedose, die Haarbürste; einen Apfel, einen Teller, eine Tasse; eine Vase, ein Buch, ein Bild usw. Nennen Sie gleichzeitig den Namen dieser Gegenstände deutlich oder sagen Sie einen kleinen Satz dazu, machen Sie den Gegenstand interessant, sodass es ihn genau ansieht, und führen Sie seine Hand daran entlang.

⬛ Inzwischen hat sich schon einiges Spielzeug angesammelt, das Sie Ihrem Kind immer wieder in die Hand geben können: ein

Ring aus Plastik oder Holz, ein farbiger Bauklotz, ein kleiner bunter Ball. Legen Sie diese Dinge nicht einfach ins Bett, sondern zeigen Sie immer wieder, welch unterschiedliche Bewegungen damit vollführt werden können. Ihr Kind wird Ihren Worten aufmerksamer folgen, wenn Sie auch Ihr Gesicht und Ihre Hände sprechen lassen, wenn es an Ihrer Mimik und Ihren Bewegungen ablesen kann, was Sie meinen und dass Sie daran interessiert sind, ihm alles zu zeigen und zu erklären. Sie brauchen keine Angst zu haben, dass Sie Ihr Kind überanstrengen – sein langer Schlaf, die Phasen, in denen Sie keine Zeit für es haben, und seine sicher auch gelegentlich gezeigte Abneigung, Ihnen weiter zuzuhören, schützen es davor. Überanstrengt würde es lediglich, wenn Sie hektisch oder unruhig mit ihm umgingen!

## Ab dem vierten Monat

⬛ Spazierfahrten sollen Ihrem Kind die Welt nahe bringen. Legen Sie es deshalb so in den Kinderwagen, dass es etwas sehen kann. Falls Sie es höher betten, schnallen Sie es aber sicherheitshalber an! Wenn Sie den Wagen abstellen, dann vielleicht unter einem Baum oder Sonnenschirm.

Lassen Sie Ihr Kind zusehen, wie Sie einen Zweig oder eine Blume abpflücken. Wenn Sie sicher sind, dass es den Zweig oder die Blume nicht sofort zur Untersuchung in seinen Mund steckt, können Sie ihm diese Gegenstände geben. So lernt es, den Zusammenhang zu erkennen: Zuerst war der Zweig am Baum dort drüben, dann wurde er von Ihnen gepflückt, hergebracht, und jetzt hält es ihn selbst in den Händen!

Je nach Kinderwagen können Sie Ihr Kind in verschiedenen Positionen spazieren fahren: eher liegend, sodass es viel Himmel sieht, eher aufrecht sitzend, sodass es bis zum Horizont blicken kann, oder auch in der Bauchlage, sodass es sich hochstemmen muss, um genügend zu sehen – das ist dann zugleich ein intensives Muskeltraining.

⬛ So lernt Ihr Kind, Veränderungen in seinem Blickfeld rasch zu erfassen: Bringen Sie ein Spielzeug langsam von der Seite her in sein Blickfeld oder bewegen Sie es von rechts nach links, von oben nach unten und im Kreis oder in Schlangenlinien über seinem Bettchen. Achten Sie darauf, dass es dem Spielzeug immer gut mit den Augen folgen kann.

● Über das Bettchen und außer Reichweite des Kindes können Sie eine bemalte Kugel, ein Spielzeug, ein Kuscheltier, einen Ring, ein Glöckchen o. Ä. an einem dünnen Faden oder an einer Schnur aufhängen. Das damit entstehende Pendel sollte nicht zu kurz sein, damit Ihr Kind das Hin- und Herschwingen gut verfolgen kann. Wenn Sie am Faden ein Blatt durchsichtiges, farbiges Seidenpapier befestigen, wird jeder kleine Luftzug das Pendel in Bewegung setzen, und das Seidenpapier verändert bei der Drehung dauernd seine Gestalt.

● Ein Mobile mit bunten Papierschiffchen oder Tieren an der Decke macht Ihrem Kind längere Zeit Spaß. Wechseln Sie die Motive gelegentlich. Das Mobile muss nicht direkt über dem Bettchen hängen – in der Nähe des Fensters bewegt es sich öfter – z. B. wenn Sie lüften.

● Sie können auch eine kleine Puppe (nicht länger als 15 cm), ein Plüschtier oder einen Ball an eine gut an der Decke befestigte Schnur hängen. Wenn Ihr Kind das Spielzeug zum Schaukeln bringt, wird es längere Zeit große Schwingbewegungen machen (langes Pendel), wenn Ihr Kind sich daran ein

wenig hochzieht, kann es das Teil ganz aus der Nähe sehen. Ein Vorteil für Sie: das Spielzeug fliegt nicht aus dem Bettchen, Sie brauchen es nicht ständig wieder zurückzulegen.

## Ab dem fünften Monat

● Fördern Sie die Aktivität Ihres Kindes, indem Sie es nach Spielsachen, die Sie ihm hinhalten, greifen lassen. Einige Dinge sollten so im Körbchen oder im Bettchen liegen, dass es sie nur sehen kann,

wenn es sich etwas zur Seite dreht. Bald wird es sich bemühen, auch diese Spielsachen zu ergreifen; es übt dabei nicht nur seine Geschicklichkeit, sondern auch die Fähigkeit, den Körper zu drehen!

Geeignete Spielsachen sind u. a. Stoffpuppe, Teddybär, Holzauto, Ball, Kuscheltiere: jeweils in solider Ausführung, sodass Ihr Kind nicht Teile davon abbeißen, abreißen oder auf andere Art abnehmen kann und sie möglicherweise anschließend verschluckt! (Lassen Sie sich in einem Spielwaren-Fachgeschäft einmal die kleinsten geeigneten Gegenstände zeigen, die der Sicherheitsnorm für Kinder unter drei Jahren entsprechen: die kleinste Abmessung muss 3,2 cm überschreiten.)

⊙ Nehmen Sie Ihr Kind auf den Schoß und bauen Sie ihm auf dem Tisch etwas vor. Ein Klötzchen bekommt das Kind, aus zwei anderen machen Sie den ersten Turm. Dabei erfährt es mehr über die Eigenschaften eines Bausteines. Sicher versucht es dann auch bald zu bauen. Wann Sie mehr und wie viele Bausteine Sie dazugeben, sollten Sie ausprobieren. Überschwemmen Sie Ihr Kind nicht mit Material, sonst verliert es die Freude am Probieren.

Mit Plastiktieren macht das Baden viel mehr Spaß – und Ihr Kind lernt dabei viel, z. B. dass im Wasser alles leichter und beweglicher ist, dass schwere Objekte darin untergehen und leichte schwimmen.

## Ab dem sechsten Monat

Zeigen Sie Ihrem Kind einen echten Apfel (oder etwas anderes) und einen im Bilderbuch (oder das entsprechende Bild). Anfangs kann es Abbildung und Realität nicht leicht unterscheiden. Doch nach einer Weile unterscheidet es den echten Apfel vom Bild: Von dem einen kann man abbeißen …

Auch mit Farben- und Formenspielen können Sie jetzt beginnen. Bemalen Sie mehrere Bogen Bastelkartons in kräftigen Farben mit verschiedenen Gegenständen oder auch großen Kreisen. Schneiden Sie die Figuren aus, legen Sie sie in eine Schachtel und nennen Sie Ihrem Kind die Farben. Später kommen gemalte und «echte» (Spielzeug-)Autos, Dreiecke und Quadrate hinzu.

## Ab dem neunten Monat

⊙ Eine Übung, die Sehen und Denken trainiert, ist das Versteckspielen. Verstecken Sie vor den Augen Ihres Kindes ein Spielzeug, das es gern mag. Sicher krabbelt es gleich los und sucht danach. So lernt es, dass Dinge noch existieren, auch wenn man sie im Moment nicht sieht.

⊙ Begleiten Sie Ihr Kind, wenn es durch die Wohnung krabbelt. Versuchen Sie herauszufinden, warum es erst in die eine, dann in die andere Ecke will, was es dort sieht, worauf sich seine Neugier richtet. Nehmen Sie dann den einen oder anderen Gegenstand, der Ziel seines Interesses war, in die Hand, lassen Sie ihn von Ihrem Kind anfassen und betrachten und erzählen Sie vom Gebrauch oder Nutzen des Gegenstandes.

⊙ Zeigen Sie Ihrem Kind, wie ein Ball, eine Kugel und eine Walze durch das Zimmer rollen und dass diese Gegenstände auf einer schiefen Ebene von allein rollen.

# Mit Mund und Händen fühlen und tasten

## Ab dem ersten Monat

⬛ Schon in den ersten Lebenswochen können Sie bei Ihrem Kind die Geschicklichkeit der Hände und Finger fördern, die ja seine wichtigsten (mechanischen) Werkzeuge werden. Bringen Sie Ihren Zeigefinger in die Nähe seiner Hand, lassen Sie es Ihren Finger ergreifen und befreien Sie ihn wieder mit sanften Bewegungen. Bald ist es ganz leicht, die kleine Faust zum Öffnen, die Finger zum Greifen zu veranlassen und die Innenfläche der Hand zu streicheln.
Nehmen Sie abwechselnd die beiden Hände Ihres Kindes und machen Sie rhythmische Bewegungen damit. Streicheln Sie über den Handrücken und die einzelnen Fingerchen, nennen Sie dabei auch ihre Namen.

⬛ Beim Wickeln sollten Sie Ihrem Kind die verschiedensten Tastwahrnehmungen ermögli-chen, indem Sie sich mit seinen Händen, Fingern, Armen, Beinen, Füßen, Zehen, seinem Bauch, Hals usw. beschäftigen – durch Darüberstreifen, durch Streicheln, durch leichten Druck, durch Längs-, Hin- und Her- sowie Kreisbewegungen. Ihr Kind kann dabei auch erfahren, dass Sie es mit unterschiedlich großen Flächen berühren, mit Ihren Fingerspitzen, mit der ganzen Hand, mit der Brust usw.

## Ab dem dritten Monat

⬛ Lassen Sie Ihr Kind ruhig seine Finger in den Mund stecken. Immerhin ist der Mund in den ersten Lebensmonaten fast das wichtigste Wahrnehmungs- und Tastorgan. Jedes Spielzeug wandert erst mal zum Mund. Lassen Sie Ihr Kind deshalb nichts greifen, was gefährlich sein könnte: nichts Unhygienisches, nichts Spitzes (wegen der Gefahr von Augenverletzun-

gen), nichts, was es verschlucken könnte.

Seien Sie unbesorgt, wenn Ihr Kind zeitweilig am Daumen lutscht. Schädlich ist, wenn Sie ihm den Daumen dauernd aus dem Mund nehmen, weil dadurch seine intensiven Wünsche nach Saugen, Spannungsausgleich oder spielerischer Beschäftigung unterbrochen oder sogar ganz unterbunden werden. In den ersten Lebensmonaten ist das Lutschen am Daumen besser, als dem Kind einen Schnuller zu geben, weil es diesen Tröster selbst verfügbar hat (und ihn nicht dauernd verliert).

Ab dem vierten bis sechsten Lebensmonat können Sie Ihrem Kind einen Schnuller geben, denn es hat jetzt genügend Eigenerfahrungen mit dem Tastwerkzeug Hand bzw. Daumen beim Lutschen und Saugen gemacht.

⬤ Lassen Sie Ihr Kind mehrmals täglich mit Ihren Fingern spielen. Ziehen Sie Ihre Hand etwas zurück, wenn es sich daran festklammert, damit es noch fester zudrückt und seine Hand- und Armmuskeln trainiert werden. Aber bitte nur selten ganz wegziehen: Ihr Kind würde die Freude an diesem Spiel verlieren.

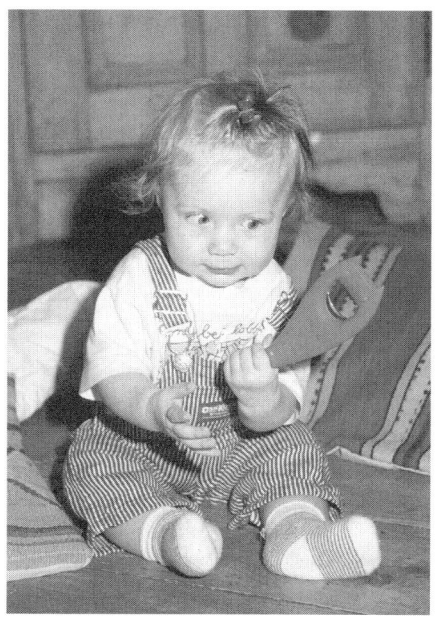 

## Ab dem vierten Monat

Je mehr verschiedene Materialien Ihr Kind anfasst, desto besser ist das für seine geistige Entwicklung. Hier ein paar Vorschläge: ein Stofftaschentuch, ein Waschlappen, ein Handtuch, eine Rassel, ein Bauklotz, ein Stück Papier (das knistert so schön!). So wird Ihr Kind mit verschiedenen Materialien, Stoffen und Formen vertraut.

Viele Farben, Formen, Größen und Gewichte kennen lernen – das sind Anregungen, die Ihr Kind jetzt braucht. Es muss nicht immer neues Spielzeug (eine Stoffpuppe, ein Plastikfisch, ein Stoff- oder ein Plastikball) sein; auch in Ihrer Küche z. B. sind ungeahnte Schätze verborgen (Kochlöffel aus Holz, Holzbrettchen, Plastikgeschirr usw.).

## Ab dem siebten Monat

Spielen Sie morgens und abends das «Geben-Spiel»: Bieten Sie Ihrem Kind nacheinander fünf verschiedene Sachen an. Wenn es einen Gegenstand genommen hat, geben Sie ihm den nächsten. So lernt es, neue Dinge in seinem Gesichtskreis zu beachten und

anderes Spielzeug loszulassen. Aber drängen Sie ihm nichts auf, wenn es sich mit einer Sache gerade intensiv beschäftigen möchte.

⬤ Nehmen Sie Ihr Kind auf den Schoß und legen Sie z. B. einen Keks, einen Bauklotz und seine Rassel auf den Tisch. Es wählt dann selbst aus, was es haben will. Und mit dem Keks lernt es nebenbei auch noch selbständig zu essen. Statt Keksen sollten Sie ihm ab und zu auch ein Stück trockenes Brot oder ein hartes Brötchen geben, auf dem es herumbeißen kann.

⬤ Geben Sie Ihrem Kind Anregungen, mehr Details seiner Umwelt zu entdecken und dabei auch seinen Tastsinn und sein Gefühl für Gewichte zu entwickeln. Die folgende Liste versteht sich als Beispiel für Dinge, die Sie Ihrem Kind in den kommenden vier Monaten erklären und zum Spielen geben sollten: einen großen und einen kleinen Ball, Bauklötze, eine Becherpyramide, Holzringe, Kleidungsstücke, Löffel, Töpfe, Holzbrettchen, Äpfel, Bananen, Brotscheiben, Bücher, Papier und Karton.

# Wer viel hört,
## will bald auch sprechen

### Ab dem ersten Monat

Von Anfang an haben Sie sicher mit Ihrem Kind liebevoll gesprochen und es wahrscheinlich mit Kosenamen bedacht. Bei diesen Dialogen sprechen Sie normalerweise etwas höher als normal, Sie verwenden mehr als beim normalen Sprechen Einzelausdrücke und Ausrufe, Stimmungs- und Lautmalereien. Es geht dabei um die Ansprache an Ihr Kind, um ein Kosen mit Wörtern. Sie zeigen Ihrem Kind, dass Sie auf es eingestellt sind, dass Sie seine Verhaltensweisen akzeptieren, dass Sie sich mit ihm und über es freuen. Davon kann Ihr Kind nicht genug bekommen.

Mehr und mehr sollten Sie in den folgenden Wochen auf einen Austausch achten: Wenn Ihr Kind auf Ihre Hinwendungen reagiert, setzen Sie fort; wenn es seine Ruhe haben will, berücksichtigen Sie auch dieses. Dennoch: Starten Sie immer wieder solche Angebote und versuchen Sie, Dialoge zu führen, also ein Hin und Her von Verbalisierungen und Gefühlsäußerungen zu erreichen.

Sprechen Sie viel mit Ihrem Kind. Das ist genauso wichtig für sein Wohlbefinden wie Ihre Zuwendung beim Füttern oder Streicheln, auch wenn es den Sinn Ihrer Worte noch gar nicht versteht. Ihr Kind spürt jedoch, dass Sie ihm etwas mitteilen, etwas geben wollen. Damit bereiten Sie es schon auf das Geben und Nehmen vor, die wichtigste Grundlage zwischenmenschlicher Beziehungen.

Achten Sie darauf, dass die Art Ihres Gebens von Ihrem Kind als angenehm empfunden wird, als ein Streicheln mit Wörtern. Wichtig ist, dass Sie deutlich sprechen (auch bei Koseworten), dass Ihre Stimme nicht zu laut ist und dass Sie natürlich reden.

Sprechen Sie und Ihr Mann verschiedene Sprachen? Sie können sich entscheiden, ob Sie in diesem Fall von Anfang an beide Sprachen sprechen und sie gleichzeitig übermitteln wollen oder ob Sie bevorzugen, zunächst eine Sprache zu festigen (ca. drei Jahre lang), bevor Sie die zweite hinzunehmen. Wenn einer der beiden Eltern sich im ersten Lebensjahr deutlich häufiger mit dem Kind befasst, sollte die Muttersprache (oder die bestgesprochene Sprache) dieses Erwachsenen gewählt werden, um sprachliche Unsicherheiten zu vermeiden. So kann das Kind erfahren, dass Sprechen Freude macht und dass Sprechen Beziehungen schafft, ganz grundlegende Erfahrungen im Hinblick auf das Erlernen der Sprache.

## Ab dem vierten Monat

Nun wird es Zeit, dass Ihr Kind vermehrt die Wörter zur Bezeichnung seiner Körperteile kennen lernt. Lassen Sie es nach dem Baden (in einem warmen Raum) eine Weile nackt und zeigen Sie ihm seine Arme und Beine, die Hände, die Zehen und den Bauch, berühren Sie seinen Kopf, seinen Rücken, seinen Po und sagen Sie jeweils dazu, was das ist, wie es bezeichnet wird. Wenn Sie immer deutlich sprechen, kann Ihr Kind den Klang bestimmter Wörter schon ganz gut unterscheiden, obwohl es deren Sinn jetzt sicher noch nicht versteht.

Dies erfordert viel Geduld von Ihnen, weil Sie den Erfolg nicht unmittelbar feststellen können: Wiederholen Sie dennoch immer wieder die wichtigsten Wörter, z. B. die Namen der Körperteile, der Spielsachen, verschiedener Gegenstände im Zimmer und anderer Dinge, mit denen Ihr Kind täglich zu tun hat. Noch besser ist, wenn Sie nicht nur die Namen, sondern auch noch einige Eigenschaften der Sachen nennen (und möglichst in einem Satz), z. B. «Der Ball ist rund und rot.»

Verwenden Sie bewusst auch möglichst viele Tätigkeitswörter: essen, schlafen, lachen, sich freuen, sehen, fühlen, tasten, schmecken, stehen, rollen, liegen, sitzen – Ihrer Phantasie sind keine Grenzen gesetzt.

## Ab dem sechsten Monat

Sehen Sie in Ihrem Rundfunkprogramm nach, wann im Kinderfunk eine Geschichte vorgelesen wird, und hören Sie dann zusammen mit Ihrem Kind dieser Sendung einige Minuten zu. Die Übung ist gut für Ihr Kind, weil es die Geschichte von einem Sprecher hört, der langsam und ruhig liest, die Wörter deutlich ausspricht und sinngemäß betont.

Für Sie ist das Zuhören auch ganz nützlich: Im Laufe der Zeit lernen Sie Geschichten kennen, die Sie Ihrem Kind später noch einmal erzählen können, wenn es deren Sinn versteht (ab dem zwölften bis 15. Monat fasst es schon einiges auf, wenn Sie den Inhalt anschaulich darstellen und die Erzählung mit Mimik und Gestik unterstützen). Hören und erzählen Sie später nur Geschichten, bei denen Ihr Kind sich nicht fürchtet. Kinderkassetten und CDs erfüllen natürlich den gleichen Zweck wie Rundfunksendungen.

Wenn Ihrem Kind diese Art der Unterhaltung Spaß macht, lassen Sie es vom zehnten Monat an ein bis zwei Stunden pro Woche hören, allerdings jeweils nicht länger als vier bis zehn Minuten ohne Unterbrechung. Wenn die Geschichte länger ist, können Sie das Ende ja mit zwei, drei Sätzen selbst erzählen.

■ Sie merken es selbst: Jetzt will Ihr Kind Ihnen schon manchmal etwas erzählen! Hören Sie seinen «Wawa»- und «Gaga»-Lauten und -Geschichten aufmerksam zu und wiederholen Sie seine Lautmalereien. Indem es seine eigenen Laute von Ihnen hört, begreift es allmählich, dass es mit Mund und Zunge etwas Bestimmtes ausdrücken kann und dass die anderen diese Laute auch hören können. Bei diesen Unterhaltungen soll das Kind Ihren Mund gut beobachten können. Ihr Kopf sollte also auf gleicher Höhe sein: Sie nehmen Ihr Kind auf Ihren Schoß oder gehen in die Hocke und sprechen langsam und deutlich. Wenn Ihr Kind später viele Wörter richtig beherrscht, können Sie wieder zu Ihrem gewohnten schnelleren Sprechtempo übergehen.

## Ab dem achten Monat

■ Neben dem gewohnten Brei braucht Ihr Kind jetzt Nahrung, bei der es beißen muss. Dabei werden die Kaumuskeln und alle anderen Muskelpartien im Mundraum trainiert, das fördert zugleich die bewusste Steuerung der Muskeln, die beim Erlernen der Sprache nötig sind.

■ Wenn Sie Ihrem Kind etwas besonders Gutes tun wollen, schreiben Sie ein paar eigene Geschichten auf, die Sie ihm dann wiederholt vorlesen. Der Inhalt muss nicht hochtrabend sein. Erzählen Sie doch einfach etwas von

einem Hund oder einem Vogel, von irgendetwas in Ihrer Umwelt, das Sie beobachtet haben und das vielleicht auch Ihr Kind schon gesehen hat. Mehr als etwa zehn Zeilen braucht die Geschichte nicht zu haben.

Vielleicht können Sie auch noch etwas dazu malen. Weder die künstlerische Qualität der Geschichte noch die der Zeichnung sind ausschlaggebend: Es geht allein darum, dass Ihr Kind bestimmte Wortkombinationen immer wieder hört, denn das erleichtert das Sprechenlernen ganz erheblich. Bilderbücher mit kurzen Texten sind genauso geeignet.

# Das Musikverständnis fördern

## Ab dem dritten Monat

⬛ Erinnern Sie sich noch, wie gern Sie früher Kinderlieder hörten? Vielleicht werden Sie sogar heute noch (heimlich) etwas sentimental, wenn Sie vertraute Melodien aus Ihrer Kinderzeit hören. Singen regt bei einem Kind nicht nur das Hören an, sondern ruft auch ganz bestimmte Erinnerungen und damit verbundene Gefühle hervor. Mütter haben das zu allen Zeiten und in allen Völkern gewusst. Singen auch Sie Ihrem Kind von Anfang an viel vor: Kinder- und Volkslieder ebenso wie Eigenkompositionen, auch völlig freies Gesumme oder Melodiebögen, die aus der Situation heraus entstehen.

Sprechen Sie Ihrem Kind manchmal auch nur Liedertexte oder Kinderreime ohne Melodie vor, damit sie ihm mit der Zeit vertrauter werden.

⬛ Schon jetzt können Sie etwas dazu beisteuern, dass Ihr Kind später eine Beziehung zur Musik entwickelt. Spielen Sie ihm fünf bis 20 Minuten lang täglich etwas bewusst vor, nach dem sechsten Monat auch länger; ob Volksmusik, Jazz oder klassische Werke ist weniger wichtig. Allerdings ist klar, dass unterschiedliche Musik unterschiedlich beeinflusst. Die Musiktherapie macht sich das zunutze: Untersuchungen bei noch nicht geborenen Kindern haben gezeigt, dass sich Kinder bei Vivaldi und Mozart eher wohl fühlen als bei heftiger Jazz-, Rock- oder Technomusik. Falls Sie eine ausgeprägte Vorliebe für eine bestimmte Musikrichtung haben, überträgt sie sich in diesem Alter besonders leicht auf Ihr Kind. Sorgen Sie auf jeden Fall dafür, dass die Musik technisch möglichst einwandfrei zu hören ist.

## Ab dem sechsten Monat

 Hören Sie weiter viel Musik, aber suchen Sie ab und zu auch Platten aus, auf denen ein Instrument (Klavier, Klarinette, Violine, Cello, Schlagzeug usw.) klar dominiert. Und versuchen Sie – falls vorhanden – die Aussteuerung so einzustellen, dass die besondere Klangfarbe des Instruments gut hörbar wird.

# Ihr Kind
## will Lärm machen

### Ab dem vierten Monat

Wir Erwachsenen nehmen die meisten Geräusche gar nicht mehr richtig wahr. Ihr Kind jedoch staunt sogar über das ganz banale «Klick» eines Lichtschalters. Helfen Sie ihm dabei, möglichst viele verschiedene Geräusche kennen zu lernen. Zeigen und erklären Sie ihm genau die Geräuschquelle: die Rassel, ein Glöckchen, Türenschließen, Küchenmaschinen, Staubsauger, das Klirren von Geschirr oder Schlüsseln usw. Sie können auch ganz einfach mehrere Geräuschdosen, z. B. aus Küchen- oder Toilettenpapierrollen, basteln, die Sie mit verschiedenem Material füllen (Erbsen, Reis, kleine Zuckerstücke, winzige Bonbons; der Inhalt sollte ungefährlich sein, damit nichts passieren kann, wenn die Dose mal aufgehen sollte) und mit Klebeband verschließen. Nach ein paar Tagen tun Sie etwas anderes hinein. Ihr Kind bekommt auf diese Weise viele verschiedene Anregungen, die für die Entwicklung seines Hörvermögens hilfreich sind.

Kinder lernen sehr schnell zu erkennen, aus welcher Richtung ein Geräusch kommt. Sie brauchen es nur ein paar Mal zu üben. Erzeugen Sie Geräusche aus verschiedenen Richtungen und Entfernungen, wenn Ihr Kind im Bettchen liegt. Bald dreht es auf Anhieb sein Köpfchen zur richtigen Seite.

### Ab dem sechsten Monat

Machen Sie gelegentlich Geräusche, Töne oder auch einfach Krach mit Ihrem Kind! Zeigen Sie ihm, wie man mit einem Kochlöffel auf einem Topf trommelt, wie man einen verschlossenen Karton geräuschvoll mit den Händen oder Fäusten bearbeitet und welche Töne der Stoffbär von sich gibt, wenn man ihn drückt. Sam-

meln Sie ein paar Schraubver-
schlüsse von Baby-Fertignahrung
oder anderen Lebensmittelgläsern
und tun Sie sie (gewaschen natürlich) in eine geschlossene Kaffee-
oder Keksdose aus Blech – ein herr-
licher Krachmacher! Mit all diesen
Dingen lernt Ihr Kind, wie es selbst
Geräusche erzeugen kann. Jeder
Ton stimuliert sein Gehör, es lernt,
hohe und tiefe, laute und leise, un-
vermischte und gemischte Töne
und Klänge zu unterscheiden. Dabei bildet es auch schon Vorlieben
aus: Es bestimmt, was es seltener
oder häufiger hören möchte.

# Kreativität und Denken
## von Anfang an

### Ab dem dritten Monat

Kinder kommen neugierig auf die Welt. Sie wollen grundsätzlich alles kennen lernen! Helfen Sie Ihrem Kind dabei. Dazu gehört, dass Sie es laufend mit neuen Gegenständen vertraut machen, dass Sie sein Interesse mit immer neuen Anregungen füttern. Zeigen Sie ihm z. B. im ersten Vierteljahr täglich fünf, im zweiten Vierteljahr zehn und im dritten und vierten Vierteljahr 15 Dinge genau, von allen Seiten.

Jeden Tag lassen Sie etwas weg, was Ihr Kind bereits gut kennt, und erklären ihm stattdessen etwas Neues. Hier nur einige Vorschläge (Ihnen fallen sicher noch eine ganze Menge anderer Dinge ein): Plastikflasche, Dose, Brot, Löffel, Apfel, Geschirrtuch, Eierbecher, Eimer, Besen, Toilettenpapier, Schlüssel, Uhr, Aschenbecher, Vase.

Ihr Kind soll dabei auch gleich hören, wie der Gegenstand heißt, und sehen, wie und wozu man ihn verwendet. Wenn es ein halbes Jahr alt ist, genügt ihm bloßes Anschauen nicht mehr – es will alles selbst ausprobieren. Geben Sie ihm daher nur Sachen, mit denen nichts passieren kann. So wird Ihr Kind in seinem ersten Lebensjahr immerhin schon mit gut 300 Dingen vertraut!

### Ab dem sechsten Monat

Bilder am Bett regen zum Betrachten und zum Denken an. Sie können sie leicht selber malen. Auf die künstlerische Qualität kommt es dabei zunächst nicht an, die Hauptsache ist, dass Sie einfache Motive auswählen, die Ihr Kind kennt, z. B. eine Rassel, einen Ball, ein Fläschchen. Fotos aus Illustrierten oder Reproduktionen von Gemälden erfüllen den gleichen Zweck, sofern sie einen klar erkennbaren Gegenstand zeigen und mindestens 15 mal 25 cm groß sind.

In diesem Alter kann ein Kind schon etwas vom Zusammenhang zwischen Ursache und Wirkung erfahren. Das können Sie ihm an ganz einfachen Beispielen demonstrieren: Halten Sie die Rassel zuerst eine Zeit lang ruhig in der Hand, bevor Sie sie schütteln. Blasen Sie kräftig in das bewegungslose Mobile und stoppen Sie es dann wieder. Legen Sie einen Ball vor Ihr Kind hin und stubsen Sie ihn dann ein bisschen an, sodass er langsam davonrollt, oder halten Sie ihn mit der einen Hand hoch und lassen Sie ihn in die andere Hand hinabfallen. Es wäre gut, wenn Sie sich für jeden Tag ein bis zwei andere Beispiele ausdenken könnten, die Sie nach einer Woche wiederholen.

Ab jetzt sollte Ihr Kind jede Woche ein neues Material und seine Eigenschaften kennen lernen. Papier ist ein Beispiel: Man

kann es falten, rollen, reißen, bemalen, nass machen und ausdrücken, zusammenknüllen und glatt streichen.

Ein anderes Beispiel ist Wasser: Zeigen Sie Ihrem Kind (gerade beim Baden), dass man Wasser verschütten, umgießen, spritzen, einfließen lassen, wärmer und kälter mischen, durchsieben, durch Trichter fließen lassen, abtrocknen und sich selbst damit nass machen kann.

So machen Sie Ihr Kind mit dem Material Holz bekannt: Lassen Sie Ihr Kind sehen, dass es lange und kurze Hölzer gibt, dass sie verschieden schwer sind und verschiedene Farbtöne und Muster haben, dass man Holz schwimmen lassen kann usw.

Genauso soll Ihr Kind nach und nach auch mit anderen Materialien (Gummi, Plastik, Metall, Textilien, Glas etc.) vertraut werden. Lassen Sie es bei Ihren Übungen auch den Geschmack von Zucker und Salz kennen lernen.

## Ab dem neunten Monat

Inzwischen hat Ihr Kind schon einen großen Erfahrungsschatz. Bei vielen Dingen weiß es bereits, wozu sie da sind und was man mit ihnen macht. Wenn Sie die Dinge nun auf eine etwas ungewöhnliche Weise verwenden, regen Sie damit seine Kreativität an und erreichen, dass es geistig flexibel wird und auch umdenken kann. Es soll z. B. begreifen: Ein Ball kann nicht nur rollen, sondern man kann ihn auch springen oder auf dersel-

ben Stelle rotieren lassen. Eine Rassel ist ein Geräuschinstrument, verwendbar auch als Armreif, man kann sie prima an einer Schnur herumziehen oder Sachen durch den Ring stecken. Einen Hut kann man nicht nur auf den Kopf setzen, man kann auch etwas in ihn hineinlegen oder damit auffangen.

⊙ Ein anregendes Spiel können Sie mit Ihrer Wohnungseinrichtung machen: Verändern Sie jede Woche einmal etwas im Kinderzimmer oder in der Spielecke. Legen Sie die Stühle mal der Länge nach hin, sodass der Raum in zwei Hälften geteilt wird, und lassen Sie in der Mitte einen Spalt frei zum Durchgehen und Krabbeln. Oder schieben Sie den Tisch in eine Ecke und bauen Sie darunter eine kleine Spielhöhle. So bekommen die Möbel, die Ihrem Kind ja inzwischen vertraut sind, eine neue Bedeutung. Es lernt neue Eigenschaften an ihnen kennen und benützt den Raum großzügiger. Diese Anregungen fördern seine Fähigkeit, sich auf Neues einzustellen und neue Zusammenhänge zu sehen.

## Ab dem elften Monat

⚫ Legen Sie mit Bauklötzen eine Straße und schieben Sie ein Auto darauf entlang. Am nächsten Tag legen Sie mit den Klötzen ein großes L, dann ein großes E. Das Alphabet ist für Sie eine hervorragend geeignete Vorlage, um Ihr Kind mit immer neuen Formen und Anordnungen vertraut zu ma-

chen. Durch die Verwendung von Buchstaben als Muster für Wege lernt Ihr Kind völlig nebenbei, Formen genau zu beachten. Im Laufe der Zeit wird es dann vielleicht selbst auch solche Grundstrukturen beim Spielen einbeziehen.

⬛ Bauen Sie mit wenigen Klötzen einen kleinen Turm. Ihr Vorbauen ist nur als kleiner Impuls gedacht. Die meisten Erfahrungen mit Bauklötzen soll Ihr Kind beim Spielen selbst sammeln. Nehmen Sie sich aber öfter die Zeit, sich still danebenzusetzen und ihm ruhig zuzuschauen, dann spielt es ausdauernder und intensiver.

⬛ Beim Einfüllen oder Rauskramen von Sachen aus verschieden großen Kartons, Kisten und Koffern lernt Ihr Kind, Größen zu schätzen und Dinge so einzupacken, dass viel in den Behälter hineingeht.

⬛ Wenn Ihr Kind während der Monate Juni bis September geboren ist, kann es mit elf Monaten viel im Freien spielen. Geben Sie ihm Gelegenheit, im Sandkasten, bei einem Planschbecken im Garten oder auch auf einer Wiese und im Wald die vielfältigen Anregungen für das Wahrnehmen, Tasten, Denken und Empfinden zugleich wahrzunehmen. Es entdeckt dort auch viele faszinierende kleine Tiere: Würmer, Raupen, Schnecken, Marienkäfer, Schmetterlinge, vielleicht auch eine flinke Eidechse.

# Die Selbstsicherheit wächst
## mit dem Vertrauen in die Welt

### Ab dem ersten Monat

■ Ihr Kind kann Ihnen seine Wünsche noch nicht nennen, oft genug kennt es sie auch gar nicht genau. Nur so viel ist sicher: Wenn Ihr Kind erst einmal schreit, dann vermisst es etwas, ist unzufrieden und unglücklich. Helfen Sie ihm dann. Denn wenn Sie es in solchen Situationen weiterschreien lassen, kann es kein Vertrauen fassen zu Ihnen, zu seiner Umwelt, ja zum Leben überhaupt.

Gehen Sie zu Ihrem Kind hin, nehmen Sie es gegebenenfalls hoch, zeigen Sie ihm etwas, was ihm Freude macht, spielen Sie mit ihm, lächeln Sie es an. Nur durch viele solcher freundlichen Eindrücke und Erlebnisse bekommt es eine aktive und optimistische, lebensbejahende Einstellung.

● Wenn Sie sich immer viel mit Ihrem Kind beschäftigen, ist die Entwicklung seines Selbstbewusstseins kein Problem. Denn Sie beweisen ihm damit: «Du bist eine eigene, selbständige, wertvolle Persönlichkeit mit Wünschen und Ansprüchen, die ernst genommen werden!»

Schon in den ersten Monaten genügt es nicht, dass Sie Ihr Kind gut pflegen, dass es satt und sauber in seinem Bettchen liegt. In den Wachpausen braucht es viel (Körper-)Kontakt mit der Mutter, dem Vater, den Geschwistern und viele Anregungen. Mit jedem Spiel zeigen Sie Ihrem Kind, dass Sie es lieb haben und dass es wichtig ist für Sie. Jede Vernachlässigung steht der Entwicklung eines gesunden Selbstgefühls entgegen. Das heißt allerdings nicht, dass Ihr Kind nicht z. B. in seinem Bett längere Zeit mit offenen Augen träumen sollte – es wird sich melden, wenn es angesprochen werden will.

Wenn es sich meldet, lassen Sie es nicht lange warten. Manchmal reicht eine erste kleine Begrüßung, die Ihre Anwesenheit zeigt, manchmal das Aufziehen einer Spieldose (Musik), die einige Minuten überbrückt, wenn Sie gerade wenig oder keine Zeit haben. Ihr Kind sollte Vorrang vor allen anderen Beschäftigungen haben, die Ihnen wichtig sind – zu erkennen, wann Sie gerade dringend gebraucht werden, ist freilich oft nicht einfach!

⬛ Richten Sie sich beim Tagesablauf Ihres Kindes nicht stur nach der Uhr. Es wird eine ganze Weile dauern, bis Sie es behutsam an einen Rhythmus gewöhnen können, der ihm (und Ihnen) passt. Zwingen Sie es nicht zu einer Ordnung, die seinen Bedürfnissen vielleicht nicht entspricht, sondern gehen Sie weitgehend auf seinen Wechsel von Aktiv- und Erholungsphasen ein.

## Ab dem dritten Monat

⬛ Haben Sie schon einmal beobachtet, wie fasziniert Ihr Kind zuschaut, wenn sich sein Mobile dreht? Oder wie es ganz vertieft mit seinen Fingerchen spielt? Es wäre ganz falsch, wenn Sie in solchen Momenten mit etwas anderem dazwischenplatzen würden. Wenn Sie Ihr Kind zu oft unterbrechen, verlernt es, sich längere Zeit mit einer Sache zu beschäftigen. Dann erwartet es, dass Sie ständig kommen und ihm etwas noch Interessanteres anbieten – es wird Sie bald als Animateurin oder Entertainerin in seinen Dienst nehmen, und Sie werden in dieser Rolle schließlich unentbehrlich.

Die Folge: Ihr Kind wird leicht ablenkbar, unruhig und entwickelt keine festen Interessen. Beobachten Sie deshalb möglichst aus größerer Entfernung, ob Ihr Kind Sie gerade braucht oder ob es allein spielen will. Oft ist es gleich nach dem Füttern und Wickeln besonders munter und will noch etwas erleben, während Sie selbst vielleicht ganz gern jetzt eine Ruhepause hätten. Raffen Sie sich dann bitte trotzdem zum Spielen auf!

## Ab dem sechsten Monat

⬛ Es ist für Ihr Kind gar nicht so einfach, Sie zu verstehen, wenn Sie es dauernd mit einem anderen Kosenamen ansprechen. Woher soll es wissen, dass es selbst damit gemeint ist? Entscheiden Sie sich lieber für einen bestimmten Namen, einen einzigen Kosenamen oder seinen Vornamen, mit dem Sie es immer ansprechen. Dann weiß Ihr Kind eher, wer gemeint ist, und wird sich angesprochen fühlen.

Für die Entwicklung seines Selbstbewusstseins (etwas wissenschaftlicher: seiner Ich-Identität und seiner Selbst-Interpretation) soll Ihr Kind schon früh seinen Körper kennen lernen. Zeigen Sie ihm deshalb wiederholt nach dem Baden alle Körperteile und benennen Sie sie. Wenn Sie Ihr Kind auf den Arm nehmen, können Sie sich gemeinsam vor dem Spiegel betrachten. «Wo ist deine Hand? Da (Sie nehmen die Hand) oder da (Sie zeigen auf den Spiegel)?»
Wenn Ihr Kind mit seinem Körper oder Körperteilen spielt, sich dabei erkundet, z. B. seine Zehen in den Mund steckt oder mit seinen Geschlechtsteilen spielt, sollten Sie es davon nicht abhalten.

Wenn Ihr Kind Überraschungseffekte erzielen darf, wird sein Selbstvertrauen gestärkt: Es wirft z. B. einen Ball ins Wasser, dass es spritzt, es schaltet Licht ein und aus, es scheucht Vögel zum Auffliegen auf usw. Die Erfahrung, wie wirkungsvoll sein Handeln ist, lässt es empfinden, wie «mächtig» es ist – mitunter aber auch, was es nicht kann.

Übrigens: die meisten Kosewörter haben den Nachteil, dass sie nur einen bestimmten Aspekt in den Vordergrund rücken und die Gesamtpersönlichkeit des Kindes außer acht lassen – deswegen hat die Verwendung seines Vornamens Vorteile.

# Sie können die Gefühle Ihres Kindes wecken

### Ab dem ersten Monat

Die Zwiesprache mit Ihrem Kind ist sehr wichtig für Sie beide! Setzen Sie sich immer wieder einmal an das Bett Ihres Kindes. Lassen Sie dafür auch ab und zu eine Arbeit liegen. In diesen ruhigen Momenten der Nähe werden Ihnen eine Menge liebevoller Gedanken durch den Kopf gehen.

Malen Sie sich aus, was Sie in den nächsten Wochen und Monaten alles für die Entwicklung Ihres Kindes tun und wie Sie die nächsten Jahre gestalten wollen. Vielleicht hatten Sie anfangs Angst vor der Umstellung, vielleicht haben Sie auch Wohnungsprobleme oder finanzielle Sorgen durch den größeren Haushalt. Aber eines ist sicher: Ihr Kind wird Ihnen durch seine Anwesenheit Mut machen und Ihnen das Gefühl geben, dass Sie es schaffen werden.

Gestatten Sie sich hie und da eine Phantasiereise bei besinnlicher Musik: Sie versetzen sich mit Ihrem Kind in eine Situation, in der die anstrengenden, lästigen Arbeiten andere Personen für Sie erledigen – Sie brauchen sich das nur zu wünschen, und die Arbeit fliegt fort; Sie zaubern sich dann eine besonders schöne Urlaubsstimmung herbei, in der Sie die Freude mit Ihrem Kind voll und ganz genießen können; Ihr Partner nimmt sich Zeit und zeigt, dass er einfühlsam auf Ihr gemeinsames Kind eingehen kann; Sommerwolken ziehen ruhig über das Firmament, am Horizont sehen Sie eine Hügelkette mit Bäumen in verschiedenen Farbtönen usw.

### Ab dem zweiten Monat

Nehmen Sie Ihr Kind immer wieder in die Arme und liebkosen Sie es, damit es Ihre Nähe spürt und der frühere intensive Kontakt (als es noch im Bauch der Mutter war) wiederholt wird. Es lernt dabei auch alle wichtigen Gefühle wie Freude, Heiterkeit, Optimismus, Mitgefühl und Lust kennen, denn diese Gefühle werden in solchen Momenten in Ihnen wach und übertragen sich auf Ihr Kind. Gestatten Sie sich ruhig, völlige Innigkeit mit Ihrem Kind zu empfinden.

■ Vermeiden Sie, was Ihr Kind erschrecken oder aufregen könnte. Dazu gehört natürlich in erster Linie, dass Sie es nicht längere Zeit schreien lassen. Ihr Kind schreit, weil es Ihre Hilfe braucht oder Ihre Anregung und Abwechslung erwartet. Es schreit, weil es das Gefühl des Alleingelassenseins nicht bewältigen kann.

Enttäuschen Sie Ihr Kind nicht. Alle erkennbaren Wünsche sollten Sie unbedingt erfüllen. Und lassen Sie sich bloß von niemandem einreden, dass Sie Ihr Kind damit verwöhnen würden! Später lernt es durch die vielen Spiele, die Sie ihm beibringen, mit aufkommender Langeweile umgehen zu können. Aber wenn es erst einmal schreit, ist ihm schon viel zu unwohl, als dass es sich noch selbst wieder in bessere Stimmung versetzen könnte. Wenn Ihr Kind von alleine nach einer Weile wieder still wird, dann höchstens aus Resignation.

## Ab dem vierten Monat

■ Nur anhand Ihres Verhaltens lernt Ihr Kind, wie man Gefühle ausdrückt. Lassen Sie es erleben, dass Freude, Glück und Heiterkeit eine Sache des ganzen Körpers sind und sich nicht nur im lachenden Gesicht eines Menschen ausdrücken.

Ebenso kann Ihr Kind von Ihnen lernen – falls Sie das tun –, dass man nach einem Streit wütend die Tür zuschlagen oder den Mitmenschen muffige Antworten geben kann, wenn man sich ärgert. Das wollen Sie doch sicher nicht, oder? Besser ist es, wenn Sie auch vor Ihrem Kind über die Ursachen Ihres Ärgers sachlich mit den anderen sprechen. Ihr Kind spürt eine gereizte Stimmung sofort – es hat diesbezüglich außerordentlich feine Sensoren – und reagiert auf schwelende Konflikte mit Verunsicherung. Vermeiden Sie daher auf jeden Fall aggressive und laut ausgetragene Meinungsverschiedenheiten und tragen Sie Probleme nicht tagelang mit sich herum. So kann Ihr Kind lernen, wie Konflikte angesprochen und gelöst werden können.

## Ab dem sechsten Monat

Reime und Lieder machen allen Kindern Spaß. Falls Sie die Reime aus Ihrer eigenen Kinderzeit vergessen haben, fragen Sie die Großeltern oder andere Mütter und Väter, welche hübschen Lieder oder Reimspiele sie kennen. Spielen, sprechen und singen Sie diese Reime mit Ihrem Kind!
Falls Sie ein größeres oder auch modernes Repertoire bevorzugen: In Buchläden und Bibliotheken finden Sie viele Anregungen, die Sie sich leicht, auch ohne besondere musikalische Begabung aneignen können.

## Ab dem achten Monat

⊙ Jeden Tag braucht Ihr Kind einige neue Anregungen, die ihm einen Riesenspaß bereiten. Machen Sie es bei Spazierfahrten auf Hunde aufmerksam, die durch den Park toben, auf schleichende Katzen, zwitschernde Vögel, bunte Blumen, spielende Kinder. Auch wird es vor Vergnügen jauchzen, wenn Sie mit dem Gartenschlauch einen Springbrunnen machen oder im Sommer ein Planschbecken mit warmem Wasser im Freien aufstellen und einige Plastiktiere schwimmen lassen.

# So öffnen Sie Ihrem Kind
## den Weg zu anderen Menschen

## Ab dem ersten Monat

⬛ Während der Schwangerschaft fühlte sich Ihr Kind aller Regel nach in seiner Welt sicher und geborgen. Mit der Geburt aber ändert sich die Beziehung zwischen dem kindlichen Organismus und seiner Umgebung grundlegend. Nun kann und muss die Umwelt auf seine Bedürfnisse und Wünsche eingehen! Das geschieht leider nicht immer. Sicher gibt das Kind seinem Unmut lautstark Ausdruck, wenn dringende Bedürfnisse nicht befriedigt werden – aber selbst das bewegt ja nicht alle Erwachsenen, ihm zu Hilfe zu kommen, sei es mit Nahrung, mit zärtlichem Zuspruch oder einfach durch ihre Nähe.

Ihr Kind empfindet seinen Körper als feindlich, wenn er ihm Unruhe, Unlustgefühle oder Schmerzen bereitet. Das ist der Fall, wenn es Hunger hat, schwitzt oder friert usw. Wenn Sie dann nicht zu Hilfe kommen, verfestigt sich diese Unzufriedenheit mit dem eigenen Körper. Erlebt ein Kind häufig solche Enttäuschungen, dann kann es auch keine freundliche Einstellung zur Außenwelt (die ihm ja nicht hilft) entwickeln, es wird sich resigniert abwenden. Deshalb sollten Sie Ihr Kind besonders im ersten Lebensjahr, solange es noch nicht warten kann (also solange es noch nicht sicher ist, dass schon irgendjemand bald kommt), möglichst viele Erfahrungen machen lassen, die sein Vertrauen in die Welt wachsen lassen und ihm Erlebnisse ersparen, die zu Misstrauen führen.

Erst sehr langsam entwickelt sich sein Zeitempfinden und die Fähigkeit, Bedürfnisse aufzuschieben. Das bedeutet, dass Sie auf alle körperlichen und seelischen Bedürfnisse Ihres Kindes, z. B. nach angenehmer Raumtemperatur, nach genügend Schlaf und ausreichender Nahrung sowie nach Körper- und Hautkontakt, selbstverständlich eingehen müssen (vgl. auch Kapitel Stillen, ab S. 98).

Versuchen Sie, Ihre Zeit möglichst nach den Bedürfnissen des Kindes einzuteilen: Erledigen Sie die Hausarbeit, wenn es schläft, und nehmen Sie sich viel Zeit, wenn es wach ist. Vergessen Sie bitte insbesondere auch verstaubte und rücksichtslose Erziehungsgrundsätze vergangener Jahrzehnte, wie «Der Tagesablauf muss streng und gleichmäßig eingeteilt sein; ein Kind muss pünktlich nach der Uhr zu Bett» oder gar «Schreien stärkt die Lungen».

Das Vertrauen in die Welt ist der beste Grundstein für die Entwicklung Ihres Kindes.

## Ab dem zweiten Monat

⊙ Zwischen der sechsten und zehnten Woche können Sie in der Regel das erste deutliche Lächeln bei Ihrem Kind beobachten. Es lächelt, weil es ein bekanntes Schema wieder erkennt, z. B. Augen- und Stirnpartie sowie die Nase.
Deshalb lächelt es in diesem Alter auch andere Menschen ebenso frei an wie Sie (übrigens auch einfache Zeichnungen von Gesichtern). Antworten Sie dann ebenfalls mit

einem Lächeln, sprechen Sie dazu und bewegen Sie Ihren Kopf und Ihr Gesicht ein wenig. Das macht Ihrem Kind Spaß und ermuntert es, seine ersten sozialen Verhaltensweisen zu wiederholen und dabei zu festigen.
Wenn es nicht gerade getrunken hat, nehmen Sie es selbstverständlich auch auf und sind zärtlich zu ihm. Später wird Ihr Kind Sie dann aufgrund Ihres Gesichtsausdrucks wieder erkennen und anlächeln. Bis dahin erkennt es Sie persönlich durch andere Wahrnehmungen, an Ihrem Geruch, an Ihrer Stimme oder z. B. auch daran, wie Sie die Tür öffnen.

## Ab dem dritten Monat

⊙ Grundsätzlich sollte Ihr Kind anfangs nicht zu häufig mit fremden Menschen in Berührung gebracht werden – schon deshalb nicht, weil es sich dabei infizieren könnte. Übertreiben Sie diese Angst aber nicht: Drei bis vier Personen, die Eltern eingeschlossen, sollte Ihr Kind schon im ersten Halbjahr gut kennen lernen, danach, bis zum Ende des ersten Lebensjahres, weitere drei bis fünf.
So stellt es sich nach und nach auf verschiedene Gesichter und auch Verhaltensweisen ein und wird um

den achten Monat herum nicht zu heftig die typische «Achtmonatsangst» zeigen. In diesem Alter kann Ihr Kind Fremde und Bekannte bereits leicht unterscheiden; es ist nur dann unangenehm berührt, wenn es nicht gelernt hat, sich mit anderen bekannt zu machen. Sicher werden Sie auch bald bemerken, dass Ihr Kind bestimmte Erwachsene bevorzugt – sogar gegenüber guten Freunden oder Familienangehörigen.

Diese manchmal unerklärliche Sympathie oder Ablehnung sollte weder Sie noch die betreffenden Menschen zu sehr beeindrucken. Der Favorit von heute ist vielleicht schon morgen nicht mehr so gern

gesehen und umgekehrt. Denken Sie bitte unbedingt daran, dass Ihr Kind Fremde langsam kennen lernen muss. Setzen Sie es vielleicht auf Ihren Schoß, während der Unbekannte nach und nach (mit Zwischenpausen) näher kommt. So hat es Zeit, ihn zu betrachten, und er kann sich z. B. durch Fingerspiele vorstellen.

⦿ Nun zeigen bestimmte Arm- und Beinbewegungen Ihres Kindes schon an, dass es aufgenommen werden möchte. Gehen Sie darauf möglichst oft ein und halten Sie damit seine Kontaktwünsche wach. Verwöhnt wird es dadurch nicht.

## Ab dem vierten Monat

⬛ In den folgenden Wochen werden Weichen gestellt, weil sich das Kind ganz auf seine wichtigste Bezugsperson einstellt, in der Regel die Mutter. Es erkennt sie deutlich wieder, hat sich Stimme und Sprechweise gemerkt, liebt die besonderen Zärtlichkeiten. Diese Bezugsperson ist jetzt fast immer das bedeutsamste Liebesobjekt des Kindes und zugleich die vertraute Vermittlerin zur Umwelt: Sie stillt oder gibt überwiegend die Flasche, wickelt und pflegt das Kind, sorgt dafür, dass es Abwechslung hat. Ein Wechsel der wichtigsten Bezugsperson sollte im ersten Lebensjahr möglichst vermieden werden. Wenn die Mutter schon jetzt ihre Berufstätigkeit wieder aufnehmen muss oder will, lässt sich dies allerdings oft nicht vermeiden. In diesem Fall sollte der Vater oder eine andere Vertrauensperson bereits von der Geburt an den engeren Kontakt zu dem Kind haben. Die Bezugsperson sollte in dieser Phase auch noch keinen längeren Urlaub ohne ihr Kind machen und auch besonders sorgfältig auf ihre Gesundheit achten, damit sie auf keinen Fall durch einen Krankenhausaufenthalt vom Kind getrennt wird. Ihr Kind könnte sich, nachdem es sich so ganz und gar auf Sie eingestellt hat, nur schwer auf einen anderen Menschen und dessen spezielle Art umgewöhnen. Beide, Mutter und Vater, sollten auch vermeiden, ihr Kind durch häufige größere Veränderungen ihres Erscheinungsbildes zu verwirren, indem sich die Mutter etwa die Haare immer wieder umfärbt, die Frisur völlig verändert oder der Vater sich einen Bart wachsen lässt.

Vielleicht haben Sie den Eindruck, dass wir einen Wechsel der Bezugsperson zu problematisch sehen – aber denken Sie daran, wie sehr Ihr Kind auf Sie angewiesen ist, dass es sich bei Ihnen von allen anderen Eindrücken erholt, sich bei Ihnen entspannt, dass es dabei neuen Mut holt, um die noch weithin unbekannte Umwelt zu durchforschen und sich zu Eigen zu machen.

⬛ Für Kinder sind Erwachsene riesengroß und darum immer ein bisschen unheimlich. Erleichtern Sie Ihrem Kind das Gefühl, dass Sie sein Partner sind, indem Sie, Mutter oder Vater, ihm möglichst oft auf seiner Ebene begegnen: Legen Sie sich beim Spielen auf den Boden, setzen Sie sich so, dass Ihre Augen auf gleicher Höhe mit den Augen Ihres Kindes sind, und gehen Sie vor seinem Bettchen in die Hocke.

## Ab dem sechsten Monat

⬛ Ihr Kind beobachtet übrigens bereits jetzt recht genau, welche Aufgaben die Mutter und welche der Vater verrichtet. Wenn Sie also für die Gleichberechtigung von Vater und Mutter – sowohl bei der Erziehung der Kinder als auch in ihrer Beziehung zueinander – eintreten, dann sollte der Vater auch an der Babypflege so weit wie möglich beteiligt sein. Falls er tagsüber weg ist, kann er sein Kind wenigstens morgens und abends wickeln und am Wochenende auch tagsüber. Allerdings: Der nicht vollzeitlich berufstätige Elternteil wird immer mehr Arbeit mit dem Baby leisten müssen.

## Ab dem achten Monat

⬛ Sicher spielt Ihr Kind jetzt häufig in Anwesenheit beider Eltern. Dabei bekommt es bereits intensiv mit, wie Sie miteinander sprechen, und dieses Vorbild nimmt es in seinen Erfahrungsschatz auf. Achten Sie also darauf, dass die Art, in der Sie sich unterhalten oder auseinander setzen, zugleich für Ihr Kind ein Lernmodell ist. Aggressiv klingende Worte empfindet es als bedrohlich für sich selbst – und damit hat es ja auch Recht. Spannungen zwischen den Eltern stören das Familienklima empfindlich. Ungünstig sind intolerant und laut geführte Diskussionen aber auch deswegen für Ihr Kind, weil es Sie beide liebt – es nimmt sozusagen den Streit in sich auf, ohne ihn verarbeiten zu können.

# Ausgewählte Rechtsfragen

*Wer hat Recht? Diese Frage ist allzu oft eine haarige Angelegenheit.*
*Dafür ist es gut zu wissen, was man von Rechts wegen darf oder muss*
*oder was einem zusteht.*

# Mutterschutz,
## Erziehungsgeld und Elternzeit

## Mutterschutz

Erwerbstätige, vollzeit- oder teil-
zeitbeschäftigte Mütter (auch Haus-
gehilfinnen und Heimarbeiterin-
nen, auch Auszubildende, nicht jedoch Hausfrauen und Selbständige)
genießen vor und nach der Geburt
erhöhte gesetzliche Sicherheit durch
das Mutterschutzgesetz.

Während der letzten sechs Wochen
vor der Geburt und der ersten acht
Wochen nach der Geburt darf eine
Mutter nicht beschäftigt werden.
Die Schutzfrist nach der Geburt
von Mehrlingen oder eines frühge-
borenen Kindes beträgt zwölf Wochen. Bei Frühgeburt sowie bei
sonstiger vorzeitiger Entbindung
verlängert sich nach der Geburt die
Schutzfrist um den Zeitraum, der
vor der Geburt nicht in Anspruch
genommen werden konnte. Die gesetzlichen Krankenversicherungen
zahlen in dieser Zeit einen kleinen
Teil des bisherigen durchschnitt-
lichen Nettoarbeitsentgelts, der Arbeitgeber den Löwenanteil.

Während der gesamten Schwanger-
schaftszeit bis einschließlich vier
Monate nach der Geburt besteht
Kündigungsschutz mit eng um-
schriebenen, wenigen Ausnahmen,
zum Besuch eines Arztes ist Freizeit
einzuräumen.

Der Arbeitgeber sollte sofort infor-
miert werden – er muss die
Schwangerschaft dem Gewerbeauf-
sichtsamt melden, das die Einhaltung der verschiedenen Vorschriften überwacht (keine schweren körperlichen Arbeiten, insbesondere
bei Rutschgefahr, keine Arbeiten
mit gesundheitsgefährdenden Stoffen oder Strahlen, kein ständiges
Stehen, keine Akkordarbeit, keine
Fließbandarbeit usw.). In den Wochen vor der Geburt kann eine
Mutter auf eigenen Wunsch (und
widerruflich) noch ihrer Erwerbstätigkeit nachgehen.

# Erziehungsgeld

Der Gesetzgeber führte 1986 das Erziehungsgeld ein (in den neuen Bundesländern 1991). In den vergangenen Jahren haben sich einige nennenswerte bundes- bzw. landesrechtliche Veränderungen ergeben (auch Landeserziehungsgeld gibt es in einigen Bundesländern für das dritte Lebensjahr des Kindes). Die folgenden Ausführungen orientieren sich an der Broschüre des Bundesministeriums für Familie, Senioren, Frauen und Jugend, Stand 01. 01. 04.

## Höhe und Dauer

Das neue Gesetz gilt für Geburten ab 2001 und unterscheidet beim Erziehungsgeld zwischen zwei Möglichkeiten, nämlich dem Regelbetrag (300 Euro) und dem Budget (450 Euro).
Der Regelbetrag des Erziehungsgeldes ist, soweit das zu berücksichtigende Einkommen der Eltern die Einkommensgrenzen im Bundeserziehungsgeldgesetz nicht übersteigt, für jedes Kind monatlich 300 Euro. Der Anspruch kann in diesem Fall vom Tage der Geburt bis zum 24. Lebensmonat des Kindes (seinem zweiten Geburtstag) gezahlt werden. Wenn sich die Eltern für das Budget entscheiden, beträgt das Erziehungsgeld monatlich 450 Euro, der Anspruch auf Erziehungsgeld endet dann aber mit dem 12. Lebensmonat des Kindes (seinem ersten Geburtstag).

## Bindungswirkung des Antrags

Die Eltern müssen sich bereits beim Antrag auf Erziehungsgeld entscheiden, ob sie den Regelbetrag (monatlich 300 Euro) oder das Budget (monatlich 450 Euro) wählen. Das Budget ist allerdings nicht möglich, wenn ein Anspruch auf Erziehungsgeld unter Berücksichtigung der Einkommensgrenzen nur für die ersten sechs Lebensmonate des Kindes besteht. Zu beachten ist, dass in der Regel die Gesamtsumme des Regelbetrages höher als die des Budgets ist. Im besonderen Härtefall können die Eltern ihre getroffene Entscheidung einmal nachträglich ändern.

## Anrechnung von Mutterschaftsgeld

Laufend zu zahlendes Mutterschaftsgeld, das der Mutter in der gesetzlichen Schutzfrist nach der Geburt gewährt wird, wird auf das Erziehungsgeld bis zu 13 Euro täglich beim Budget, sonst bis zu 10 Euro täglich angerechnet.

## Wer bekommt Erziehungsgeld?

Anspruch auf Erziehungsgeld haben Eltern, die

▸ einen Wohnsitz oder ihren gewöhnlichen Aufenthalt in Deutschland haben,

▸ das Kind überwiegend selbst erziehen und betreuen,

▸ die Personensorge für das Kind haben und mit ihm in einem Haushalt leben,

▸ nicht erwerbstätig sind oder nicht mehr als 30 Stunden wöchentlich Teilzeitarbeit leisten (bei einer Beschäftigung zur Berufsbildung gilt diese Einschränkung nicht) und

▸ Personen, die von ihrem Arbeitgeber oder Dienstherrn zur vorübergehenden Dienstleistung ins Ausland entsandt worden sind sowie Grenzgänger.

Erziehungsgeld erhalten Mütter und Väter unabhängig von ihrer bisherigen Tätigkeit. Erziehungsgeld erhalten also Hausfrauen sowie Arbeitnehmerinnen, Beamtinnen, Selbständige und mithelfende Familienangehörige. Die Eltern bestimmen, wenn beide die Anspruchsvoraussetzungen erfüllen, an wen von ihnen das Erziehungsgeld gezahlt werden soll. Sie können sich abwechseln. Die Gesamtdauer des Bezugs von Erziehungsgeld verlängert sich dadurch jedoch nicht.

Erziehungsgeld bekommen in der Regel auch nicht verheiratete Väter, Stiefeltern, Lebenspartner, Auszubildende und Ausländer in Deutschland. Einige Besonderheiten sind dabei jedoch zu beachten – bitte fragen Sie bei der Stelle nach, die in Ihrem Wohnbereich für Erziehungsgeld zuständig ist.

## Teilzeitarbeit

Teilzeitarbeit steht dem Anspruch auf Erziehungsgeld nicht entgegen, wenn sie nicht mehr als 30 Stunden in der Woche beträgt. Dies gilt sowohl für Arbeitnehmer als auch für Beamte, ferner für Selbständige und mithelfende Familienangehörige. In besonderen Härtefällen ist es zulässig, mehr als 30 Stunden Teilzeitarbeit wöchentlich zu leisten.

## Einkommensgrenzen

Für die ersten sechs Lebensmonate beträgt die Einkommensgrenze bei Ehepaaren mit einem Kind, die nicht dauernd getrennt leben, 30 000 Euro für das jährliche Einkommen; sie gilt auch für Eltern, die in eheähnlicher Gemeinschaft leben, und ebenso für einen Elternteil und seinen Lebenspartner im Sinne des Lebenspartnerschaftsgesetzes. Bei Alleinerziehenden mit einem Kind beträgt die Grenze 23 000 Euro. Ab dem siebten Lebensmonat beträgt die Einkommensgrenze für das jährliche Einkommen bei Ehepaaren mit einem Kind, die nicht dauernd getrennt leben, 16 500 Euro; sie gilt auch für Eltern in eheähnlicher Gemeinschaft und für einen Elternteil mit Lebenspartner. Bei Alleinerziehenden mit einem Kind beträgt die Einkommensgrenze 13 500 Euro. Beide Einkommensgrenzen erhöhen sich für jedes weitere Kind – bitte fragen Sie dazu bei der Erziehungsgeldstelle nach.

Auch Haushaltsfreibeträge sind nützliche Leistungen des Staates (siehe S. 263).

## Elternzeit

Der Begriff Erziehungsurlaub ist seit dem Jahr 2001 im Zusammenhang mit dem Erziehungsgeld ersetzt durch «Elternzeit». Wichtige Änderungen zum 1. 1. 2004: Auch Vollzeit-Pflegeeltern und Adoptiveltern können Elternzeit nehmen; die Elternzeit wird für jeden Elternteil neuerdings separat betrachtet, also bei einer Übertragung nicht mehr angerechnet; bei Mehrlingsgeburten und kurzer Geburtenfolge kann für jedes Kind 3 Jahre Elternzeit übertragen werden.

Für Kinder, die seit dem 1. 1. 2001 geboren werden, gilt: Arbeitnehmerinnen und Arbeitnehmer, selbstverständlich auch Alleinerziehende, die ihr Kind selbst betreuen und erziehen, haben bis zum Ende des 3. Lebensjahres des Kindes Anspruch auf Elternzeit. Die Elternzeit kann entweder voll in Anspruch genommen werden, oder die Arbeitszeit kann verringert werden. In Betrieben mit mindestens 15 Beschäftigten besteht ein Rechtsanspruch auf eine Verringerung der Arbeitszeit auf 15 bis 30 Wochenstunden.

Mutter und Vater können auch gleichzeitig Elternzeit nehmen. Mit Zustimmung des Arbeitgebers können sie ein Jahr der Elternzeit zwischen dem 3. und dem 8. Geburtstag des Kindes in Anspruch nehmen. Während der Elternzeit darf der Arbeitgeber grundsätzlich keine Kündigung aussprechen. Der Kündigungsschutz beginnt mit der Anmeldung der Elternzeit durch die Arbeitnehmerin oder den Arbeitnehmer, frühestens jedoch 8 Wochen vor deren Beginn. Die Anmeldefrist für die Elternzeit beträgt 6 Wochen, wenn sich die Elternzeit unmittelbar an die Geburt oder an die Mutterschutzfrist anschließen soll, und in anderen Fällen 8 Wochen.

# Die wichtigsten Leistungen
## des Staates für Familien mit Kindern

Jährlich werden einige Gesetze und Regelungen, die für Familien mit Kindern gelten, verändert, meistens zum Vorteil, gelegentlich auch zum Nachteil. Man muss sich also über Fernsehen, Radio, aktuelle Zeitschriften oder die Tagespresse auf dem Laufenden halten. Einige besondere Leistungen des Staates seien im Folgenden erwähnt.

**Kindergeld.** Seit 01. 01. 2002 beträgt das Kindergeld für das erste, zweite und dritte Kind 154 Euro, für jedes weitere Kind 179 Euro monatlich, unabhängig von der Einkommenshöhe. Das Kindergeld wird grundsätzlich bis zum 18. Lebensjahr bezahlt, für Kinder in Ausbildung oder ohne Ausbildungsplatz bis zum 27. Lebensjahr und zeitlich unbegrenzt für Kinder, die wegen einer Behinderung außerstande sind, sich selbst zu unterhalten. Die Auszahlung des Kindergeldes erfolgt über die Familienkassen in den Arbeitsämtern oder die Familienkassen des öffentlichen Dienstes. Im Rahmen der Einkommensteuer-Jahreserklärung können statt des Kindergeldes auch Kinderfreibeträge in Anspruch genommen werden: für existentiellen Sachbedarf 1824 Euro, für Betreuungs-, Erziehungs- oder Ausbildungsbedarf 1080 Euro.

**Rentenanspruch.** Bei Geburt eines Kindes nach dem 1. 1. 92 werden drei Jahre Kindererziehungszeit pro Kind bei der Rentenversicherung angerechnet, ein Jahr Kindererziehungszeit pro Kind für vor diesem Zeitpunkt geborene Kinder.

**Kinderbetreuung und Haushaltshilfe.** Es gibt Kinderbetreuungsangebote in Krippen, Kindergärten und Horten sowie durch eine Tagespflegeperson («Tagesmutter»). Die anfallenden Elternbeiträge sind sozial gestaffelt; sie können im Bedarfsfall vom Jugendamt ganz oder teilweise übernommen werden. Jedes Kind hat ab dem dritten Geburtstag bis zum Schuleintritt einen Rechtsanspruch auf einen Kindergartenplatz.

Mütter und Väter in der gesetzlichen Krankenversicherung erhalten eine Haushaltshilfe, wenn ihnen insbesondere wegen einer Krankenhausbehandlung oder Kur die Weiterführung des Haushalts nicht möglich ist. Voraussetzung ist, dass im Haushalt ein Kind lebt, das das 12. Lebensjahr noch nicht vollendet hat oder behindert oder auf Hilfe angewiesen ist. Kann die Krankenkasse keine Haushaltshilfe stellen, werden dem Versicherten die Kosten für eine selbst beschaffte Haushaltshilfe in angemessener Höhe erstattet (nicht für Verwandte und Verschwägerte bis zum zweiten Grad).

Wenn ein Elternteil aus gesundheitlichen Gründen ausfällt, kann das Jugendamt eine Haushaltshilfe stellen oder andere vorübergehende Hilfen zur Versorgung und Betreuung von Kindern leisten. Hilfen zur Weiterführung des Haushalts bieten auch die sozialen Dienste (u. a. Sozialstation, Haus- und Familienpflege, Nachbarschaftshilfekreis) an.

Seit dem Jahr 2002 entfällt die Möglichkeit, Kosten für eine Haushaltshilfe steuerlich ansetzen zu können, für Ehepaare.

## Freistellung von der Arbeit zur Pflege kranker Kinder.

Berufstätige Mütter und Väter in der gesetzlichen Krankenversicherung haben Anspruch auf Freistellung von der Arbeit zur Pflege eines kranken Kindes, das das 12. Lebensjahr noch nicht vollendet hat oder das behindert und auf Hilfe angewiesen ist.
Für Elternpaare gilt pro Jahr, Kind und Elternteil eine Freistellung bis zehn Tage – bei mehreren Kindern bis max. 25 Tage je Elternteil; für Alleinerziehende pro Jahr und Kind bis 20 Tage – bei mehreren Kindern bis max. 50 Tage.

## Allein erziehende Eltern.

Alleinerziehende erhalten Erziehungsgeld, Kindergeld, aber auch Freibeträge für Kinder und Pflege kranker Kinder usw. Alleinerziehende können in Härtefällen auch bei einer Vollzeit-Erwerbstätigkeit Erziehungsgeld erhalten. Das Kindergeld wird an die Alleinerziehenden ausgezahlt. Beim anderen, dem barunterhaltspflichtigen Elternteil mindert sich die Unterhaltspflicht um den ihm zustehenden Anteil am Kindergeld.
Alternativ zum Kindergeld können auch steuerliche Freibeträge für Kinder beantragt werden.

Unterhaltsvorschuss: Alle Alleinerziehenden, die vom anderen Elternteil keinen oder nicht mindestens Unterhalt in Höhe des Regelbetrags nach der Regelbetrag-Verordnung für ihre Kinder bekommen, erhalten Unterhaltsvorschuss (auch bei ungeklärter Vaterschaft). Ein gerichtliches Unterhaltsurteil ist nicht nötig. Unterhaltsvorschuss gibt es längstens für 72 Monate und längstens bis zur Vollendung des 12. Lebensjahres des Kindes.

Zur Entlastung von Müttern oder Vätern, die mit ihren Kindern (unter 18 Jahren) allein in einem Haushalt leben, gibt es seit dem 01. 01. 04 einen «Steuerentlastungsbetrag für echte Alleinerziehende» in Höhe von 1308 Euro jährlich.

**Familien und Wohnen.** Wohngeld: Es hilft Haushalten mit geringerem Einkommen, die Wohnkosten zu tragen. Mieter erhalten das Wohngeld als allgemeinen Mietzuschuss, selbst nutzende Eigentümer erhalten ein Lastenzuschuss.

Gesetzliche Neuregelungen im Kontext der Eigenheimzulage hat das Bundesministerium der Finanzen veröffentlicht (Text wie folgt): «Die Eigenheimzulage wurde zum 01. 01. 04 gekürzt. Zukünftig soll nicht mehr zwischen Neubauten und bereits bestehenden Gebäuden unterschieden werden. Der Förderhöchstbetrag wird auf einheitlich 1250 Euro herabgesetzt. Die Kinderzulage wurde von 767 auf 800 Euro erhöht. Ausbauten und Erweiterungen werden künftig nicht mehr gefördert.
Die Grenze für die Geltendmachung der Eigenheimzulage verringerte sich auf 70 000 (Alleinstehende) / 140 000 Euro (Ehegatten); für jedes berücksichtigungsfähige Kind erhöht sich dieser Betrag um 30 000 Euro.»

# Übersichten

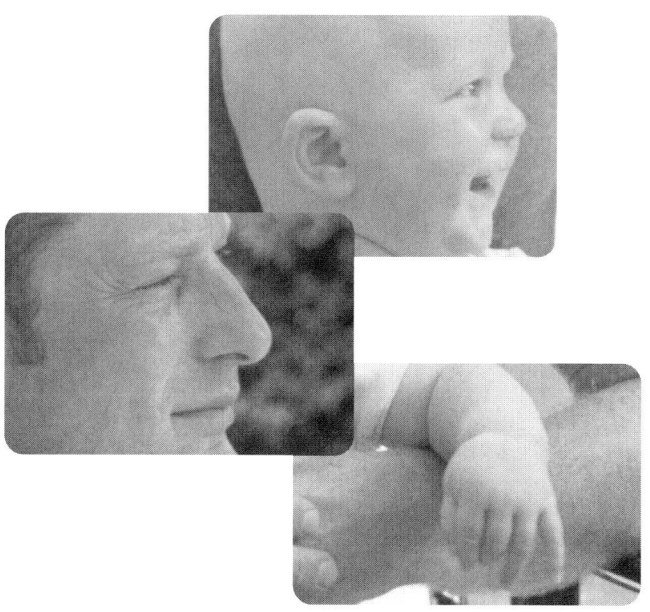

Vater und Sohn im Sonnenlicht. Gemeinsam verschaffen sie sich hier gerade einen Überblick: Was geschieht in der Ferne, was wird die Zukunft bringen?

# So entwickeln sich Körper, Wahrnehmung und soziales Verhalten

Diese Übersicht zeigt den normalen Entwicklungsverlauf von Kindern im ersten Lebensjahr. Erst wenn Sie mehrere Verhaltensweisen um ein bis zwei Monate verzögert beobachten, sollten Sie einen Kinderarzt fragen.

Probieren Sie am Ende des Monats, ob Ihr Kind die aufgeführten Reaktionen und Verhaltensweisen zeigt.

## Am Ende des ersten Monats

**Körper.** Wenn man das Kind an den Armen zum Sitzen hochzieht, hält es den Kopf für einige Augenblicke aufrecht. Wenn es auf den Bauch gelegt wird, dreht es den Kopf zum Atmen zur Seite. In der Bauchlage stützt es sich auf die angezogenen Knie und macht Bewegungen, als ob es kriechen wollte. Die Hände sind meistens fest zu Fäusten geschlossen. Man kann sie nur mit etwas Kraft öffnen.

**Wahrnehmung.** Wenn man im Abstand von etwa 40 cm einen gut erkennbaren Gegenstand langsam hin- und herbewegt, folgt das Kind ihm mit den Augen. Bei Geräuschen erschrickt es. Es ist noch nicht in der Lage, wiederkehrende typische Geräusche zu erkennen.

**Soziales Verhalten.** Manche Kinder unterscheiden zwischen fremden und vertrauten Gesichtern. Wenn ein neues Gesicht vor ihnen auftaucht, sehen sie es sich kurze Zeit genau an. Wenn das Kind weint oder schreit, genügt es häufig schon, wenn Vater oder Mutter es aus dem Bett nehmen; dabei beruhigt es sich dann wieder.

## Am Ende des zweiten Monats

**Körper.** In der Bauchlage hebt das Kind manchmal seinen Kopf schon einige Zentimeter hoch, aber nur wenige Sekunden lang. Wenn man es kurz aufsitzen lässt und unter den Armen hält, kann es für einige Sekunden den Kopf gerade halten; danach fällt der Kopf meistens nach vorn. Der Rücken ist beim Sitzen noch gekrümmt. Eine Rassel oder andere gut greifbare Gegenstände hält es bis zu einer halben Minute schon relativ sicher in der Hand.

**Wahrnehmung.** Eine brennende Kerze, eine Taschenlampe, die farbige Großaufnahme eines Gesichts oder etwas anderes Interessantes schaut sich das Kind schon genau an. Werden in seinem Blickfeld Dinge langsam und deutlich sichtbar vorbeigeführt, dann folgt es aufmerksam mit den Augen. Es lauscht interessiert den verschiedensten Geräuschen (Glocke, Rassel, Klingel, Telefon).

**Soziales Verhalten.** Die meisten Kinder lächeln ihre Mutter oder ihren Vater schon manchmal an. Dabei strampeln sie lebhaft und freuen sich, wenn sie mit ihnen sprechen. Sie «sprechen» auch schon selbst – jedenfalls geben sie unterschiedliche Laute von sich. Auch Wiederholungen derselben Laute sind schon zu beobachten (aber noch keine Silbenketten, wie z. B. ma-ma, bi-bi).

## Am Ende des vierten Monats

**Körper.** Das Kind ist von dieser Zeit an meistens sehr aktiv. Es kann aus der Bauchlage allein in die Rückenlage rollen (Vorsicht also beim Wickeln und Anziehen!). In der Bauchlage ergreift es auch seine Rassel und andere Dinge, die in Reichweite sind. Wenn man es zum Sitzen hochzieht, hilft es aktiv mit; es winkelt die Arme ab und hebt die Beine an, um das Gleichgewicht zu halten. Der Kopf bleibt nun senkrecht, auch wenn man das Kind ein wenig schräg hält. Fasst man es unter den Armen (bei aufrechter Körperhaltung), dann setzt es die Füße oder nur die Zehenspitzen fest auf dem Boden auf. Wenn es auf dem Rücken liegt, will es nach den Dingen greifen, die über dem Bettchen aufgehängt sind.

**Wahrnehmung.** Alles, was es mit den Händen ergreift, prüft es auch mit dem Mund. Er ist sein ausgeprägtestes und zuverlässigstes Sinnesorgan (Tasten, Schmecken). Interessiert schaut es sich alles Neue in seiner Umgebung an und dreht den Kopf, um bestimmte Dinge besser sehen zu können.

**Soziales Verhalten.** Vater und Mutter werden freudig lächelnd und strampelnd begrüßt. Man kann auch schon einen Dialog mit dem Kind führen, wobei es auf Worte und Gebärden des Erwachsenen hin Freudentöne von sich gibt oder auch einzelne Laute mehrfach wiederholt. Wenn es hochgehoben wird, betastet es das Gesicht seines Gegenübers. Im Bett plappert und erzählt es vor sich hin.

## Am Ende des sechsten Monats

**Körper.** Das Kind kann sich mit der einen Hand in Bauchlage abstützen und mit der anderen gleichzeitig einen Gegenstand heranholen. Geschickt dreht es sich von der Bauchlage in die Rückenlage und umgekehrt. Es hilft intensiv mit, wenn man es zum Sitzen hochzieht, und hält seinen Kopf dabei gerade. Beim freien Sitzen hält es gut das Gleichgewicht oder stützt sich eventuell mit einem oder beiden Armen ab. Knie und Beine werden bei kurzen Stehversuchen nicht mehr abgeknickt, das Kind steht dabei oft auf den Zehenspitzen und hüpft. Sicher beherrscht es das Anfassen und Loslassen von Gegenständen und wählt zwischen mehreren Dingen, die man ihm hinhält, aus. Mit der offenen Hand tastet es die Oberfläche von Gegenständen ab.

**Wahrnehmung.** Es steckt weiterhin alles prüfend in den Mund, schaut sich die Dinge aber vorher und nachher genau an. Es dreht sich neugierig in die Richtung, aus der ein Geräusch kommt, und es erkennt seine Rassel oder Glocke am Klang.

**Soziales Verhalten.** Lallen, Gurren und schrille Freudentöne begleiten die Beschäftigungen des Kindes. Viele Laute werden dabei wiederholt verwendet (ihre Bedeutung allerdings ist noch kaum zu erkennen). Gegenüber der Mutter, dem Vater und den Geschwistern äußert es unterschiedliche Kontaktwünsche und wechselt seine «Favoriten»; meistens bevorzugt es jedoch die Mutter als die Person, die sich am intensivsten mit ihm beschäftigt hat.

## Am Ende des achten Monats

**Körper.** Das Kind kann bereits in der Bauchlage rückwärts robben, krabbeln und so zum Sitzen kommen. In dieser Haltung verharrt es nun einige Zeit, ohne sich mit den Händen seitlich abzustützen. Wenn es jedoch längere Zeit sitzend spielen will, stützt es sich mit einem Arm ab. Beim Sitzen ist der Rücken gerade. Wenn man dem Kind beide

Hände entgegenstreckt, zieht es sich aus der Rückenlage zum Sitzen oder auch aus dem Sitzen zum Stehen hoch. Wenn es sich festhalten kann, bleibt es schon kurze Zeit stehen.

**Wahrnehmung.** Wenn das Kind an einem Tisch spielt, wählt es zwischen verschiedenen Gegenständen aus; Dinge, die heruntergefallen sind, sucht es auf dem Boden. Manchmal hört es den Gesprächen von Erwachsenen zu. Auch auf Musik und besondere Geräusche reagiert es bereits für kurze Zeit.

**Soziales Verhalten.** Manche einfachen Silben spricht es deutlich aus und wiederholt sie (la-la, ba-ba). Dazu erfindet es aber auch ständig neue Laute und Lautkombinationen. Wenn ein Erwachsener diese Laute wiederholt, hört es aufmerksam hin. Manche Erwachsene lehnt es ohne deutlich erkennbaren Grund ab, mit anderen hingegen, auch fremden, findet es manchmal sofort Kontakt. Wenn man den Namen von bestimmten Gegenständen mehrmals wiederholt und sie dem Kind zeigt, schaut es später bei Nennung des Begriffs wieder dorthin.

## Am Ende des zehnten Monats

**Körper.** Das Kind krabbelt auf Händen und Knien durch die ganze Wohnung. Vorformen der Fortbewegung, wie etwa das Robben auf dem Bauch, sind überwunden. Es macht ihm keine Mühe, längere Zeit gerade zu sitzen, sich dabei um die eigene Achse zu drehen und sich zwischendurch auch auf den Bauch zu legen. Satt und frisch gewickelt ist das Kind meist in ständiger Bewegung. Es zieht sich immer wieder zum Stehen hoch, wippt gerne auf und nieder und hält sich oft nur noch mit einer Hand fest. Es spielt schon sehr geschickt. Doch wenn man es um einen Gegenstand bittet, den es in der Hand hält, streckt es den Arm zwar aus, lässt aber nicht immer im gewünschten Augenblick los. Die Koordination von Handbewegung und Nachdenken gelingt bei dieser schwierigen Aufgabe nicht immer. Nach einiger Übung kann es einen Löffel zum Mund führen oder eine Tasse, die es an zwei Henkeln festhält.

**Wahrnehmung.** Mit viel Freude macht das Kind Lärm und Geräusche. Es blickt interessiert den Dingen nach, die es vom Tisch schubst, und es kann einfache Handgriffe der Erwachsenen nachahmen.

**Soziales Verhalten.** Erwachsene, die zu dem Kind sprechen, werden freudig begrüßt. Es antwortet mit Lallmonologen auf Sätze und Zurufe. Wenn man ihm einfache Laute vormacht, versucht es, sie zu wiederholen. Es versteht den Sinn bestimmter Redewendungen, wie «Gleich bringe ich die Flasche». Wenn man es lobt, wiederholt es diese Tätigkeit. Fremdeln wird seltener.

## Am Ende des zwölften Monats

**Körper.** Es macht dem Kind viel Spaß, in der ganzen Wohnung herumzukrabbeln und sich interessante Ziele zu suchen. Schubst man es beim Sitzen ein wenig an, verliert es trotzdem nicht sein Gleichgewicht. Es macht ihm keine Mühe, längere Zeit zu sitzen. Es läuft bereits sicher am Tisch entlang. Viele Kinder machen einige Zeit vor oder nach ihrem ersten Geburtstag die ersten freien Schritte. Jetzt kann es einen Gegenstand im gewünschten Augenblick hergeben. Es hebt mit beiden Händen größere Dinge auf.

**Wahrnehmung und Denken.** Wenn man vor den Augen des Kindes einen Gegenstand versteckt, findet es ihn wieder. Es benützt geschickt

seine Hände und Beine, um sich einen weiter entfernten Gegenstand herbeizuangeln. Spielzeug, das an einer Schnur hängt, zieht es heran.

**Soziales Verhalten.** Manche Kinder können jetzt schon zwei bis fünf Worte richtig nachsprechen, andere erst mit 15 Monaten. Längere Monologe mit vielen Wiederholungen und neuen Lauten und Ausrufen kann man täglich hören. Es versteht den Sinn des Satzes «Bitte tu das nicht» und freut sich schließlich, wenn bestimmte Handlungen durch Worte wie «Prima hast du das gemacht» belohnt werden. Dann wird der Effekt gleich noch mal wiederholt.

# Bei diesen Symptomen sollten Sie den Arzt fragen

Im Folgenden finden Sie eine Zusammenstellung von Krankheitsanzeichen.

Wenn Sie eines oder mehrere dieser Symptome bei Ihrem Kind beobachten, sollten Sie unbedingt so rasch wie möglich einen Kinderarzt oder Ihren Hausarzt telefonisch um Rat fragen und ihm alle beobachteten Erscheinungen genau beschreiben. Noch besser ist es, wenn Sie Ihr Kind zum Arzt bringen, damit er es genau untersuchen kann.

Einige Symptome, z. B. Krämpfe oder Atemstörungen, sind auf jeden Fall höchst alarmierende Warnzeichen, bei denen Sie eiligst einen Notarzt verständigen müssen. Bei anderen Krankheitszeichen, z. B. Fieber, liegt nur dann ein akuter Notfall vor, wenn sie unerklärlich sind oder ungewöhnlich heftig auftreten. Zögern Sie dann nicht, sofort notärztliche Hilfe in Anspruch zu nehmen.

**Allgemeine Krankheitszeichen**

- Fieber (auch mit Schüttelfrost),
- Erbrechen,
- zu wenig Urinausscheidung,
- Durchfall,
- apathisches Verhalten des Kindes, Teilnahmslosigkeit, kaum Reaktionen (akuter Notfall!),
- Schmerzen: Ihr Kind reagiert heftig bei Berührungen, schreit, weint, zeigt einen schmerzhaften Gesichtsausdruck, schläft schlecht, ist motorisch sehr unruhig, seine Laune ist schlecht, der Appetit vermindert,
- wassergefüllte Bläschen; Hautblutungen,
- ungewöhnlich langer Schlaf,
- kurzer, unruhiger Schlaf, Aufschrecken und Schreien,
- geringe Nahrungsaufnahme über einen längeren Zeitraum hin,
- Bluten (z. B. mehrmaliges Nasenbluten),
- auffällige Hautveränderungen, z. B. roter Ausschlag am ganzen Körper oder hinter den Ohren.

## Krankheitsanzeichen am Körper

- Krampfanfälle (akuter Notfall!),
- zehn Minuten lang über 150 oder unter 80 Herzschläge in der Minute, Blässe und Schwitzen, kalter Schweiß (akuter Notfall!),
- Lymphdrüsenschwellungen, z. B. am Hals, an den Leistenbeugen, unter den Achseln; unerklärlicher Schweißausbruch.

## Krankheitsanzeichen am Kopf

- Nasenflügel schließen und öffnen sich bei beschleunigter Atmung (akuter Notfall!),
- gestörte Atmung oder Atemstillstand (akuter Notfall!),
- ziehende Atmung (Schwierigkeiten beim Ein- oder Ausatmen) (akuter Notfall!),
- verstärkter, mehr als 20 Minuten andauernder anfallartiger Husten, der längere Zeit wiederholt in kurzen Abständen auftritt, bei dem das Kind glasigen oder eitrigen Schleim heraufwürgt oder erbricht,
- eitriger oder blutiger Schnupfen,
- starke Erkältung mit erheblicher Verstopfung der Atemwege,
- Schwellung hinter dem Ohr,
- sehr aufgedunsenes Aussehen,
- Verdickung der Mandeln,
- bläuliche Verfärbung der Lippen, der Fingernägel und der Fußnägel; insgesamt blaue Hautfärbung (akuter Notfall!),

- widerlicher, süßlicher Mundgeruch,
- weißer Belag im Mundraum und auf der Zunge; auffällig rote Zunge,
- auffälliges Hin- und Herwerfen des Kopfes,
- Nackensteifigkeit (akuter Notfall!).

## Krankheitsanzeichen an den Extremitäten

- Auffallende Ruhigstellung (Schonhaltung) eines Armes oder eines Beines,
- Rötung, Schwellung und fühlbare Erwärmung eines Armes oder eines Beines.

## Krankheitsanzeichen bei den Ausscheidungen

- Mehrmaliger Durchfall oder spritzender, stinkender, grünlicher Stuhl (akuter Notfall!),
- blutiger (schwarzer) Stuhl (akuter Notfall!),
- braunes, geronnenes Erbrochenes (akuter Notfall!),
- Blut im Erbrochenen (akuter Notfall!),
- in den ersten Wochen starkes, schwallartiges Erbrechen, unmittelbar nach jeder Mahlzeit,
- Würmer im Stuhl,
- unregelmäßiger Stuhlgang,
- Blut im Urin (akuter Notfall!).

# Über diese Adressen

## erhalten Sie Hilfe und Auskünfte

### Vergiftungserscheinungen

Wenden Sie sich bei Vergiftungser-
scheinungen sofort telefonisch an
eine der aufgeführten Kliniken.
Wenn Sie keinen Anschluss bekommen, wählen Sie die Nummer einer
anderen Klinik. Dort sagt man Ihnen, was zu tun ist:

- Welche Maßnahmen Sie selbst zu
  Hause schon treffen können.
- Ob Sie selbst sofort ein Kinder-
  krankenhaus aufsuchen sollen,
  das dafür geeignet ist; ob Sie einen Krankenwagen bestellen
  oder ihm entgegenfahren sollen
  usw. Ist der Krankenwagen erst
  in mehr als 15 Minuten zu erwarten, fahren Sie ggf. besser
  selbst sofort zur nächsten Klinik.
- In dringenden Fällen wird sich
  die Klinik um einen Hubschrau-
  ber bemühen.

In der folgenden Übersicht sind In-
formationszentren für Vergiftungs-
fälle angegeben, die rund um die
Uhr angerufen werden können. Sie
können dort sofort Auskunft erhalten, wenn Sie mit einer Vergiftung
rechnen, insbesondere bei Schädigungen durch Haushalts-, Pflanzen-
schutz- und Schädlingsbekämp-
fungsmittel.

### Sonstige Notfälle und Beratung

Tragen Sie bitte in der folgenden
Liste die für Notfälle wichtigen
Telefonnummern ein (die Ihnen am
nächsten gelegenen Dienststellen)
oder notieren Sie sich die Liste mit
Nummern in Ihren Papieren:

## Beratungsstellen bei Vergiftungen
## in Deutschland, Österreich und Schweiz
*Stand: April 1999*

| PLZ Ort | Telefon | Adresse |
| --- | --- | --- |
| 14050 Berlin | 030-192 40 | Landesberatungsstelle für Vergiftungs-erscheinungen und Embryonaltoxikologie, Spandauer Damm 130 |
| 37075 Göttingen | 05 51-192 40 | Giftinformationszentrum Nord der Uni Göttingen, Robert-Koch-Str. 40 |
| 53113 Bonn | 02 28-2 87 32 11 | Informationszentrale für Vergiftungen der Univ.kinderklinik, Adenauerallee 119 |
| 55131 Mainz | 0 61 31-192 40 | Beratungsstelle bei Vergiftungen (Giftinfo Mainz), Klinische Toxikologie der II. Med. Klinik der Univ. Mainz, Langenbeckstr. 1 |
| 66424 Homburg | 0 68 41-192 40 | Klinik für Kinder- und Jugendmedizin in Homburg / Saar, Oscar-Orth-Str. 9 |
| 79106 Freiburg | 07 61-192 40 | Informationszentrale für Vergiftungen der Univ.kinderklinik, Mathildenstr. 1 |
| 81675 München | 0 89-192 40 | Toxikologische Abt. der II. Med. Klinik der TU, Ismaninger Str. 22 |
| 90419 Nürnberg | 09 11-3 98-24 51 | II. Med. Klinik des Klinikums, Flurstr. 17 |
| 99089 Erfurt | 03 61-73 07 30 | Giftinformationszentrum Klinikum Erfurt, Nordhäuserstr. 74 |
| A-1090 Wien | 01-4 06-43 43 | Vergiftungsinformationszentrale, Allgemei-nes Krankenhaus, Währinger Gürtel 18 – 20 |
| CH-8028 Zürich | 01-2 51 51 51 | Schweizerisches Toxikologisches Infor-mationszentrum, Zürich, Freiestr. 16 |

Polizei ...............................................

Unfall ................................................

Feuerwehr ......................................

Ärztlicher
Notdienst .........................................

Kinderarzt ......................................

Hausarzt .........................................

Kinder-
krankenhaus ...................................

Giftinformations-
zentrale ...........................................

Mütterberatungsstelle ....................

Familien- und Erziehungs-
beratungsstelle ...............................

# Gewicht und Größe

Die Bedeutung von Körpergewicht und Körpergröße sollte nicht überschätzt werden – lassen Sie sich also nicht beunruhigen, wenn Ihr Kind gesund ist, aber von den angegebenen Werten abweicht!

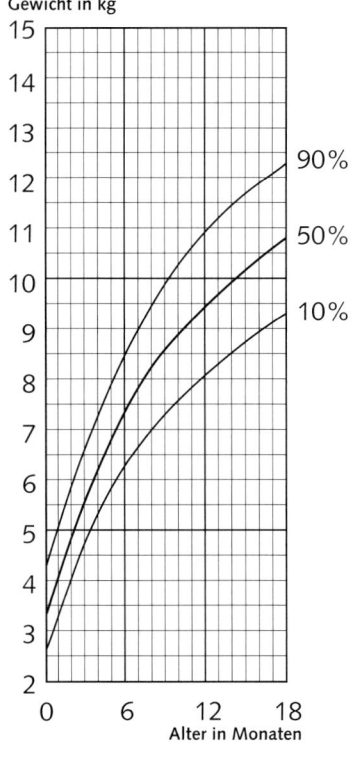

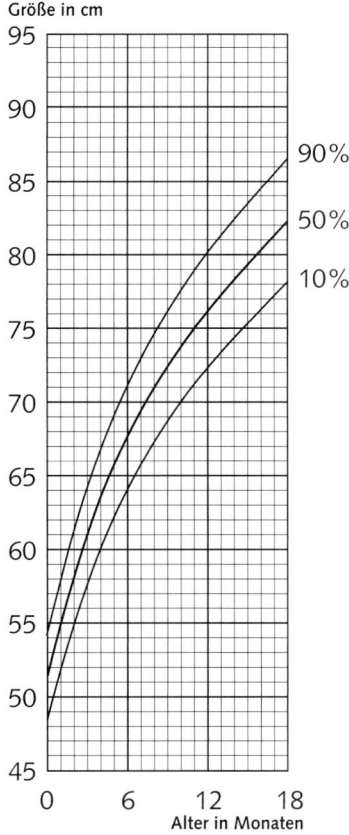

**Wachstumskurven für Mädchen**
Gewicht und Größe (Länge im Liegen) in der Zeit bis zu 18 Monaten

Gewicht und Größe sollten einander möglichst entsprechen.

Die Abbildungen *(nach: Kinderarzt 10, 11: 1979, 1980)* zeigen die altersentsprechende Gewichts- und Größenverteilung mit Perzentilen (Prozentkurven) für jeweils 10, 50 und 90 Prozent aller Mädchen und Jungen.

Bitte lesen Sie die Perzentilangaben wie folgt: Wenn Ihr Kind mit seinen Körpermaßen genau dem Durchschnitt der Gleichaltrigen entspricht, liegen seine Werte auf der 50%-Linie; 50 Prozent der Kinder liegen dann mit ihren Werten darüber, 50 Prozent darunter. Lesen Sie die 10%- und die 90%-Linie entsprechend.

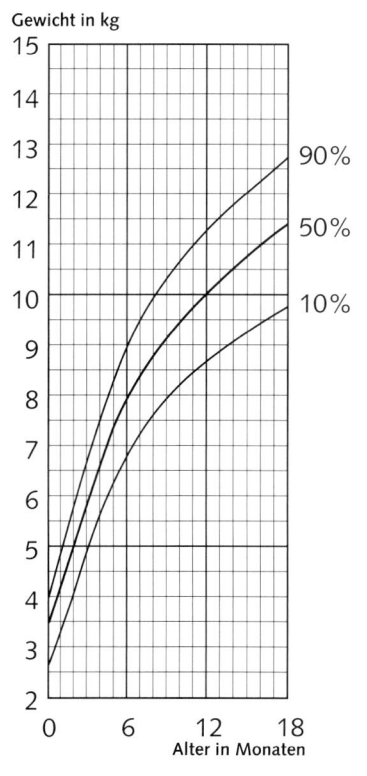

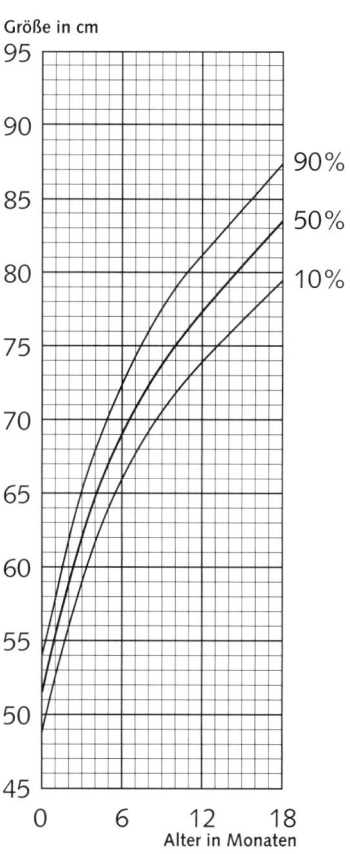

**Wachstumskurven für Jungen**
Gewicht und Größe (Länge im Liegen) in der Zeit bis zu 18 Monaten

# Literatur

Benkert, B.: Alles über Stillen. Ravensburg 1995

Biddulph, S.: Das Geheimnis glücklicher Kinder. München 1998

Biddulph, S.: Weitere Geheimnisse glücklicher Kinder. München 1999

Bundesministerium für Bildung und Forschung (Hg.): Grund- und Strukturdaten 1998/99. Bonn 1998

Callenbach, E.: Billig leben mit Stil. Hamburg 1995

Collange, Ch.: Die Wunschfamilie. Düsseldorf 1995

Conrad, K. G.: Unsere Kinder – unsere Zukunft. Zur gesellschaftlichen Verantwortung von Familie und Erziehung. Heidelberg 1998

Cramm, D. v.: Für Babys. Was schmeckt und gut bekommt! München 1991

Dauber, H.: Lernfelder der Zukunft. Perspektiven humanistischer Pädagogik. Bad Heilbrunn 1997

Davidson, A. und R. Davidson: Lust aufs Leben. Was Eltern ihren Kindern mitgeben können. Reinbek 1998

Deutsches Jugendinstitut e. V. (Hg.): Was für Kinder. Aufwachsen in Deutschland. Ein Handbuch. München 1993

Einon, D.: Spielen – Lernen – Fördern. München 1998

Elhardt, S.: Tiefenpsychologie. Stuttgart 1998

Ernst A., V. Herbst, K. Langbein, Ch. Skalnik (Hg.): Kursbuch Kinder. Köln 1993

Erziehung für das 21. Jahrhundert. Werte – Wissen – Fähigkeiten im Informationszeitalter. Würzburg 1999

Flitner, A.: Reform der Erziehung. Impulse des 20. Jahrhunderts. München 1999

Frankfurter Frauenschule e. V. (Hg.): Geschlecht und Kindheit. Königstein 1997

Gebauer-Sesterhenn, B. und Th. Villinger: Schwangerschaft und Geburt. Informieren. Orientieren. Begleiten. München 2003

Giesecke, H.: Einführung in die Pädagogik. Weinheim 1999

Grimm, H. und S. Wilde: Im Zentrum steht das Wort. In: Keller, H.: Lehrbuch Entwicklungspsychologie. Bern 1998

Gudjons, H.: Pädagogisches Grundwissen. Bad Heilbrunn 1999

Harnack, G.-A. v. und B. Koletzko (Hg.): Kinderheilkunde. Berlin 1997

Hilsberg, R.: Schwangerschaft, Geburt und erstes Lebensjahr. Reinbek 2002

Hoehl, M. und P. Kullik (Hg.): Kinderkrankenpflege und Gesundheitsförderung. Stuttgart 1998

Hurrelmann, K. und G. Unverzagt: Kinder stark machen für das Leben. Herzenswärme, Freiräume und klare Regeln. Freiburg 1999

Kaufmann-Huber, G.: Kinder brauchen Rituale. Ein Leitfaden für Eltern und Erziehende. Freiburg 1998

Keller, H.: Lehrbuch Entwicklungspsychologie. Bern 1998

Kovacs, H. und S. Linder: Kinderkrankheiten erkennen und behandeln. Ravensburg 1996

Largo, R. H.: Kinderjahre. Die Individualität des Kindes als erzieherische Herausforderung. München 1999

Leach, P.: Die ersten Jahre deines Kindes. Bern 1998

Leiber, B., Radke M. und M. Müller: Das Baby-Lexikon. ABC des frühen Kindesalters. München 2001

Liebenow, H.: Konsequenz – Wie Eltern lernen, was Kinder brauchen. Reinbek 1999

Miller, A.: Am Anfang war Erziehung. Frankfurt a. M. 1987

Montessori, M.: Erziehung zum Menschen. Montessori-Pädagogik heute. Stuttgart 1997

Montessori, M.: Kinder sind anders. München 1999

Morris, D.: Babywatching. München 1992

Murken, J.: Pädiatrische Genetik und teratogene Fruchtschädigung. In: Harnack, G.-A. v. und B. Koletzko (Hg.): Kinderheilkunde. Berlin 1997

Niessen, K.-H.: Ernährung des Säuglings. Stuttgart 1995

Nitsch, C.: Babys liebevoll fördern. Wie die Eltern die Entwicklung ihres Kindes spielerisch unterstützen. München 1999

Oerter, R. und Montada, L. (Hg.): Entwicklungspsychologie. München, Weinheim 1995

Petermann, F. (Hg.): Lehrbuch der klinischen Kinderpsychologie. Erklärungsansätze und Interventionsverfahren. Göttingen 1998

Preuschoff, G.: Von 0 bis 3. Alltag mit Kleinkindern. Köln 1998

Purves, L.: Die Kunst, (k)eine perfekte Familie zu sein. München 1996

Richter, H.-E.: Patient Familie. Entstehung, Struktur und Therapie von Konflikten in Ehe und Familie. Reinbek 1994

Rost B. und A. Otten: Ernährung im Kindesalter. Stuttgart 1998

Schoenebeck, H. v.: Unterstützen statt erziehen. Themensammlung. Münster 1997

Shapiro, L.: EQ für Kinder. Wie Eltern die Emotionale Intelligenz ihrer Kinder fördern können. München 1998

Sichtermann, B.: Vorsicht Kind. Eine Arbeitsplatzbeschreibung für Mütter, Väter und andere. Berlin 1998

Spitz, R.: Die Entstehung der ersten Objektbeziehungen. Stuttgart 1960

Tausch, R. und A. M. Tausch: Erziehungspsychologie. Begegnung von Person zu Person. Göttingen 1998

Textor, M. R.: Familien: Soziologie, Psychologie. Eine Einführung für soziale Berufe. Freiburg i. Breisgau 1991

Truchis, Ch. de: Wie Ihr Baby Vertrauen gewinnt – zu sich selbst und in die Welt. Freiburg 1997

Voss, H. v.: Sozialpädiatrie. In: Harnack, G.-A. v. und B. Koletzko (Hg.): Kinderheilkunde. Berlin 1997

Wahn, U. und V. Wahn: Erkrankungen des Immunsystems. In: Harnack,

G.-A. v. und B. Koletzko (Hg.):
Kinderheilkunde. Berlin 1997

Wild, R.: Kinder wissen, was sie brauchen. Freiburg 1998

Wild, R.: Sein zum Erziehen. Mit Kindern leben lernen. Freiamt 1998

Wisskirchen, H.: Die wiederentdeckte Erziehung. Kinder suchen Autorität und Orientierung. München 1997

York, U.: Nachschlagen statt Zuschlagen. Erziehungsfragen auf einen Blick. Reinbek 1997

Zimmer, R.: Handbuch der Bewegungserziehung. Freiburg 1996

Zimmer, K.: Wenn Eltern laufen lernen. Von der Säuglingspflege bis zur Lösung von Erziehungsproblemen. München 1998

Zimmer, R.: Handbuch der Sinneswahrnehmung. Grundlagen einer ganzheitlichen Erziehung. Freiburg 1998

## Zeitschriften

Aktuelle Informationen zu Gesetzesänderungen, Neuerungen im Bereich Gesundheitswesen usw., aber auch weitere Entwicklungsanregungen sind unter anderem den letzten Jahrgängen folgender Zeitschriften zu entnehmen:

ELTERN. Gruner & Jahr (Hg.)

Spielen und Lernen. Beilage: spiel mit. Für alle Kinder, die gern spielen und lernen. OZ Verlag (Hg.)

Kinderzeit. Sozialpädagogische Blätter. Pestalozzi-Fröbel-Verband und B & B GmbH. Paderborn

Kindergarten heute. Zeitschrift für Erziehung im Vorschulalter. Verlag Herder GmbH & Co. KG (Hg.)

klein & groß. Lebensorte für Kinder. Die Fachzeitschrift für Erzieherinnen und sozialpädagogische Fachkräfte. Hermann Luchterhand Verlag GmbH. Neuwied

Unsere Kinder. Fachzeitschrift für Kindergarten- und Kleinkindpädagogik. Österreichische Caritaszentrale (Hg.)

## Informationen der Bundesregierung und der Bundesministerien

Bei den Pressestellen des Bundes und der Ministerien gibt es eine große Anzahl von Broschüren, Faltblättern usw., die Kinder und Eltern betreffen. Diese Informationen sind weitgehend kostenlos erhältlich (einige Monate vor Wahlen dürfen die meisten Broschüren nicht mehr abgegeben werden, weil sie als Werbung für die regierenden Parteien aufgefasst werden könnten). Schreiben Sie an das entsprechende Ministerium und lassen Sie sich von dort eine Bestellliste der Broschüren zusenden. Danach wählen Sie die gewünschten Informationsschriften anhand dieser Übersicht. Einige Beispiele:

Bundesministerium für Familie, Senioren, Frauen und Jugend, 10117 Berlin, Taubenstr. 42, Tel. 0 30 – 20 65 50 für allgemeine Anfragen; Broschürendienst in Bonn: Tel. 01 80 – 5 32 93 29, Fax 02 28 – 9 30 49 76
– Erziehungsgeld und Elternzeit
– Mutterschutzgesetz
– Staatliche Hilfen für Familien (sehr guter Überblick!)

- Eltern werden aktiv
- Mutig fragen – besonnen handeln
- Der Unterhaltsvorschuss
- Tipps und Informationen für Allein-
  erziehende
- Rückkehr in den Beruf

Bundeszentrale für gesundheitliche
Aufklärung, BZgA, 51101 Köln,
Tel. 02 21 – 8 99 20 für allgemeine
Anfragen; Broschürenbestellung über
E-Mail: order@bzga.de oder über
Fax 02 21 – 8 99 22 57
- Das Baby
- Entwicklungskalender
- Impfkalender für Säuglinge und
  Kleinkinder
- Gesundheitskalender
- Kinderspiele
- Unsere Kinder
- Sicherheitsfibel. Ratgeber für Eltern
  zur Verhütung von Kinderunfällen
- Prävention von Allergien bei
  Kindern
- Zu viel für die Ohren? Vom schüt-
  zenden Umgang mit Lärm

Bundesministerium der Justiz,
10117 Berlin, Mohrenstr. 37,
Tel. 0 18 88 – 58 00; Broschürenstelle
für Anfragen und Bestellungen:
Tel. 0 30 – 20 25 90 33,
Fax 0 30 – 01 88 85 80 95 25 und
E-Mail: bpa@stutz.de
- Das neue Kindschaftsrecht
- Eherecht
- Betreuungsrecht
- Kinder suchen Eltern, Eltern suchen
  Kinder
- Mehr Schutz bei häuslicher Gewalt
- Erben und Vererben

# Bildquellen

Ursula Baumgart: S. 156/157, 176/177,
  228, 249 oben, 253, 255
Stella Berger: S. 11, 17, 22/23, 44/45, 47,
  66, 103, 111, 127, 130, 137 oben, 151,
  152, 160, 167, 175, 195, 196, 197,
  200/201, 214, 216, 218, 224, 229, 234,
  265, 271
Ulrich Diekmeyer: S. 8, 52, 96/97,
  121 links, 137 unten, 143, 179, 187,
  208, 225, 226, 238, 241, 242, 243, 246,
  249 unten, 269
Jochen Fiebig: S. 1, 33, 34, 40, 54, 146,
  181, 206, 223, 230, 240
Reinhard Leitl: S. 36
Gerd Pfeiffer: S. 12/13, 48, 56, 62, 119,
  121 rechts, 126, 132/133, 171, 236, 250,
  256/257

# Register